Der Schlüssel zu den Schätzen Gottes

Kirchliche Druckerlaubnis
Erzbischöfliches Ordinariat (Salzburg)
den 20. Februar 1985

Johann Maier
Ordinariatskanzler

5. Auflage: Juni 2020

Parvis-Verlag
Route de l'Eglise 71
1648 Hauteville
Schweiz

Tel. 0041 26 915 93 93
Fax 0041 26 915 93 99

buchhandlung@parvis.ch
www.parvis.ch

Gedruckt in der EU
ISBN 978-3-90752-301-8

Prälat Univ.-Prof. Dr. F. Holböck
M.-Th. Isenegger

Der Schlüssel zu den Schätzen Gottes

Rosenkränze – Litaneien
Novenen – Kreuzwegandachten

Parvis-Verlag
1648 Hauteville / Schweiz

Zum Inhalt

Die vorliegende Schrift *Der Schlüssel zu den Schätzen Gottes* ist eine gekürzte Fassung der folgenden vier deutschsprachigen Gebetssammlungen:

1. *Perlen und Rosen* (Miriam-Verlag, Jestetten). Dieses Buch bietet über 100 Rosenkränze, drei schöne Betrachtungen, Alltagsgebete u.a.m. an.
2. *Schatzkästlein des christlichen Bittgebetes*, (Parvis-Verlag, Hauteville, Schweiz). Diese Sammlung enthält über fünfzig Litaneien, verschiedene Weihen und Gebete und galt als Lieblingsgebetsbuch des Papstes Johannes Paul II., wie ein Mitarbeiter an eine Nonne verraten hat.
3. *Klopft an!* (Parvis-Verlag, Hauteville, Schweiz). Novenensammlung (75 drei-, sieben- und neuntägige Andachten, Litaneien, Gebete).
4. *So sehr hat Gott die Welt geliebt*, Band 1 (Mediatrix-Verlag, St. Andrä). 17 verschiedenartigste und sehr anregende Kreuzwegandachten und Kreuzgebete.

Alle vier Gebetsbücher besitzen die kirchliche Druckerlaubnis und werden dem gläubigen Volk sehr empfohlen. Sie können beim Parvis-Verlag, 1648 Hauteville, Schweiz, bezogen werden.

Anmerkung: Die Rosenkränze mit Zeichen * nach dem Titel werden wie der gewöhnliche Rosenkranz gebetet mit «Ehre sei dem Vater...», «Vater unser...» und 10 «Gegrüßt seist du, Maria...» Nach den Worten: ... und gebenedeit ist die Frucht deines Leibes: Jesus, wird das betreffende Gesätzchen eingefügt.

Der Schlüssel zu den Schätzen Gottes

Jesus an Marie Lataste: «*Meine Tochter, das Gebet ist der Schlüssel zu allen Schätzen Gottes. Es erlangt alles von ihm. Alle können beten. Das Gebet passt für alle Menschen, alle Stände, alle Lagen. Es gibt deshalb so viele Unglückliche, weil die Zahl derer, die beten, sehr beschränkt ist. Bist du in Angst und ohne Hilfe, bete! Gott wird dir die hinreichenden Mittel geben, um bestehen zu können. Nichts ist dem Menschen nützlicher, als ein gut verrichtetes Gebet. Es gibt wenige, die gut zu beten verstehen. Die Kunst des Gebetes ist wenig bekannt und doch ist sie unumgänglich notwendig. Bitte Gott, meine Tochter, um die Gabe des Gebetes! Bitte durch meine Verdienste darum. Mit dieser Gabe (Gebetsgnade) wirst du alle anderen erlangen. Ohne das Gebet kann man nichts; mit dem Gebet kann man alles. Bete, meine Tochter, bete oft, bete immer! Es gibt zwei Arten von Gebet: das mündliche und das innerliche Gebet.*

Das Gebet des Herzens wird das innerliche Gebet genannt; das des Mundes heißt das mündliche. Das mündliche Gebet sowohl als das innerliche Gebet ist eine Unterredung mit Gott, eine Erhebung der Seele zu ihm. Folglich ist jeder gute Gedanke, jede gute Gesinnung, jedes gute Verlangen, jedes gute Nachdenken, jede gute Betrachtung ein Gebet. Eine der vorzüglichsten Vorbereitungen zum Gebet ist die Losschälung von allen Dingen. Das mündliche Gebet ist der Ausdruck der Gesinnungen und der an Gott gerichteten Bitten des Herzens. Das mündliche Gebet ist bekannter und gebräuchlicher als das innerliche Gebet. Es kann sehr vollkommen sein. Allein nur wenige kennen seine Vollkommenheit. Gott fordert diesen Zoll der Anbetung und des Lobes von der Zunge des Menschen.

Damit das Gebet Gott wohlgefällig sei, muss es mit Glaube, Hoffnung, Liebe, Demut und Beharrlichkeit verrichtet werden. Soll das mündliche Gebet vollkommen sein, so muss ihm, wie dem innerlichen Gebet, die Losschälung von sich selbst und die Losschälung von allen Dingen vorausgehen. Dann ist die Seele frei von jeder irdischen Zuneigung und Anhänglichkeit, die gleich einer eisernen Kette sie hemmen, sich zu Gott zu erheben. Ihr Wort wird gleich einem mächtigen Pfeilschuss, der bis zu Gott aufsteigt und bis zu seinem Herzen dringt. Zuweilen ist die Seele so in Gott vertieft, dass sie weniger die Worte beachtet, die sie ausspricht, als den, an welchen sie gerichtet sind. Das Gebet ist dann nur um so vollkommener. Die Seele findet bei Gott, der all ihre Bedürfnisse kennt, gütiges Gehör und Erhörung. Das mündliche Gebet ist ebenso mächtig wie das innerliche Gebet.»

Dankes-Rosenkranz an den dreieinigen Gott

(Man verrichtet drei Zehner mit Einfügungen:)

Wir danken Gott, dem Dreieinigen, dem Vater, dem Sohn und dem Heiligen Geist, für alle Gnaden und Wohltaten.

Wir danken Gott, dem Dreieinigen, dem Vater, dem Sohn und dem Heiligen Geist, für alle Liebe und Güte.

Wir danken Gott, dem Dreieinigen, dem Vater, dem Sohn und dem Heiligen Geist, für alle Erbarmung und Langmut.

(Jedes «Gegrüßt seist du, Maria...» dieses kleinen Rosenkranzes endet wie folgt:)

Heilige Maria, Muttergottes, hilf uns Sündern danken, jetzt und in der Stunde unseres Todes. Amen.

Der Dank des Menschen an Gott ist wie ein goldener Schlüssel, mit dem man die Tür zur Schatzkammer der göttlichen Gnade zu öffnen vermag. Gott selbst hat den Menschen das Danken gelehrt. Der göttliche Meister Jesus Christus sprach: «Vater, ich danke dir...!» Die heilige Kirche spricht immer wieder: «Deo gratias.» Der Dank an Gott lässt die Gnade Gottes wirksam werden und das Herz des Vaters sich einer neuen Bitte geneigt öffnen.

Rosenkranz zur Heiligsten Dreifaltigkeit

1 mal

Heiligste Dreifaltigkeit, wir beten dich an und bitten dich durch Maria: Verleihe uns Einheit im Glauben und Mut zu treuem Bekenntnis.

10 mal

Geliebt, gelobt, angebetet und verherrlicht sei jetzt und allezeit und in alle Ewigkeit die Hochheiligste Dreifaltigkeit und das göttliche Herz Jesu durch das Unbefleckte Herz Mariens.

(Obiges einen Rosenkranz lang ohne Vaterunser und Ave Maria beten.)

Das Credo des Gottesvolkes (Auszug)

verfasst von Papst Paul VI.

Wir glauben an den einen Gott, den Vater, den Sohn und den Heiligen Geist, den Schöpfer der sichtbaren Dinge – wozu diese Welt gehört, auf der wir unser Leben verbringen –, den Schöpfer der unsichtbaren Dinge – wozu die reinen Geister, die wir Engel nennen, gehören –, den Schöpfer auch der geistigen und unsterblichen Seele in jedem einzelnen Menschen.

Wir glauben an diesen einen Gott, der in seiner Wesenheit ebenso unbedingt und in vollkommenster Weise einzigartig ist wie in allen seinen übrigen Vollkommenheiten: in seiner Allmacht, in seiner Allwissenheit, in seiner Vorsehung, in seinem Willen und seiner Liebe.

Glaubens-Rosenkranz

Ich glaube an Gott, den Vater, den Allmächtigen, den Schöpfer des Himmels und der Erde, und an Jesus Christus, seinen eingebornen Sohn, unsern Herrn, empfangen durch den Heiligen Geist, geboren von der Jungfrau Maria, gelitten unter Pontius Pilatus, gekreuzigt, gestorben und begraben, hinabgestiegen in das Reich des Todes, am dritten Tage auferstanden von den Toten, aufgefahren in den Himmel; er sitzt zur Rechten Gottes, des allmächtigen Vaters; von dort wird er kommen, zu richten die Lebenden und die Toten. Ich glaube an den Heiligen Geist, die heilige katholische Kirche, Gemeinschaft der Heiligen, Vergebung der Sünden, Auferstehung der Toten und das ewige Leben. Amen.

Dann immer 10 mal:

Jesus, Maria, ich liebe euch; rettet Seelen, rettet die Gottgeweihten.

1 mal:

Sei gegrüßt, o Königin, Mutter der Barmherzigkeit; unser Leben, unsere Wonne und unsere Hoffnung, sei gegrüßt! Zu dir rufen wir, verbannte Kinder Evas; zu dir seufzen wir trauernd und weinend in diesem Tal der Tränen. Wohlan denn, unsere Fürsprecherin, wende deine barmherzigen Augen uns zu, und nach diesem Elend zeige uns Jesus, die gebenedeite Frucht deines Leibes. O gütige, o milde, o süße Jungfrau Maria.

Obiges wird einen Rosenkranz lang wiederholt ohne Vaterunser und Ave Maria.

Anmerkung: «Elend» bedeutet leben in der Fremde.

Litanei von der Heiligsten Dreifaltigkeit

Herr, erbarme dich unser
Christus, erbarme dich unser
Herr, erbarme dich unser, Christus höre uns
Christus, erhöre uns
Gott Vater, du allmächtiger Schöpfer
erbarme dich unser
Gott Sohn, du erbarmungsvoller Erlöser
Gott Heiliger Geist, du Lebensspender und Tröster
Heilige Dreifaltigkeit, ein einziger Gott
Gott, einfach in der Natur und dreifach in den Personen
Gott Vater, Sohn und Heiliger Geist
O unermessliche Macht
O unergründliche Weisheit
O unendliche Liebe
Heiliger Gott
Heiliger, starker Gott
Heiliger, unsterblicher Gott
Allmächtiger Gott
Allwissender und allweiser Gott
Gütiger und barmherziger Gott
Heiliger und gerechter Gott
Langmütiger Gott
Wahrhafter und getreuer Gott
Allgegenwärtiger und unveränderlicher Gott

Gott, in dem wir leben, uns bewegen und sind
Sei uns gnädig – *verschone uns, o Herr*
Sei uns gnädig – *erhöre uns, o Herr*
Von allem Übel – *erlöse uns, o Herr*
Von allem Unglauben
Von allem Irrglauben
Von allem Aberglauben
Von Zweifelsucht und Grübelei
Von Stolz und Hochmut
Durch die Größe deiner Allmacht
Durch die Tiefe deiner Weisheit
Durch den Reichtum deiner Liebe
Durch die Menge deiner Erbarmungen
Am Tage des Gerichtes
Wir armen Sünder
wir bitten dich, erhöre uns
Dass wir dich, den wahren, dreieinigen Gott, immer und überall bekennen
Dass wir dich, den Herrn, unsern Gott, anbeten und dir allein dienen
Dass wir dich über alles und unsern Nächsten wie uns selbst lieben
Dass wir dich ewig besitzen und anschauen mögen
O Heilige Dreifaltigkeit
Lamm Gottes, du nimmst hinweg die Sünden der Welt – *verschone uns, o Herr*
Lamm Gottes, du nimmst hinweg die Sünden der Welt – *erhöre uns, o Herr*

Lamm Gottes, du nimmst hinweg die Sünden der Welt – *erbarme dich unser, o Herr*

Christus, höre uns – *Christus, erhöre uns*

Herr, erbarme dich unser

Christus, erbarme dich unser

Herr, erbarme dich unser, Vater unser…

Lasset uns preisen den Vater und den Sohn und den Heiligen Geist!

Lasset uns IHN loben und hoch erheben in Ewigkeit!

Lasset uns beten: Allmächtiger, ewiger Gott, der du deinen Dienern verliehen hast, in Bekenntnis des wahren Glaubens die Herrlichkeit der ewigen Dreifaltigkeit anzuerkennen und in der Macht der Majestät die Einheit anzubeten: Wir bitten dich, du wollest uns durch die Festigkeit desselben Glaubens immer vor allen Widerwärtigkeiten bewahren, durch unsern Herrn Jesus Christus, deinen Sohn, der mit dir lebt und regiert in Einigkeit des Heiligen Geistes, Gott von Ewigkeit zu Ewigkeit. Amen.

Novene zur Heiligsten Dreifaltigkeit

An allen neun Tagen wiederhole man:

Bitte um Vermehrung der Liebe zu Gott.

Himmlischer Vater, ich liebe dich in Vereinigung mit der Liebe,

mit der du deinen göttlichen Sohn von Ewigkeit her gezeugt hast,

mit der von dir und deinem göttlichen Sohn der Heilige Geist von Ewigkeit her ausgegangen ist,

mit der du den Sohn und den Heiligen Geist von Ewigkeit her liebst und

mit der du die Engel und Menschen aus dem Nichts ins Leben gerufen hast.

Vermehre meine Liebe zu dir.

Göttlicher Erlöser, ich liebe dich in Vereinigung mit der Liebe,

mit der du den Vater und den Heiligen Geist von Ewigkeit her liebst,

mit der von dir und dem Vater der Heilige Geist ausgegangen ist,

mit der du deine jungfräuliche Mutter, deinen Nährvater Josef, den Evangelisten Johannes, die heiligen Apostel und Jünger, die Märtyrer des Blutes und der Liebe und alle jungfräulichen Seelen liebst und mit der du mich und alle Menschen in deinem Leben, Leiden und Sterben geliebt hast und im Heiligsten Sakrament immerfort liebst.

Stärke meine Liebe zu dir.

Heiliger Geist, ich liebe dich in Vereinigung mit der Liebe,

mit der du den Vater und den Sohn von Ewigkeit her liebst,

mit der du deine Braut, die seligste Jungfrau Maria, alle reinen Seelen, die Armen im Geiste und besonders die Priester liebst.

Entzünde meine Liebe zu dir.

Schlussgebet:

O heiliger, dreieiniger Gott, lass deine Liebe in mir zum lodernden Feuer werden. Da du nach meiner Liebe verlangst, möchte ich dich mehr lieben als alle Engel und Heiligen zusammen, wenn solches möglich wäre. Amen.

(Einst sprach der Herr zur heiligen Gertrud: «Wer mich gern über alle Geschöpfe lieben möchte, wenn er könnte, der wird von meiner göttlichen Freigebigkeit einst reichlicheren Lohn empfangen, als je ein Mensch durch Werke erlangen kann.»)

Der Heilige Kreuzweg der Liebe

Betrachtungstexte und Gebete
aus den Kreuzwegandachten von
Emmanuel Maria Heufelder,
Abt von Niederalteich,
und Pater Bonaventura Blattmann
mit Erlaubnis der
Herz-Mariä-Erzbruderschaft, München.

Neufassung

Dieser Kreuzweg spendet Liebe. Die Seelen, die diesen Kreuzweg betrachtend beten und danach handeln, werden stets zu größerer Liebe und Vollkommenheit gelangen. Zugleich leisten sie für alle Seelen Sühne und Ersatz, sodass sich eine große geistige Wirksamkeit daraus entfaltet. Jede Liebe muss den Kreuzweg gehen, seitdem Jesus, der die Liebe gelehrt hat und die Liebe ist, den Kreuzweg gegangen ist. Die Kreuzwegstunden sind die Prüfungsstunden der Liebe.

Eingangsgebet

Herr, wir wollen die Stunden, in denen deine Liebe wie das Gold im Feuerofen geprüft wurde, in stiller Betrachtung an unseren Seelen vorüberziehen lassen. Wir wollen den Leidensstationen deiner Liebe nachgehen, um daran unsere Liebe zu messen und zu prüfen. Göttlicher Erlöser, wir bitten dich, vereinige uns ganz mit dir und mit jener Liebe, mit der du selbst den heiligen Kreuzweg gegangen bist.

1. Station: Jesus lässt sich zum Tode verurteilen.

Jesus, wir lieben dich und wollen dich in Ewigkeit lieben im Namen aller und für alle Seelen, die auf Erden und im Fegefeuer sind.

«Niemand hat eine größere Liebe, als der sein Leben einsetzt für seine Freunde» (Joh 15,13). Mit einer Liebe bis zum Tod hat Christus uns geliebt. «Daran haben wir seine Liebe erkannt, dass er sein Leben... für uns hingab. Auch wir müssen für die Brüder das Leben lassen» (1 Joh 3,16). Solange wir dazu nicht bereit sind, uns für unsere Mitmenschen zu opfern, haben wir die große Liebe noch nicht.

Herr, wie klein ist unsere Liebe, wenn wir sie an der Größe deiner Liebe messen!

Göttlicher Meister, wir wollen dir in Liebe dienen für alle jene Seelen, die dir nicht dienen wollen. Vereinige uns ganz mit dir und deiner Liebe.

Vater unser... Gegrüßt seist du, Maria... Ehre sei...

2. Station: Jesus nimmt das Kreuz auf seine Schulter.

Jesus, wir lieben dich und wollen dich in Ewigkeit lieben im Namen aller und für alle Seelen, die auf Erden und im Fegefeuer sind.

«Die Liebe ist geduldig; die Liebe trägt alles» (1 Kor 13,3). Die Liebe trägt auch das Kreuz, das ihr der andere auflegt, geduldig und ergeben. Sie freut sich, wenn sie des andern Last tragen und so Christi Liebesgebot erfüllen kann, wie es der Apostel gebietet. Was das für eine «Last des andern» ist, die wir tragen sollen, sagt der heilige Benedikt, wenn er in seiner Regel (Kap. 72) seine Mönche auffordert, gegenseitig «ihre körperlichen und geistigen Schwächen in aller Geduld zu ertragen».

Herr, gib uns deine geduldige und gehorsame Liebe, die alles trägt.

Göttlicher Meister, wir wollen dir voll Liebe in allem gehorsam sein für alle jene Seelen, die dir nicht gehorsam sind und dir nicht nachfolgen. Vereinige uns ganz mit dir und deiner Liebe.

Vater unser... Gegrüßt seist du, Maria... Ehre sei...

3. Station: Jesus fällt zum erstenmal unter dem Kreuz.

Jesus, wir lieben dich und wollen dich in Ewigkeit lieben im Namen aller und für alle Seelen, die auf Erden und im Fegefeuer sind.

«Die Liebe hört niemals auf» (1 Kor 13,8). Was die göttliche Liebe von den Menschen erduldet ist unbegreiflich. Sie lässt sich verhöhnen, mißhandeln, zertreten, quälen; und sie hört doch nicht auf. Die wahre Liebe verwandelt die Leiden, die ihr der andere zufügt, in ein Opfer für ihn, das den anderen befreien soll von seiner Lieblosigkeit.

Herr, gib uns deine selbstlose Liebe, die niemals aufhört.

Göttlicher Meister, wir wollen dir in Liebe und Demut nachfolgen für alle jene Seelen, die dir voll Stolz und Selbstsucht entgegenstehen. Vereinige uns ganz mit dir und deiner Liebe.

Vater unser… Gegrüßt seist du, Maria… Ehre sei…

4. Station: Jesus begegnet seiner Mutter.

Jesus, wir lieben dich und wollen dich in Ewigkeit lieben im Namen aller und für alle Seelen, die auf Erden und im Fegefeuer sind.

«Die Liebe erduldet alles» (1 Kor 13). Maria ist das Vorbild derer, die die wahre Liebe haben. Denn das ist die vollkommene Liebe: an der Seite des kreuztragenden Heilands gehen, mit ihm und durch ihn alles leiden und erdulden, alles opfern, auch das Liebste und Teuerste. «Mit größter Freude», spricht wahre Liebe, «gebe ich alles, was ich habe, und mich selber hin für die Seelen» (2 Kor 12,15): als Sühn- und Bittopfer mit dem Heiland wie Maria.

Maria, Mutter der schönen Liebe, Mutter der Schmerzen, lehre uns die wahre Liebe.

Göttlicher Meister, wir wollen sanftmütig und liebevoll sein für alle jene Seelen, die liebeleer und zornmütig sind. Vereinige uns ganz mit dir und deiner Liebe.
Vater unser… Gegrüßt seist du, Maria… Ehre sei…

5. Station: Simon hilft Jesus das Kreuz tragen.

Jesus, wir lieben dich und wollen dich in Ewigkeit lieben im Namen aller und für alle Seelen, die auf Erden und im Fegefeuer sind.

«Was ihr dem geringsten meiner Brüder getan habt, das habt ihr mir getan» (Mt 25,40).

Es ist schwer, einem Menschen Liebe zu erweisen, der uns wie ein «der Liebe Unwürdiger», wie ein Verbrecher, erscheint. Aber blickt nur einem solchen Menschen in die Augen! Es werden euch wie dem Simon von Cyrene des Heilands Augen entgegenleuchten und des Heilands Worte entgegentönen: «Was ihr dem geringsten meiner Brüder getan habt, das habt ihr mir getan.»

Herr, gib uns den lebendigen Glauben, in jedem Kreuzträger dir zu dienen. Hilf uns, damit wir aus Liebe und Takt über die Fehler anderer schweigen.

Göttlicher Meister, wir wollen in Liebe geduldig und schweigsam sein für alle jene Seelen, die sich der Ungeduld und der Geschwätzigkeit überlassen. Vereinige uns ganz mit dir und deiner Liebe.

Vater unser… Gegrüßt seist du, Maria… Ehre sei…

6. Station: Veronika reicht Jesus das Schweißtuch dar.

Jesus, wir lieben dich und wollen dich in Ewigkeit lieben im Namen aller und für alle Seelen, die auf Erden und im Fegefeuer sind.

«Daran werden alle erkennen, dass ihr meine Jünger seid, wenn ihr Liebe habt zueinander» (Joh 13,35). Jede Liebestat drückt uns Christi Bild tiefer in die Seele. Mit jeder Liebestat werden wir mehr und mehr «umgestaltet nach seiner Ähnlichkeit von Klarheit zu Klarheit» (2 Kor 3,18), werden wir mehr «ein anderer Christus». Jeder Christ sollte eine Verkörperung der Liebe des Heilands sein. Von jedem Christen sollte man sagen können, er gehe einher, Wohltaten spendend; er gehe durchs Leben wie der Heiland, Gedanken der Liebe denkend, Worte der Liebe sprechend, Werke der Liebe wirkend. So würde man uns nach des Heilands Wort wirklich an unserer Nächstenliebe als seine Jünger erkennen.

Herr, gib Kraft zu heiligen Liebestaten, damit dein Bild immer leuchtender in uns erglänze.

Göttlicher Meister, wir wollen dir in Liebe, mit reinem Herzen dienen für alle jene Seelen, die sich der Unlauterkeit hingeben. Vereinige uns ganz mit dir und deiner Liebe.

Vater unser… Gegrüßt seist du, Maria… Ehre sei…

7. Station: Jesus fällt zum zweitenmal unter dem Kreuz.

Jesus, wir lieben dich und wollen dich in Ewigkeit lieben im Namen aller und für alle Seelen, die auf Erden und im Fegefeuer sind.

«Herr, lass mich sehen» (Lk 18,41). Wenn die Pharisäer und die römischen Soldaten, die den Heiland auf seinem Kreuzweg so herzlos behandelten, es geahnt hätten, wie der sie liebte, den sie so quälten und peinigten! Die Menschen, denen wir am wenigsten Liebe schenken und denen wir durch mancherlei Lieblosigkeiten bitter weh tun, erweisen uns oft durch ihre Liebe Taten des stillen Opferns, Betens und Duldens!

Herr, lass uns sehen! Lass uns die Liebe der Mitmenschen nie verkennen. Hilf uns, wenn unsere Liebe verkannt, mißbraucht wird, damit wir nicht aufhören zu lieben.

Göttlicher Meister, wir wollen in Liebe bitten und beten für alle jene Seelen, die das Gebet unterlassen, dich um nichts bitten und dir auch für nichts danken. Vereinige uns ganz mit dir und deiner Liebe.

Vater unser... Gegrüßt seist du, Maria... Ehre sei...

8. Station: Jesus tröstet die weinenden Frauen.

Jesus, wir lieben dich und wollen dich in Ewigkeit lieben im Namen aller und für alle Seelen, die auf Erden und im Fegefeuer sind.

«Geben ist seliger als nehmen» (Apg 20,35). Jesus, selber ohne Trost, hat noch Worte des Trostes für die weinenden Frauen. Eingetaucht in ein Meer von Leid und Weh, denkt er noch an anderer Not und Elend.

So ist die Liebe! Sie vergisst den eigenen Schmerz, sobald sie fremdes Leid sieht. Sie hat keine Zeit mehr, an die eigene Not zu denken, wenn fremde Not ihrer Hilfe bedarf. Wie glücklich würden wir sein, wenn wir so selbstlos das eigene Leid über der Sorge um das fremde, das Nehmen über dem Geben vergessen wollten!

Herr, gib uns die ganz reine Liebe, die sich selber vergisst, die nichts für sich selber sucht, die immer zu geben bereit ist. Lass uns selig werden in dieser Liebe.

Göttlicher Meister, wir wollen aus Liebe uns selbst verleugnen, überwinden und besiegen für alle jene Seelen, die in allem ihrer Natur folgen. Vereinige uns ganz mit dir und deiner Liebe.
Vater unser… Gegrüßt seist du, Maria… Ehre sei…

9. Station: Jesus fällt zum drittenmal unter dem Kreuz.

Jesus, wir lieben dich und wollen dich in Ewigkeit lieben im Namen aller und für alle Seelen, die auf Erden und im Fegefeuer sind.

«Wenn ich erhöht bin von der Erde, werde ich alle an mich ziehen» (Joh 12,32).

Dreimal sinkt die Liebe zu Boden unter den Schlägen der Menschen, unter der Kreuzeslast der Sündenschuld. Aber sie bleibt nicht liegen. Sie weiß, dass sie doch noch über Sünde, Undank und Verkennung triumphieren wird, dass sie doch noch «alle an sich ziehen wird», freilich erst, wenn sie von der Erde erhöht ist. Darum ringt sie sich immer wieder empor, bis sie den Kalvarienberg erklommen hat, bis sie alles geopfert und den letzten Blutstropfen dahingegeben hat.

Herr, wir klagen so gern, wenn wir keine Gegenliebe finden. Unsern Mangel an Liebe beachten wir aber nicht. Erfülle uns mit der Liebe des Heiligen Geistes, damit wir fähig werden, mehr zu lieben, zu geben und zu opfern.

Göttlicher Meister, wir wollen voll Liebe in allem eins sein mit deinem heiligsten Willen für alle jene Seelen, die ihren Willen mißbrauchen und nach ihrem eigenen Gutdünken handeln. Vereinige uns ganz mit dir und deiner Liebe.

Vater unser... Gegrüßt seist du, Maria... Ehre sei...

10. Station: Jesus wird seiner Kleider beraubt.

Jesus, wir lieben dich und wollen dich in Ewigkeit lieben im Namen aller und für alle Seelen, die auf Erden und im Fegefeuer sind.

«Er hat sich selbst entäußert» (Phil 2,7). «Dem, der dir den Rock nehmen will, gib auch den Mantel!» hat der Herr einst gesagt (Mt 5,40). Auf dem Kalvarienberg gibt er nicht nur Rock und Mantel. Die Liebe gibt ohne zu zählen und zu messen; sie gibt, was sie geben kann, und fragt nicht, ob ihr noch etwas übrig bleibt.

Herr, wie bin ich noch so selbstsüchtig, wenn ich meine Liebe mit der deinigen vergleiche!

Göttlicher Meister, wir wollen uns dir voll Liebe hingeben für alle jene Seelen, die sich losreißen wollen von dir und deiner Kirche. Vereinige uns ganz mit dir und deiner Liebe.

Vater unser… Gegrüßt seist du, Maria… Ehre sei…

11. Station: Jesus wird ans Kreuz geschlagen.

Jesus, wir lieben dich und wollen dich in Ewigkeit lieben im Namen aller und für alle Seelen, die auf Erden und im Fegefeuer sind.

«Vater, verzeih ihnen, denn sie wissen nicht, was sie tun» (Lk 23,24). Der Heiland betet für seine Feinde, während diese ihn ans Kreuz schlagen. Jesu Gebet in jener Stunde war nicht nur ein frommer Wunsch, es war zugleich das Opfer seiner selbst für seine Peiniger; es war ein Bittopfer für uns alle. Der Herr betet: «Sie wissen nicht, was sie tun.» Die Liebe «denkt nichts Arges» (1 Kor 13,5), sie gibt keinen Menschen auf, und wäre er äußerlich noch so schlecht.

Herr, gib uns die wahre Liebe!

Göttlicher Meister, wir wollen in Liebe die täglichen Kreuze und Leiden auf uns nehmen für alle jene Seelen, die über ihre Leiden murren und von ihrem Kreuz befreit sein wollen. Vereinige uns ganz mit dir und deiner Liebe.

Vater unser… Gegrüßt seist du, Maria… Ehre sei…

12. Station: Jesus stirbt am Kreuz.

Jesus, wir lieben dich und wollen dich in Ewigkeit lieben im Namen aller und für alle Seelen, die auf Erden und im Fegefeuer sind.

«Es ist vollbracht» (Joh 19,30). Alles hat der Heiland schon dahingegeben. Vom Kreuz herab schenkt er uns in seiner großen Liebe auch noch seine Mutter. Dann ruft er: «Es ist vollbracht.» Jetzt kann der Triumph der Liebe beginnen. Der Hauptmann unter dem Kreuz ist die Erstlingsfrucht dieser Liebe, dann die Leute, die erschüttert an ihre Brust schlugen und ihre Schuld bereuten, dann die zur seligen Gottanschauung gelangten Seelen in der Vorhölle und schließlich die Millionen und Milliarden von Seelen, die gerettet sind durch die erlösende «Liebe bis ans Ende».

Herr, gib uns Liebe, «Liebe bis ans Ende», damit die Welt gerettet werde!

Göttlicher Meister, wir wollen voll Liebe in allem deine Mitarbeiter für deine Kirche sein für alle jene Seelen, die nicht für dich und deine Kirche arbeiten und wirken, sondern ihr feindlich gegenüberstehen. Vereinige uns ganz mit dir und deiner Liebe.

Vater unser… Gegrüßt seist du, Maria… Ehre sei…

13. Station: Jesu Herz wird geöffnet, und er wird vom Kreuz abgenommen.

Jesus, wir lieben dich und wollen dich in Ewigkeit lieben im Namen aller und für alle Seelen, die auf Erden und im Fegefeuer sind.

«Die Liebe lässt sich nicht erbittern» (1 Kor 13,5). Bei den meisten Menschen ist es so, dass Undank, Verkennung, Mißtrauen, Lieblosigkeit ihr Herz verhärten und verschließen. Dem Heiland hat all das Bittere das Herz nur noch mehr geöffnet, so geöffnet, dass der letzte Blutstropfen daraus fließen konnte als Opfer der Liebe. Solange wir an der Lieblosigkeit der Menschen noch bitter werden, solange haben wir die wahre Liebe noch nicht, denn «die Liebe lässt sich nicht erbittern».

Herr, durch die Durchbohrung deines Herzens wurden die Reichtümer deiner Liebe aufgetan. Jesus, mache unser Herz gleich deinem Herzen, gleich dem Herzen deiner Mutter, das mit dem deinigen durchbohrt worden ist und das mit dem deinigen uns ein Quell gnadenvoller Liebe ist.

Göttlicher Meister, wir wollen in und mit und durch dich deine Mutter lieben. Wir wollen sie als unsere Mutter verehren für alle jene Seelen, die sie nicht lieben und sie nicht als ihre Mutter anerkennen wollen. Vereinige uns ganz mit dir und deiner Liebe.

Vater unser… Gegrüßt seist du, Maria… Ehre sei…

14. Station: Jesus wird ins Grab gelegt.

Jesus, wir lieben dich und wollen dich in Ewigkeit lieben im Namen aller und für alle Seelen, die auf Erden und im Fegefeuer sind.

«Da er die Seinen liebte… liebte er sie bis ans Ende» (Joh 13,1). Leuchtend steht es über dem Grab des Herrn: «Er liebte sie bis ans Ende.» Bis ans Ende muss unsere Liebe gehen. Schwester Anna Katharina Emmerick sah im Traumgesicht einmal, wie sie ihr Herz unter viele Menschen teilte. Nachdem sie das letzte Stücklein hingegeben hatte, war sie zum Sterben matt und ganz leer. Da erschien ihr Jesus am Kreuz. Er reichte ihr sein Herz und sprach: «Da hast du mein Herz. Teile davon mit!» Und er setzte sein Herz in ihre Brust, und sie wurde stark.

Herr, so möchten wir auch handeln. Hilf uns, ganz leer zu werden von der Eigenliebe und Selbstsucht und ganz voll von deiner Liebe.

Göttlicher Meister, wir wollen voll Liebe in heiliger Treue an dich glauben, auf dich hoffen, dich lieben und in deiner heiligen Kirche leben und sterben für dich und für alle jene Seelen, die noch außerhalb deiner Kirche stehen oder sich davon losgerissen haben, damit auch sie sich zu dir bekehren und dir als gläubige Seelen dienen. Vereinige uns ganz mit dir und deiner Liebe.

Vater unser… Gegrüßt seist du, Maria… Ehre sei…

Schlussgebet

Göttlicher Heiland und Erlöser, verzeihe uns alles, was wir gefehlt haben.

Durch deine Liebe ersetze alles;

mit deinem kostbaren Blut wasche uns rein; mit deinen Verdiensten bereichere uns;

mit deinen Tugenden schmücke uns;

komm und vereinige dich ganz mit uns. Amen.

Ein Vaterunser... Gegrüßt seist du, Maria... Ehre sei... nach der Meinung des Heiligen Vaters.

Litanei zu Gott, dem Vater

Herr, erbarme dich unser
Christus, erbarme dich unser
Herr, erbarme dich unser, Christus, höre uns
Christus, erhöre uns
Gott Vater im Himmel – *erbarme dich unser*
Gott, Vater von allen
Gott Sohn, Erlöser der Welt
Gott Heiliger Geist
Heilige Dreifaltigkeit, ein einziger Gott
Gott Vater, Beschirmer
Gott Vater, unser Herrscher und Regierer, Gott Vater, unsere Hoffnung
Gott Vater, unser Erleuchter
Gott Vater, unser Vorseher
Gott Vater, unser Vater

Gott Vater, unsere Zuflucht
Gott Vater, unsere einzige Liebe
Gott Vater, unser höchstes Vergnügen
Gott Vater, unser Erschaffer
Gott Vater, unser Erhalter und Ernährer
Gott Vater, unser heiliger Gott
Gott Vater, unser heiliger, starker Gott
Gott Vater, unser heiliger, unsterblicher Gott
Gott Vater, unser allmächtiger Gott
Gott Vater, unser allwissender Herr
Gott Vater, unser allweiser Herr
Gott Vater, unser unendlich guter Gott
Gott Vater, unser vorsorglicher Gott
Gott Vater, unser liebenswürdigster Gott
Gott Vater, der du die Welt für die Menschen erschaffen hast
Gott Vater, der du zum Wohle der Menschen alles wunderbar ordnest
Gott Vater, der du die Lilien und Blumen des Feldes herrlich kleidest
Gott Vater, der du die Vögel und Tiere wunderbar erhältst und ernährst
Gott Vater, der du den Früchten der Erde Wachstum und Gedeihen gibst
Gott Vater, der du Kreuz und Leid zu unserem Heile zulässest
Gott Vater, der du uns in der Schule des Leidens die wahren Werte des Lebens erkennen lässest

Gott Vater, der du die kindlich Vertrauenden durch deine göttliche Vorsehung wunderbar leitest und führst

In deiner unendlichen Liebe

In deiner unendlichen Erbarmung

In deiner unvorstellbaren Güte

In deiner unendlichen Weisheit

In deiner unverbrüchlichen Treue

Gott Vater, sei uns gnädig – *erhöre uns, o Herr*

Gott Vater, von allem Übel – *erlöse uns, o Herr*

Gott Vater, von aller Sünde

Gott Vater, von deinem Zorne

Gott Vater, von allem Mißtrauen auf deine göttliche Vorsehung

Gott Vater, von aller Ungeduld

Gott Vater, von aller Kleinmütigkeit in Kreuz und Leiden

Gott Vater, von allem Murren und Klagen wider deine göttlichen Anordnungen

Gott Vater, von allen Anfechtungen des Bösen, besonders in der Stunde des Todes

Gott Vater, von überflüssigen Sorgen in zeitlichen Dingen

Gott Vater, von Angst und Unruhe

Gott Vater, von Undankbarkeit und Vermessenheit

Dass du uns ein kindliches, wahres Vertrauen zu deiner göttlichen Vorsehung schenken wollest, *wir bitten dich, erhöre uns*

Dass wir in allem Glück und Unglück deiner nicht vergessen

Dass wir unseren Willen in allem deinem göttlichen Willen gleichförmig machen lassen in und mit und durch Jesus

Dass wir im Leiden und in der Liebe Jesus ähnlich werden mögen

Dass du uns in allen Widerwärtigkeiten starkmütig machen wollest

Dass du uns an der Hand Mariens einst in den Himmel aufnehmen wollest

Dass du uns das Vollalter Christi schenken wollest

Dass wir dein Ruhm und deine Freude sein dürfen in Ewigkeit

Dass dein Reich zu allen Menschen kommen möge

Vater unser im Himmel! Geheiligt werde dein Name. Dein Reich komme. Dein Wille geschehe wie im Himmel, so auf Erden. Unser tägliches Brot gib uns heute. Und vergib uns unsere Schuld, wie auch wir vergeben unseren Schuldigern. Und führe uns nicht in Versuchung, sondern erlöse uns von dem Bösen.

Novene zu Gott, dem Vater

Man bete an allen neun Tagen:

Vater unser im Himmel!

Ich rufe zu dir, himmlischer Vater; erbarme dich meiner und aller Menschen auf Erden, die guten Willens sind. Lass uns alle immer mehr erkennen, dass wir berufen sind, dich in dieser Welt zu lieben und dir zu dienen, um einst an deiner ewigen Herrlichkeit teilnehmen zu dürfen.

Geheiligt werde dein Name!

Wie dein Sohn Jesus wünsche ich sehnlich, dass dein Name überall gepriesen und geehrt werde.

Dein Reich komme!

Möge dein Reich immer mehr die ganze Menschheit erfassen: wachsen, blühen und reiche Frucht bringen in den Herzen deiner Söhne und Töchter auf Erden.

Dein Wille geschehe, wie im Himmel so auf Erden!

Lass die Menschen immer tiefer verstehen, dass der wahre Friede und das Glück allein in der vollkommenen Erfüllung deines Willens, in der Beobachtung deiner Gebote zu finden sind.

Unser tägliches Brot gib uns heute!

Vater der Erbarmung, schenke deinen Kindern auf der ganzen Welt die nötige Speise für Seele und Leib. Lass uns immer mehr erkennen, wie hilfebringend die täglich würdig empfangene heilige Kommunion ist.

Und vergib uns unsere Schuld, wie auch wir vergeben unsern Schuldigern!

Gütiger Vater, ich opfere dir zur Sühne für meine und aller Menschen Sünden, Gleichgültigkeiten und Fehler das Blut, die Wunden, Leiden und Verdienste deines Sohnes Jesus auf. Nimm seine große Liebe als Ersatz für unsere mangelhafte Gottes-, Nächsten- und Feindesliebe an.

Und führe uns nicht in Versuchung, sondern erlöse uns von dem Bösen!

Erbarmungsreicher Vater, halte fern den bösen Geist, die Welt und ihre List und die «nächste Gelegenheit», damit ich und alle, die dir lieb sind, in deiner Gnade und in deinem Frieden leben und dir dienen dürfen. Sende deine heiligen Engel auf die Fürsprache ihrer Königin uns zum Schutz und segne uns. Amen.

Barmherzigkeits-Rosenkranz

von Jesus an Sr. Faustina in Polen geoffenbart.

Vater unser... Gegrüßt seist du, Maria... Ich glaube an Gott...

Bei den großen Perlen:

Ewiger Vater, ich opfere dir auf den Leib und das Blut, die Seele und die Gottheit deines vielgeliebten Sohnes, unseres Herrn Jesus Christus, um Verzeihung für unsere Sünden und für die Sünden der ganzen Welt zu erlangen.

Bei den kleinen Perlen 10 mal (5 Gesätzchen):

Durch sein schmerzhaftes Leiden erbarme dich unser und der ganzen Welt.

Am Schluss 3 mal:

Heiliger Gott, heiliger starker Gott, heiliger unsterblicher Gott, erbarme dich unser und der ganzen Welt.

Dieser Rosenkranz ist eine Hilfe für Sterbende.

Novene zur Göttlichen Barmherzigkeit

Diese neuntägige Andacht kann jederzeit gehalten werden. Am wirkungsvollsten gilt sie vom Karfreitag bis zum Sonntag nach Ostern. Am Ende der Novene empfange man die heiligen Sakramente.

1. Tag: Lasset uns beten um Barmherzigkeit für die ganze Menschheit, besonders für die Sünder.

Barmherzigster Jesus, dessen Liebe sich vor allem im Erbarmen und Verzeihen zeigt, schaue nicht auf unsere Sünden, sondern auf die Hoffnung, die wir auf deine unendliche Güte setzen.

Nimm uns alle in den Schutz deines barmherzigsten Herzens und verstoße niemanden. Wir bitten dich darum durch die Liebe, die dich mit dem Vater im Heiligen Geist zur Einheit der heiligsten und unbegreiflichen Dreifaltigkeit verbindet.

Vater unser… Gegrüßt seist du, Maria… Ehre sei…

Ewiger Vater, siehe mit deinen barmherzigen Augen auf die ganze Menschheit herab, vor allem auf die armen Sünder, deren einzige Hoffnung das barmherzigste Herz deines Sohnes und unseres Herrn Jesus Christus ist. Durch sein schmerzhaftes Leiden vermittelte er uns deine Barmherzigkeit, auf dass wir deine Allmacht in Ewigkeit lobpreisen können. Amen.

2. Tag: Lasset uns beten für die Priester und Ordensleute, durch welche die göttliche Barmherzigkeit auf die Menschheit herabströmt.

Barmherzigster Jesus, von dem alles Gute kommt, vermehre die Gnade in den Seelen der Priester und Ordensleute, damit sie würdig und erfolgreich ihre Pflichten in deinem Weinberg erfüllen. Lass sie mit Wort und Beispiel alle Menschen zur Verehrung deiner göttlichen Barmherzigkeit hinführen.

Vater unser… Gegrüßt seist du, Maria… Ehre sei…

Ewiger Vater, schaue mit den Augen deiner Barmherzigkeit auf die Schar der Arbeiter in deinem Weinberge – auf die Seelen der Priester, Ordensbrüder und -schwestern, die Gegenstand der besonderen Liebe deines Sohnes, unseres Herrn Jesus Christus, sind. Stärke sie mit der Kraft deines Segens und spende ihnen dein Licht, auf dass sie voll Eifer die Gläubigen auf dem Wege der Erlösung führen und ihnen deine Barmherzigkeit vermitteln. Amen.

3. Tag: Lasset uns beten für alle gläubigen Christen.

Barmherzigster Jesus, du spendest allen Menschen reichliche Gnaden aus dem Schatz der göttlichen Barmherzigkeit. Nimm alle gläubigen Christen in den Schutz deines barmherzigsten Herzens und verstoße niemanden daraus. Wir bitten dich darum durch die Liebe, die dich mit dem Vater im Heiligen Geist zur Einheit der heiligsten und unbegreiflichsten Dreifaltigkeit verbindet.

Vater unser… Gegrüßt seist du, Maria… Ehre sei…

Ewiger Vater, siehe mit deinen barmherzigen Augen auf die treuen Seelen und schenke ihnen deinen Segen. Um des schmerzhaften Leidens deines Sohnes willen umgib sie mit deinem immerwährenden Schutz. Mache, dass sie nie deine Liebe und den Schatz des heiligen Glaubens verlieren, sondern mit den Scharen der Engel und Heiligen deine unendliche Barmherzigkeit bis in alle Ewigkeit lobpreisen. Amen.

4. Tag: Lasset uns beten für die Heiden und Ungläubigen, die die göttliche Barmherzigkeit noch nicht kennen.

Barmherzigster Jesus, der du das Licht der Welt bist, nimm in den Schutz deines barmherzigsten Herzens die Seelen der Heiden und Ungläubigen, die dich noch nicht kennen. Mögen sie durch die Strahlen deiner Gnade erleuchtet werden, auf dass sie mit uns die Wunder deiner Barmherzigkeit in Ewigkeit lobpreisen können.

Vater unser… Gegrüßt seist du, Maria… Ehre sei…

Ewiger Vater, siehe mit deinen barmherzigen Augen auf die Seelen der Heiden und Ungläubigen, die das barmherzigste Herz deines Sohnes, unseres Herrn Jesus Christus, noch nicht kennen. Erfülle sie mit dem Lichte des heiligen Evangeliums, auf dass sie begreifen, was für ein Glück es ist, dich zu lieben und deine Barmherzigkeit in Ewigkeit zu lobpreisen. Amen.

5. Tag: Lasset uns beten für die im Glauben Irrenden.

Barmherzigster Jesus, du bist die Güte selber und du versagst das Licht denen nicht, die dich darum bitten. Nimm in den Schutz deines barmherzigsten Herzens die Seelen der im Glauben

Irrenden. Führe sie durch das Licht deiner Gnade wieder in den Schoß deiner heiligen Kirche, auf dass sie gemeinsam mit uns die Freigebigkeit deiner Barmherzigkeit in Ewigkeit lobpreisen können.

Vater unser… Gegrüßt seist du, Maria… Ehre sei…

Ewiger Vater, siehe mit deinen barmherzigen Augen auf die Seelen der Irrenden. Siehe nicht auf ihre Verstocktheit, wenn sie durch den Missbrauch deiner Gnaden diesen Schatz verloren haben und in ihren Irrtümern hartnäckig verbleiben, sondern gedenke gnädig der Liebe deines Sohnes und seiner bitteren Leiden, durch welche er uns erlöst hat. Lass diese Seelen wieder zu dir zurückfinden und gemeinsam mit uns deine Barmherzigkeit in Ewigkeit lobpreisen. Amen.

6. Tag: Lasset uns beten für die Kinder und die Seelen, die ihnen ähnlich wurden.

Barmherziger Jesus, du hast gesagt: «Lernet von mir, denn ich bin sanftmütigen und demütig von Herzen» (Mt 11,29). Nimm in den Schutz deines barmherzigsten Herzens die Seelen der Kinder und die Seelen jener, die wie du sanftmütigen und demütig sind. Diese blühen ja wie ein duftender Strauß zum Entzücken des Himmels vor dem Thron des himmlischen Vaters. Mache, dass diese Seelen ständig in deinem Herzen verbleiben und deine Barmherzigkeit in Ewigkeit lobpreisen.

Vater unser… Gegrüßt seist du, Maria… Ehre sei…

Ewiger Vater, sieh mit deinen barmherzigen Augen auf die Kinder und auf alle sanftmütigen und demütigen Seelen, die deinem geliebten Sohne am meisten ähnlich wurden und dich, den Vater der Barmherzigkeit, durch den Duft ihrer Tugenden zu den Füßen deines Thrones erfreuen. Wir bitten dich, segne aus Freude über diese Seelen uns und die ganze Welt, auf dass wir in alle Ewigkeit deine göttliche Barmherzigkeit verehren können. Amen.

7. Tag: Lasset uns beten für die, welche die göttliche Barmherzigkeit verehren, und das Vertrauen auf sie verbreiten und dadurch ein lebendiges Abbild des barmherzigsten Herzens Jesu werden.

Barmherzigster Jesus, dein mitleidiges Herz ist die Liebe selber. Nimm in den Schutz deines barmherzigsten Herzens die Seelen, die sich besonders der Verehrung der göttlichen Barmherzigkeit gewidmet haben und sie lobpreisen. Hilf allen Seelen, deren Kraft aus Gottes Gnade strömt, und die mit dir gemeinsam in Leiden und Prüfungen das Übermaß des Unheils, das über die ganze Menschheit gekommen ist, auf ihren schwachen Schultern tragen wollen. Erfülle sie gnädig mit deiner Barmherzigkeit und stärke sie mit der Gnade der Tapferkeit, der Beharrlichkeit und der Geduld.

Vater unser... Gegrüßt seist du, Maria... Ehre sei...

Ewiger Vater, sieh mit deinen barmherzigen Augen auf die Seelen derer, die mit besonderem Eifer deine unendliche Barmherzigkeit verehren und lobpreisen, deren Mund überströmt vom Lobpreis auf deine Ehre. Wir bitten dich, zeige diesen Seelen, die sich voll Hoffnung an dich wenden, die immer größere Gnade deiner Barmherzigkeit, deinem Versprechen gemäß, dass du sie überall beschützen wirst wie deine eigene Ehre, immer und besonders in ihrer Todesstunde. Amen.

8. Tag: Lasset uns beten für die Armen Seelen im Fegefeuer, damit die Ströme des Blutes Jesu Christi ihre Qualen mildern und verkürzen mögen.

Barmherziger Jesus, der du gesagt hast: «Seid barmherzig, wie mein Vater barmherzig ist», nimm in den Schutz deines barmherzigsten Herzens die Armen Seelen im Fegefeuer. Es mögen die Ströme des Blutes und des Wassers, die aus deinem barmherzigsten Herzen quellen, die Flammen des Fegefeuers löschen, damit auch dort die unendliche Kraft deiner Barmherzigkeit gepriesen werde.

Vater unser... Gegrüßt seist du, Maria... Ehre sei...

Ewiger Vater, sieh mit deinen barmherzigen Augen auf die Armen Seelen im Fegefeuer, und um des schmerzhaften Leidens unseres Heilandes und um der Bitterkeit willen, die in jenen Stunden sein heiligstes Herz erfüllt hat, zeige dein Erbarmen denen, die unter deiner gerechten Aufsicht stehen. Wir bitten dich, du mögest auf diese Seelen nur durch die Wunden deines über alles geliebten Sohnes und unseres Herrn Jesus Christus schauen, dessen Barmherzigkeit die Gerechtigkeit übersteigt. Amen.

9. Tag: Lasset uns beten für die lauen Seelen, die dem Heiland in Gethsemane so große Schmerzen bereitet haben.

Barmherziger Jesus, der du die Güte selbst bist, nimm in den Schutz deines barmherzigsten Herzens alle lauen Seelen, die als Fäulnis des Todes dich in Gethsemane mit Abscheu erfüllt haben. Schmilz die eisige Kälte dieser Seelen im Feuer deiner reinen Liebe, auf dass sie in Ewigkeit deine unendliche Barmherzigkeit lobpreisen.
Vater unser… Gegrüßt seist du, Maria… Ehre sei…

Ewiger Vater, sieh mit deinen barmherzigen Augen auf die lauen Seelen, die einst in Gethsemane die Ursache der schmerzlichen Klage deines Sohnes gewesen sind. Um des bitteren Leidens und Sterbens Jesu willen bitten wir: Entflamme in den lauen Seelen neuen Eifer zu deiner Ehre. Gieße in ihre Herzen die wahre Liebe, damit sie die Werke der Barmherzigkeit hier auf Erden üben und deine göttliche Barmherzigkeit in Ewigkeit lobpreisen können. Amen.

Namen-Jesu-Rosenkranz

(Ohne Vaterunser und Ave Maria)

1. O süßer Name Jesu, sei gepriesen in Ewigkeit. *1 mal*

   Jesus, Heiland, Seligmacher, um deines Namens willen erbarme dich der sündigen Welt. *10 mal*
2. O wunderbarer Name Jesu, sei gepriesen in Ewigkeit. *1 mal*

   Jesus, Heiland, Seligmacher, um deines Namens willen erbarme dich der Kranken und Leidenden. *10 mal*
3. O ruhmreicher Name Jesu, sei gepriesen in Ewigkeit. *1 mal*

   Jesus, Heiland, Seligmacher, um deines Namens willen errette uns aus aller Not und Bedrängnis und heilige uns. *10 mal*

Schlussgebet

O göttlicher Heiland, verzeihe allen, die aus Gedankenlosigkeit oder Bosheit deinen heiligsten

Namen verunehren, verspotten und mißbrauchen. Wir lieben und verehren diesen deinen erhabenen Namen aus tiefster Seele. Mit Maria danken wir für die Hilfe, die jenen gewährt wird, die deinen Namen vertrauensvoll anrufen. Amen.

Litanei zum heiligsten Namen Jesu

Herr, erbarme dich unser
Christus, erbarme dich unser
Herr, erbarme dich unser, Jesus, höre uns
Jesus, erhöre uns
Gott Vater im Himmel – erbarme dich unser Gott
Sohn, Erlöser der Welt
Gott Heiliger Geist
Heilige Dreifaltigkeit, ein einziger Gott Jesus,
Sohn des lebendigen Gottes
Jesus, Abglanz des Vaters
Jesus, Klarheit des ewigen Lichtes
Jesus, König der Herrlichkeit
Jesus, Sonne der Gerechtigkeit
Jesus, Sohn der Jungfrau Maria
Du liebenswürdiger Jesus
Du wunderbarer Jesus
Jesus, starker Gott
Jesus, Vater des zukünftigen Lebens
Jesus, Künder des großen Ratschlusses
Du mächtiger Jesus
Du geduldiger Jesus

Du gehorsamer Jesus
Jesus, sanft und demütig von Herzen
Jesus, Freund der Keuschheit
Jesus, unser Freund
Jesus, Gott des Friedens
Jesus, Urheber des Lebens
Jesus, Vorbild der Tugenden
Jesus, Eiferer für die Seelen
Jesus, unser Gott
Jesus, unsere Zuflucht
Jesus, Vater der Armen
Jesus, Kleinod der Gläubigen
Jesus, guter Hirt
Jesus, wahres Licht
Jesus, ewige Weisheit
Jesus, unendliche Güte
Jesus, unser Weg und unser Leben
Jesus, Freude der Engel
Jesus, König der Patriarchen
Jesus, Meister der Apostel
Jesus, Lehrer der Evangelisten
Jesus, Stärke der Märtyrer
Jesus, Licht der Bekenner
Jesus, Reinheit der Jungfrauen
Jesus, Krone aller Heiligen
Sei uns gnädig – *verschone uns, o Jesus*
Sei uns gnädig – *erhöre uns, o Jesus*
Von allem Übel – *erlöse uns, o Jesus*
Von aller Sünde

Von deinem Zorne
Von den Nachstellungen des Teufels
Vom Geiste der Unlauterkeit
Vom ewigen Tode
Von der Vernachlässigung deiner Eingebungen
Durch das Geheimnis deiner heiligen Menschwerdung
Durch deine Geburt
Durch deine Kindheit
Durch dein göttliches Leben
Durch deine Arbeiten und Mühen
Durch deine Todesangst und dein Leiden
Durch dein Kreuz und deine Verlassenheit
Durch deine Schmerzen und Wunden
Durch deinen Tod und dein Begräbnis
Durch deine Auferstehung
Durch deine Himmelfahrt
Durch die Einsetzung der heiligsten Eucharistie
Durch deine Freuden
Durch deine Herrlichkeit
Lamm Gottes, du nimmst hinweg die Sünden der Welt – *verschone uns, o Jesus*
Lamm Gottes, du nimmst hinweg die Sünden der Welt – *erhöre uns, o Jesus*
Lamm Gottes, du nimmst hinweg die Sünden der Welt – *erbarme dich unser, o Jesus*
Jesus, höre uns – *Jesus, erhöre uns*

Lasset uns beten:

Herr Jesus Christus, du hast gesagt: «Bittet, und ihr werdet empfangen, suchet, und ihr werdet finden, klopfet an, und es wird euch aufgetan.» Wir bitten dich erhöre unser Flehen und schenke uns deine göttliche Liebe. So wollen auch wir dich lieben mit ganzem Herzen und in deinem Lobe niemals nachlassen. Gib uns die Gnade, o Herr, dass wir allezeit deinen heiligen Namen ebenso fürchten wie lieben. Niemals willst du ja deine Führung denen versagen, die du begründest in treuer Liebe zu dir, der du lebst und herrschest in Ewigkeit. Amen.

Namen-Jesu-Novene

Im Namen Jesu sollen sich alle Knie beugen im Himmel, auf der Erde und in der Unterwelt und alle Zungen sollen laut bekennen zu Gottes, des Vaters, Herrlichkeit: Herr ist Jesus Christus!

(Phil 2,10-11)

Jesus, du Sohn des lebendigen Gottes
gepriesen sei dein heiligster Name.

Jesus, du Sohn der Jungfrau Maria
gepriesen sei dein heiligster Name.

Jesus, du langersehnter Messias
gepriesen sei dein heiligster Name.

Jesus, du vom Vater gesandter Erlöser
gepriesen sei dein heiligster Name.

Jesus, du Blume aus der Wurzel Jesse
gepriesen sei dein heiligster Name.
Jesus, du unser Heil und unsere Hoffnung
gepriesen sei dein heiligster Name.
Jesus, du wahrer Emmanuel
gepriesen sei dein heiligster Name.
Jesus, du wahres Licht aller Völker
gepriesen sei dein heiligster Name.
Jesus, du guter Hirt
gepriesen sei dein heiligster Name.
Jesus, du Arzt der Kranken
gepriesen sei dein heiligster Name.
Jesus, du Hoffnung der ganzen Schöpfung
gepriesen sei dein heiligster Name.
Jesus, du Heiland, Erlöser und Seligmacher
gepriesen sei dein heiligster Name.

Jesus, dich will ich preisen und deinen Namen rühmen in Ewigkeit.

Jesus, groß ist dein Erbarmen für alle, die zu dir rufen.

Jesus, in allen Plagen, Krankheiten und Schmerzen baue ich auf dich, auf deine Güte und Milde.

Jesus, ich vertraue auf dich und auf deinen wunderbaren Namen.

Jesus, erhöre mich um deines Namens willen in meinem schweren Anliegen.

Ehre sei… Vater unser… 10 Gegrüßt seist du Maria… mit Einschaltbitte:

Jesus, um deines Namens willen erbarme dich der sündigen Welt und hilf mir in meiner Not. *Heilige Maria…*

Weihnachtsversprechen Jesu an die heilige Margareta Maria Alacoque

«Wenn jemand am Feste meiner Menschwerdung 24 mal den Lobspruch betet: "Und das Wort ist Fleisch geworden und hat unter uns gewohnt!" – zu Ehren meiner tiefen Erniedrigung bei der Menschwerdung –, der soll nicht sterben, ohne die Frucht derselben empfangen zu haben.»

Novene vor Weihnachten

Diese neuntägige Andacht kann auch vor dem 25. eines jeden Monats gehalten werden.

I.

Christus ist bei uns. Kommt, lasst uns ihn verehren.

1 Ehre sei, 1 Vaterunser (ohne Ave Maria)

1. Jesus, du liebliches Kind, um unseres Heiles willen stiegst du vom Schoße des Vaters herab; du scheutest den Schoß der Jungfrau nicht, wurdest vom Heiligen Geist empfangen und nahmst Knechtsgestalt an; das Wort wurde Fleisch: Erbarme dich unser! Erbarme dich unser, Kind Jesus, erbarme dich unser!

1 Ave Maria

2. Jesus, du liebliches Kind, mit deiner jungfräulichen Mutter hast du Elisabeth besucht, deinen Vorläufer Johannes mit dem Heiligen Geiste erfüllt und ihn schon im Mutterschoße geheiligt: Erbarme dich unser!

Erbarme dich unser, Kind Jesus, erbarme dich unser!

1 Ave Maria

3. Jesus, du liebliches Kind, du ruhtest neun Monate lang verborgen im Schoß deiner Mutter, wurdest sehnlichst erwartet von Maria, der Jungfrau, und vom heiligen Josef, und Gott dem Vater für das Heil der Welt dargebracht: Erbarme dich unser!

Erbarme dich unser, Kind Jesus, erbarme dich unser!

1 Ave Maria

4. Jesus, du liebliches Kind, du wurdest zu Bethlehem von Maria, der Jungfrau, geboren, in Windeln gewickelt und in eine Krippe gelegt; du wurdest von Engeln verkündet und von den Hirten besucht: Erbarme dich unser! Erbarme dich unser, Kind Jesus, erbarme dich unser!

   1 Ave Maria

Jesus, der reinen Jungfrau Sohn, dir sei Lobpreis und Herrlichkeit, dem Vater auch, dem Tröstergeist, jetzt und in alle Ewigkeit. Amen.

II.

Christus ist bei uns. Kommt, lasst uns ihn verehren.

1 Ehre sei, 1 Vaterunser (ohne Ave Maria)

1. Jesus, du liebliches Kind, du wurdest nach acht Tagen bei der Beschneidung verwundet und erhieltest den glorwürdigen Namen Jesus; durch den Namen und dein Blut wurdest du der Welt als Erlöser vorgedeutet: Erbarme dich unser!

   Erbarme dich unser, Kind Jesus, erbarme dich unser!

   1 Ave Maria

2. Jesus, du liebliches Kind, unter Führung eines Sterns wurdest du den drei Weisen geoffenbart; du wurdest auf dem Schoß deiner Mutter

von ihnen angebetet und mit bedeutungsvollen Gaben, mit Gold, Weihrauch und Myrrhe, beschenkt: Erbarme dich unser!

Erbarme dich unser, Kind Jesus, erbarme dich unser!

1 Ave Maria

3. Jesus, du liebliches Kind, du wurdest von deiner jungfräulichen Mutter im Tempel dargestellt, von Simeon auf die Arme genommen und von der Prophetin Anna dem Volk Israel geoffenbart: Erbarme dich unser!

   Erbarme dich unser, Kind Jesus, erbarme dich unser!

   1 Ave Maria

4. Jesus, du liebliches Kind, du wurdest vom gottlosen Herodes zu Tode verfolgt, vom heiligen Josef und deiner Mutter nach Ägypten gebracht und so gerettet vor dem grausamen Tod; du wurdest durch das ruhmreiche Martertum der *Unschuldigen Kinder* verherrlicht: Erbarme dich unser!

   Erbarme dich unser, Kind Jesus, erbarme dich unser!

   1 Ave Maria

Jesus, der reinen Jungfrau Sohn, dir sei Lobpreis und Herrlichkeit, dem Vater auch, dem Tröstergeist, jetzt und in alle Ewigkeit. Amen.

III.

Christus ist bei uns. Kommt, lasst uns ihn verehren.

1 Ehre sei, 1 Vaterunser (ohne Ave Maria)

1. Jesus, du liebliches Kind, du bliebst mit deiner heiligen Mutter Maria und dem heiligen Nährvater Josef in Ägypten bis zum Tode des Herodes: Erbarme dich unser!
   Erbarme dich unser, Kind Jesus, erbarme dich unser!
   1 Ave Maria

2. Jesus, du liebliches Kind, du bist mit deinen Eltern aus Ägypten in das Land Israel zurückgekehrt und nach vielem Ungemach, das du auf der Reise ausgestanden, in Nazareth angekommen: Erbarme dich unser!
   Erbarme dich unser, Kind Jesus, erbarme dich unser!
   1 Ave Maria

3. Jesus, du liebliches Kind, du warst im heiligen Hause zu Nazareth deinen Eltern untertan; du führtest ein gottgefälliges Leben, voll Armut und Mühen, und nahmst zu an Weisheit, Alter und Gnade: Erbarme dich unser!

Erbarme dich unser, Kind Jesus, erbarme dich unser!

1 Ave Maria

4. Jesus, du liebliches Kind, du zogst mit 12 Jahren mit deinen Eltern nach Jerusalem, wurdest von ihnen mit Schmerzen gesucht und nach drei Tagen mit Freuden unter den Schriftgelehrten wiedergefunden: Erbarme dich unser! Erbarme dich unser, Kind Jesus, erbarme dich unser!

1 Ave Maria

Jesus, der reinen Jungfrau Sohn, dir sei Lobpreis und Herrlichkeit, dem Vater auch, dem Tröstergeist, jetzt und in alle Ewigkeit. Amen.

Das Wort ist Fleisch geworden und hat unter uns gewohnt. *1 mal*

Lasset uns beten! Allmächtiger, ewiger Gott, Herr des Himmels und der Erde, du offenbarst dich den Kleinen. Wir bitten dich, gib, dass wir die hochheiligen Geheimnisse deines Sohnes, des Kindes Jesus, mit der schuldigen Ehrerbietung betrachten, ihn gebührend nachahmen und ihm folgen und so zum Himmelreich gelangen, das du den Kleinen verheißen hast. Durch Christus, unseren Herrn. Amen.

Novene zum Göttlichen Kinde Jesus

Göttliches Kind, nach deiner wunderbaren Geburt zu Bethlehem wolltest du dein grenzenloses Erbarmen auf alle Menschen und die ganze Welt ausdehnen. Du riefst darum die Hirten und Weisen durch himmlische Zeichen zu deiner Krippe, die so zu einem Königsthron wurde. Du nahmst die heiligen Männer gütig auf; sie folgten deinem göttlichen Ruf; sie eilten herbei, huldigten dir und beteten dich an als den Heiland der Welt, als den Fürsten des Friedens, als den Erlöser der Menschen, als den wahren Gottessohn. Ziehe auch uns in deiner Güte und Allmacht zu dir! Erleuchte unseren Verstand, stärke unseren Willen, entzünde unser Herz, mache uns demütig und rein, damit wir dich immer besser erkennen, dir immer treuer dienen, dich immer inniger lieben in diesem Leben und so würdig werden, dich einst im anderen Leben ewig zu schauen. Amen.

(Pius XI.)

Litanei zum Göttlichen Kinde Jesus

Herr, erbarme dich unser
Jesus, göttliches Kind, erbarme dich unser
Herr, erbarme dich unser, Christus, höre uns
Christus, erhöre uns
Gott Vater im Himmel – erbarme dich unser
Gott Sohn, Heiland und Bruder der Menschen
Gott Heiliger Geist
Heilige Dreifaltigkeit, ein einziger Gott
Jesus, wahrer Gott und wahrer Mensch
Jesus, von Ewigkeit des Allerhöchsten Sohn
Jesus, der reinsten Jungfrau Sohn
Jesus, vom Himmel herabgestiegen, um uns in den Himmel zu führen
Jesus, arm geworden, um uns ewig reich und zu Erben der ewigen Güter zu machen
Jesus, durch den Engel Gabriel der seligen Jungfrau verkündet
Jesus, vom Heiligen Geiste empfangen
Jesus, in der Davidstadt Bethlehem geboren
Göttliches Kind, bei deinem Eintritt in die Welt durch Maria und Josef im Namen des Menschengeschlechtes in tiefster Ehrfurcht begrüßt
Göttliches Kind, verherrlicht durch den Gloriagesang der Engel auf den Fluren Bethlehems
Göttliches Kind, von Hirten und Königen besucht und angebetet

Göttliches Kind, du Licht der Welt
Göttliches Kind, du Licht und Freude der Herzen
Göttliches Kind, du Freund der Kinder und kindlichen Seelen
Durch deine schmerzhafte Beschneidung
Durch deinen allerheiligsten Namen
Durch alle ertragenen Leiden und Entbehrungen im Stall zu Bethlehem
Durch deine tiefe Erniedrigung für uns stolze Menschen
Durch deine Darstellung im Tempel
Durch das Herzeleid, das dir die Verfolgung des Herodes und dessen Kindermord bereitet hat
Durch die leidensvolle Flucht und die Jahre in Ägypten
Durch deine Rückkehr nach Nazareth und dein demütiges Dienen und Gehorchen
Durch deine vollkommenste Gleichförmigkeit mit dem Willen des ewigen Vaters
Durch deine weise Rede mit den Schriftgelehrten im Tempel
Durch alle Verdienste deiner zwölf Lebensjahre
Durch alle Wunder deiner heiligen Kindheit
Durch deine kindliche Anmut, die die Herzen eroberte
Durch deinen allwissenden, kindlich-reinen Blick
Durch deine heiligen Worte, Belehrungen und Tröstungen

Durch deinen trauten Umgang mit Maria und Josef

Durch dein immerwährendes Zwiegespräch mit dem ewigen, vielgeliebten Vater

Durch deine immerwährende Liebesvereinigung mit dem Heiligen Geist

Durch deine verborgene Gottheit

Durch deine unermessliche Demut und Sanftmut

Durch deine unbeschreibliche Güte und Liebenswürdigkeit

Durch dein Opfern und beispielhaftes Entsagen

Durch die glühende Liebe, die durch den Kreuzestod für uns verlangte

Durch den großen Schmerz, den dir die Welt durch ihre Gleichgültigkeit und Ablehnung verursachte

Durch deine Freuden, die in der ständigen Vorschau auf deine Passion getrübt wurden

Durch den gewaltigen Schmerz, verursacht durch die menschliche Abweisung deiner Gnadenangebote

Durch dein inneres und äußeres Leben und Wirken

Durch die Verdienste deiner Kindheit rette unsere Jugend – *wir bitten dich, erhöre uns*

Durch deine allerreinste Liebe erwärme alle kindlichen Seelen

Durch deinen jungfräulichen Lebenswandel bewahre die Jugend vor Verführung und Unreinheit

Durch dein immerwährendes Gebet schenke der Jugend große Frömmigkeit und Sammlung.

Göttliches Kind, bewahre ihre Taufunschuld unberührt

Göttliches Kind, lass unsere Kinder deine lieben Begleiter sein hier auf Erden und einst im Himmel

Schenke den Kindern oft deine traute Begegnung in der heiligen Kommunion

Göttliches Kind, lass uns alle deine heilige Kindheit lieben und tief verehren

Lass uns alle mit dir deine Heiligste Mutter und deinen heiligen Pflegevater verehren

Lass uns mit deinem Gehorsam deiner Mutter gehorchen, die uns zum Rosenkranzgebet, zu Buße und Umkehr und zur Weihe an ihr unbeflecktes Herz auffordert

Lass uns alle klein werden wie du klein geworden bist für uns

Lass uns ganz bescheiden, einfach und zufrieden werden

Lass uns immerdar aus den Verdiensten deiner Kindheit schöpfen

Lamm Gottes, du nimmst hinweg die Sünden der Welt – *verschone uns, o göttliches Kind*

Lamm Gottes, du nimmst hinweg die Sünden der Welt – *erhöre uns, o göttliches Kind*

Lamm Gottes, du nimmst hinweg die Sünden der Welt – *erbarme dich unser, o göttliches Kind*

Gebet:

O göttliches Kind, wir wollen immerdar aus den Verdiensten deiner Kindheit schöpfen, und du wirst uns nichts verweigern, wie du dies deiner bevorzugten Dienerin Margarete vom heiligen Sakrament zu Beaune versprochen hast. Lass uns auf ewig mit den Tugenden deiner Kindheit geziert sein. – Tausche unsere Gedanken mit den deinigen aus. Wir legen unseren Willen in dein göttliches Herz, damit du uns für immer deinen heiligen Willen einpflanzen mögest und wir mit deinem Willen, dir und dem Vater und dem Heiligen Geiste dienen. Amen.

Beauner-Jesuskind-Rosenkranz

Zu Ehren der Heiligen Familie von Nazareth:

Und das Wort ist Fleisch geworden.

Vater unser…

(Obiges dreimal ohne Ave Maria)

Und das Wort ist Fleisch geworden und hat unter uns gewohnt. *1 mal*

Zu Ehren der zwölf Jahre der Kindheit Jesu:

12 Gegrüßt seist du, Maria…

Auf höhere Eingebung hin verfasste die ehrwürdige Sr. Margareta vom Heiligsten Sakrament, Karmelitin (1619-1648) zu Beaune, die im Rufe der Heiligkeit stand, obiges Rosenkränzlein. Sie gründete die Vereinigung «Familie vom Jesuskind», die von Pius XI. zur Erzbruderschaft erhoben wurde. Jesus wünschte, dass die Mitglieder sein verborgenes und demütiges Leben in Nazareth zum Vorbild nehmen, obigen Rosenkranz zu seiner Ehre beten und den 25. Tag eines jeden Monats zum Gedächtnistag seiner Geburt machen.

Bezugsquelle der kleinen Rosenkränze und Anmeldeadresse: Communauté des Béatitudes, 14 rue de Chorey, F-21200 Beaune, France.

Kindheit-Jesu-Novenen-Rosenkranz

Gütigster Heiland, ich schöpfe immerdar aus den Verdiensten deiner heiligen Kindheit. In deiner Liebe wirst du mir nichts verweigern. Lass mich auf ewig mit den Tugenden deiner heiligen Kindheit geziert sein. Durch die liebe Mutter Maria weihe ich mich deiner heiligen Kindheit auf ewig. Ich lege meinen Willen in dein Herz, damit du mir deinen heiligsten Willen für immer einpflanzest und ich dir immer nur mit deinem Willen diene. Fortan will ich meine Gedanken mit den deinen austauschen.

Gib mir deine Liebe, womit du als Kind auf Erden so viele Entbehrungen ertragen hast.

1 mal

O Jesus, um der Verdienste deiner heiligen Kindheit willen, erhöre meine Bitten. *10 mal*

Obiges wird ohne Vaterunser und Ave Maria gebetet.

Jesuskind-Rosenkranz

Und das Wort ist Fleisch geworden und hat unter uns gewohnt. *3 mal*

O gnadenreiches Jesus-Kind, sei hochgepriesen und segne uns. Durch deine heiligste Mutter bitten wir dich, aus aller Not und Bedrängnis errette uns.

Zum vollkommenen Sieg und wahren Glück und Frieden führe uns. Mit deiner Allmacht, Weisheit und Güte und um der Verdienste deines 1. (bis 12.) Lebensjahres willen bitten wir dich, eile uns zu Hilfe, auch durch die Schar all' deiner lieben Engel und Heiligen.

Vater unser… Gegrüßt seist du, Maria… Ehre sei…

(Obiges wird 12 mal gebetet. Dabei wird jedes Mal ein anderes Lebensjahr verehrt. Man kann

auch Vaterunser und Gegrüßt seist du, Maria, weglassen und dafür 10 Liebesakte beten: «Jesus, Maria, ich liebe euch; rettet Seelen!» Am Schluss des einzelnen Gesätzchens folgt: Ehre sei dem Vater…)

Jesus, Maria, ich liebe euch; rettet Seelen!

Von Jesus an Sr. Consolata Betrone, Turin (aus: «Jesus spricht zur Welt», beim Parvis-Verlag erhältlich).

Jesus an Consolata: «Bedenke, dass ein Liebesakt über die ewige Seligkeit einer Seele entscheiden kann. Achte also darauf, kein einziges "Jesus, Maria, ich liebe euch; rettet Seelen", zu versäumen! Verliere keine Zeit, jeder Liebesakt ist eine Seele. Ein "Jesus, Maria, ich liebe euch; rettet Seelen", sühnt tausend Flüche.»

Jesus, Maria, ich liebe euch; rettet Millionen Seelen, rettet die Gottgeweihten!

Rosenkranz zur Heiligen Familie von Nazareth

(Ohne Vaterunser und Ave Maria)

1. Ewiger Vater, ich opfere dir unablässig auf: die verdienstvolle Erniedrigung und Unterwürfigkeit und den vollkommenen Gehorsam

Jesu im Haus zu Nazareth, zur Sühne für die Sünden der Kinder und Jugendlichen in der ganzen Welt. *1 mal*

Jesus, Maria, Josef, ich liebe euch in der Liebe des Heiligen Geistes. Erleuchtet die Familien der ganzen Welt und rettet sie. *10 mal*

2. Ewiger Vater, ich opfere dir unablässig auf: das tugendhafte und vollkommene innere und äußere Leben und Wirken Mariens im Haus zu Nazareth, zur Sühne für die Sünden der Frauen und Mütter in der ganzen Welt. *1 mal*

   Jesus, Maria, Josef, ich liebe euch in der Liebe des Heiligen Geistes. Erleuchtet die Familien der ganzen Welt und rettet sie. *10 mal*

3. Ewiger Vater, ich opfere dir unablässig auf: das demütige und stille Arbeiten, Dienen und Beten des heiligen Josef im Haus zu Nazareth, zur Sühne für die Sünden der Väter in der ganzen Welt. *1 mal*

   Jesus, Maria, Josef, ich liebe euch in der Liebe des Heiligen Geistes. Erleuchtet die Familien der ganzen Welt und rettet sie. *10 mal*

Haupt-Christi-Rosenkranz

1. Ewiger Vater, ich opfere dir im Namen des Menschengeschlechtes durch Mariens Hände immerdar das verdienstreiche und anbetungswürdige Haupt deines Sohnes auf, um die Sünden der Welt – vor allem den intellektuellen Stolz – zu sühnen und Gnade, Erbarmen und Weisheit zu erbitten.

   O heiliges, blutbeflecktes, mit Dornen gekröntes Haupt Christi, mit Maria, allen Engeln und Heiligen des Himmels, mit den Armen Seelen des Fegefeuers und im Namen aller Menschen auf Erden bete ich dich unablässig als «Sitz der göttlichen Weisheit» an. *1 mal*

   Haupt Christi, blutbefleckt und mit Dornen gekrönt, ich verehre und betrachte dich voll Schmerz und sühnender Liebe. *10 mal*

2. Ewiger Vater, ich opfere dir im Namen des Menschengeschlechtes durch Mariens Hände immerdar das verdienstreiche und anbetungswürdige Haupt deines Sohnes auf, um die Sünden der Welt – vor allem den intellektuellen Stolz – zu sühnen und Gnade, Erbarmen und Weisheit zu erbitten.

   O heiliges, blutbeflecktes, mit Dornen gekröntes Haupt Christi, mit Maria, allen Engeln und Heiligen des Himmels, mit den Armen Seelen des Fegefeuers und im Namen aller Menschen auf Erden bete ich dich unablässig als «Sitz der göttlichen Weisheit» an. *1 mal*

Haupt Christi, blutbefleckt und mit Dornen gekrönt, ich verehre und betrachte dich voll Mitleid und sühnender Liebe. *10 mal*

3. Ewiger Vater, ich opfere dir im Namen des Menschengeschlechtes durch Mariens Hände immerdar das verdienstreiche und anbetungswürdige Haupt deines Sohnes auf, um die Sünden der Welt – vor allem den intellektuellen Stolz – zu sühnen und Gnade, Erbarmen und Weisheit zu erbitten.

   O heiliges, blutbeflecktes, mit Dornen gekröntes Haupt Christi, mit Maria, allen Engeln und Heiligen des Himmels, mit den Armen Seelen des Fegefeuers und im Namen aller Menschen auf Erden bete ich dich unablässig als «Sitz der göttlichen Weisheit» an. *1 mal*

   Haupt Christi, blutbefleckt und mit Dornen gekrönt, ich verehre und betrachte dich voll Dankbarkeit und sühnender Liebe. *10 mal*

Haupt-Christi-Novene

Während der Novene bete man täglich:

Heiliges Haupt Christi,
lenke mich auf allen meinen Wegen.
Heiliges Haupt Christi,
erleuchte mich mit deinem Lichte.
Heiliges Haupt Christi,
erfülle mich mit deiner Weisheit.
Heiliges Haupt Christi,
schmücke mich mit deiner Demut und Sanftmut.
Heiliges Haupt Christi,
schenke mir deine Klarsicht.
Heiliges Haupt Christi,
ziere mich mit deinen Verdiensten.
Heiliges Haupt Christi,
mit Maria bete ich dich an und huldige dir.
Heiliges Haupt Christi,
mit allen Engeln und Heiligen lobe und preise ich dich.
Heiliges Haupt Christi,
um deiner unermesslichen Verdienste willen gewähre mir Erhörung und Hilfe in meinem gegenwärtigen großen Anliegen…
Heiliges Haupt Christi,
gieße deinen reichsten Segen aus über die heilige Kirche und unser Vaterland.

Schenke den Gerechten die Gnade der Beharrlichkeit, den Sündern Bekehrung, den Ungläubigen Erleuchtung.
Stehe den Sterbenden bei und befreie die Armen Seelen aus dem Fegefeuer.
Schenke allen Herzen deine Liebe und Weisheit.

Amen.

1 Vaterunser und Gegrüßt seist du, Maria, zu Ehren des heiligen Hauptes, dem Sitz der göttlichen Weisheit.

Antlitz-Jesu-Novene

Jesus an Schwester Maria Pierina de Micheli:

«Ich will, dass mein heiligstes Antlitz mit einem besonderen Fest am Dienstag nach Quinquagesima (am Fastnachtsdienstag) gefeiert werde, und zwar mit vorausgehender Novene, in der die Gläubigen mir Genugtuung leisten, indem sie gemeinsam an meinen Schmerzen teilnehmen sollen.» (1939)

1. Tag

Zur heiligen Mechthildis sprach der Herr von denen, die sein Antliz verehren: «Keiner von ihnen soll von mir getrennt sein.» (1. Buch/8. Kap.)

Jesus sagte zur Karmelitenschwester Maria vom heiligen Petrus zu Tours: «Je mehr ihr Sorge tragt, mein Antlitz wiederherzustellen, das durch die Gotteslästerungen verunstaltet wird, desto mehr werde ich für das eurige, das durch die Sünde entstellt wurde, Sorge tragen. Ich werde ihm mein Bild wieder aufdrücken und es ebenso schön wieder herstellen, wie es bei der heiligen Taufe war.» (3. November 1845)

Antlitz-Jesu-Begrüßung zur Sühne für die Gotteslästerungen

Sei gegrüßt, o heiligstes Antlitz Jesu,
du würdevolles Spiegelbild der göttlichen Majestät.

Sei gegrüßt, o heiligstes Antlitz Jesu,
das alle Engel und Heiligen mit himmlischer Seligkeit erfüllt.

Sei gegrüßt, o heiligstes Antlitz Jesu,
du liebreichstes und schönstes unter allen Menschenkindern.

Sei gegrüßt, o heiligstes Antlitz Jesu,
du Freude und Wonne aller, die an dich glauben und dich über alles lieben.

Sei gegrüßt, o heiligstes Antlitz Jesu,
das die Liebe, Sanftmut und Barmherzigkeit Gottes in Vollkommenheit ausstrahlt.

Sei gegrüßt, o heiligstes Antlitz Jesu,
das unter furchtbaren Seelenqualen unserer vielen Sünden wegen Blut geschwitzt hat.

Sei gegrüßt, o heiligstes Antlitz Jesu,
das durch den Judaskuss so schrecklich gelitten hat.

Sei gegrüßt, o heiligstes Antlitz Jesu,
das unserer vielen Sünden willen bei der grausamen Geißelung und schmerzhaften Dornenkrönung mißhandelt, entstellt und jeder Schönheit beraubt wurde.

Sei gegrüßt, o heiligstes Antlitz Jesu,
das schweigend alle Körper- und Seelenqualen, allen Spott und Hohn über sich ergehen ließ.

Sei gegrüßt, o heiligstes Antlitz Jesu,
das sich so barmherzig zum heiligen Petrus gewendet hat.

Sei gegrüßt, o heiligstes Antlitz Jesu,
das den Zorn Gottes besänftigt.

Sei gegrüßt, o heiligstes Antlitz Jesu,
das ewig die Freude und Wonne aller Auserwählten sein wird.

Ewiger Vater, ich opfere dir durch Maria das anbetungswürdige, mit Blut und Wunden bedeckte, schmacherfüllte Erlöser-Antlitz Jesu auf, um die Sonntagsentheiligung, jegliche Gotteslästerung und die ganze Schuld des Menschengeschlechtes zu sühnen. *1 mal*

Mein Jesus, Verzeihung und Barmherzigkeit durch die Verdienste deines heiligen Antlitzes. *10 mal*

Durch dein heiligstes Antlitz, o Jesus, rette, erleuchte, läutere, entzünde, entflamme, begnadige und heilige meine Seele. *3 mal*

2. Tag

Jesus zu Schwester Maria vom heiligen Petrus: «Alle, die sich bemühen, mein heiliges Antlitz im Geiste der Sühne zu verehren, tun, was die heilige Veronika getan hat.» (27. Oktober 1845)

Heiliges Antlitz Jesu,

ich grüße dich und bete dich an;

ich verehre dich im Geiste der Sühne;

ich liebe dich mit allen Kräften meiner Seele.

Demütig bitte ich dich, o mein Jesus, stelle das Bild Gottes in mir und all deinen Kindern auf Erden wieder her.

Ewiger Vater, ich opfere dir durch Maria das heilige Antlitz Jesu auf zu deiner größten Ehre und Verherrlichung, im Geiste der Liebe und Sühne und für das Heil der Seelen.

Litanei zum heiligsten Antlitz

Herr, erbarme dich unser
Christus, erbarme dich unser
Herr, erbarme dich unser, Christus, höre uns
Christus, erhöre uns
Gott Vater im Himmel – *erbarme dich unser*
Gott Sohn, Erlöser der Welt
Gott Heiliger Geist
Heiligste Dreifaltigkeit, ein Gott
Heiliges Antlitz des Sohnes des lebendigen Gottes – *erbarme dich unser*
Heiliges Antlitz, Spiegel der Majestät Gottes
Heiliges Antlitz unseres Erlösers
Heiliges Antlitz, mit blutigem Angstschweiß überronnen
Heiliges Antlitz, grausam geschlagen
Heiliges Antlitz, mit Schmach bedeckt
Heiliges Antlitz, schändlich verschleiert
Heiliges Antlitz, durch die Dornen verwundet
Heiliges Antlitz, durch Wundfieber und Durst gequält
Heiliges Antlitz, beim Urteil vor der wogenden Menge des Volkes
Heiliges Antlitz, mit schmerzlichen Tränen benetzt
Heiliges Antlitz, im Schweißtuch der Veronika eingeprägt
Heiliges Antlitz, mit Lästerungen überhäuft
Heiliges Antlitz, sterbend am Kreuze geneigt

Heiliges Antlitz, durch Narben und Schläge verunstaltet, im Grabtuch wunderbar dargestellt

Heiliges Antlitz, durch die Auferstehung verherrlicht

Heiliges Antlitz, du Freude aller Engel und Heiligen

Heiliges Antlitz, du Trost der Betrübten

Heiliges Antlitz, durch dessen Verehrung wir Hilfe erfahren in unseren Bedrängnissen

Lamm Gottes, du nimmst hinweg die Sünden der Welt – *zeige uns dein heiliges Antlitz*

Lamm Gottes, du nimmst hinweg die Sünden der Welt – *zeige uns…*

Lamm Gottes, du nimmst hinweg die Sünden der Welt – *wende uns dein heiliges Antlitz zu, und wir werden gerettet.* Amen.

3. Tag

Schwester Maria vom heiligen Petrus sagt: «Ich vernahm vom göttlichen Erlöser, dass die Glaubensverächter unserer Tage durch ihre Gotteslästerungen die Beschimpfungen erneuern, die dem heiligsten Antlitz während seines Leidens und Sterbens zugefügt worden sind. Ferner sagte er mir, ich müsse den Eifer der frommen Veronika nachahmen, die sich mutig durch die Menge der Feinde drängte.»

Ich will nun im Geiste der Liebe und Sühne das göttliche Antlitz betrachten und verehren.

Ewiger Vater, ich opfere dir durch die reinsten Hände Mariens das anbetungswürdige Antlitz deines lieben Sohnes auf zur Sühne für die Lästerungen deines heiligen Namens und zur Bekehrung der armen Sünder.

Mildreichster Jesus, in tiefer Ehrfurcht bete ich dein heiligstes Antlitz an, das deinen innersten Seelenschmerz und die Liebe deines Herzens widerspiegelt.

Um deines heiligen Antlitzes willen, o Jesus, schließe die Priester in dein verwundetes Herz ein und bewahre sie rein. Lasse sie wachsen in der Liebe und Treue zu dir und schütze sie durch dein heiliges Antlitz vor der Ansteckung der Welt.

Gib, dass deine Priester sich mit ganzer Kraft dafür einsetzen, dass in ihnen und in den ihnen anvertrauten Gläubigen das Bild deines heiligsten Antlitzes aufleuchte zum Zeugnis für die ungläubige Welt.

1 Ehre sei… 1 Vaterunser… 10 Gegrüßt seist du… mit Einschaltbitte:

Durch deine Mutter, o Jesus, präge die Züge deines Antlitzes auf ewig unseren Herzen ein.

4. Tag

Schwester Maria vom heiligen Petrus sagt: «Unser göttlicher Heiland klagte mir, wie sehr seine Liebe im Allerheiligsten Sakrament verkannt werde. Durch dieses Sakrament will Jesus, unser Erlöser, den Seelen die Kraft seines heiligsten Antlitzes mitteilen.»

Sei gegrüßt, o Herr Jesus Christus, als Gott und Mensch wahrhaft zugegen im Allerheiligsten Sakrament des Altares.

Sei gegrüßt, du wahres Himmelsbrot, das lebt und Leben spendet.

Sei gegrüßt, du unbegreifliches Geheimnis der Liebe Christi, du Reichtum der Kirche.

Sei gegrüßt, du Freude der Herzen, du Leben der Seelen, du Quelle der Gnaden, du mein höchstes Gut; denn du bist das Band des Friedens und der Liebe, die Stärke der Schwachen, der Trost der Betrübten, der Lösepreis für die Sünden.

Sei gegrüßt, du liebeglühendes Antlitz Jesu.

Sei gegrüßt, du wahrer Leib des Herrn, für uns geopfert, du Opfergabe und Opferspeise der Erlösten.

Sei gegrüßt, du Speise der Kinder Gottes, du Brot der Hungernden, du Wegzehrung der Sterbenden.

Sei gegrüßt, o mein Herr und Heiland, als Gott und Mensch wahrhaft zugegen in diesem heiligen Sakrament.

Gott sei gepriesen! Gepriesen sei sein heiligster Name! Zur Sühne für die Gotteslästerungen, für das «Gott-ins-Angesicht-fluchen» will ich sprechen:

Es sei immerdar gelobt, gepriesen, geliebt, angebetet und verherrlicht der unaussprechliche Name Gottes im Himmel, auf Erden und unter der Erde von jenen, die aus der Hand Gottes hervorgegangen sind und dem Herrn dienen.

Herr Jesus Christus, mit ewiger Liebe hast du die Menschen geliebt und dich selbst hingegeben für das Heil der Welt. Gepriesen sei dein heiliger Leib, der als Sühnopfer am Kreuze dargebracht worden ist. Gepriesen sei das heiligste Sakrament des Altares.

3 Vaterunser und Gegrüßt seist du, Maria, zu Ehren der Heiligen Eucharistie und des göttlichen Antlitzes.

Am Schluss einmal:

Herr, zeige dein Antlitz, und es wird uns geholfen sein.

5. Tag

Zu Schwester Maria Pierina de Micheli sprach der Herr:

«Ich möchte, dass mein Antlitz, das die innersten Leiden meiner Seele, den Schmerz und die Liebe meines Herzens offenbart, mehr verehrt werde. Wer mich betrachtet, tröstet mich. Ich habe mein Herz als ausdrucksvolles Zeichen meiner großen Liebe den Menschen gegeben und gebe nun mein Antlitz als ausdrucksvolles Zeichen meines Schmerzes über die Sünden der Menschen.»

Liebster Jesus, an keinem Teil deines anbetungswürdigen Leibes hast du so viel für uns gelitten wie an deinem heiligen Antlitz, das um unserer Sünden willen ganz entstellt wurde. Wende dein heiliges Antlitz mir und all deinen Kindern zu, wie du es dem heiligen Petrus zugewendet hast, damit auch wir, von Liebesreue durchdrungen, würdig werden, es im Himmel zu schauen in alle Ewigkeit. Amen.

Antlitz-Jesu-Litanei

Herr, erbarme dich unser
Christus, erbarme dich unser
Herr, erbarme dich unser, Christus, höre uns
Christus, erhöre uns
Gott Vater im Himmel – *erbarme dich unser*
Gott Sohn, Erlöser der Welt
Gott Heiliger Geist
Heiligste Dreifaltigkeit, ein einziger Gott

Heiliges Antlitz des Sohnes des lebendigen Gottes – *sieh uns an und erbarme dich unser*
(wird wiederholt!)
Heiliges Antlitz Jesu Christi
Heiliges Antlitz unseres Erlösers, der geboren ist von der seligsten Jungfrau Maria
Heiliges Antlitz, Spiegel der Majestät Gottes
Heiliges Antlitz, das zu schauen die Engel stets verlangen
Heiliges Antlitz des Schönsten unter allen Menschenkindern
Heiliges Antlitz, glänzender als die Sonne
Heiliges Antlitz, mit blutigem Schweiß bedeckt
Heiliges Antlitz, durch den Kuss des Verräters entehrt
Heiliges Antlitz, mit Backenstreichen geschlagen
Heiliges Antlitz, von Dornenstichen zerrissen
Heiliges Antlitz, mit Schmach bedeckt
Heiliges Antlitz, mit einem Rohre geschlagen
Heiliges Antlitz, schändlich verhüllt
Heiliges Antlitz, mit Tränen benetzt
Heiliges Antlitz, mit vielfacher Unbill geschmäht
Heiliges Antlitz, von Blut entstellt
Heiliges Antlitz, auf vielfache Weise betrübt
Heiliges Antlitz, dem Schweißtuch der heiligen Veronika eingedrückt
Heiliges Antlitz, im Tode Jesu am Kreuze niedergebeugt

Heiliges Antlitz, vor unseren Augen wunderbar dargestellt
Heiliges Antlitz, Freude und Entzücken des himmlischen Hofes
Heiliges Antlitz, du Erquickung der Gerechten auf Erden
Heiliges Antlitz, du Trost der Betrübten
Heiliges Antlitz, Vorbild aller Tugenden
Heiliges Antlitz, Wonne der gerechten Seelen
Heiliges Antlitz, Hoffnung aller Sünder
Lamm Gottes, du nimmst hinweg die Sünden der Welt – *verschone uns, o Herr*
Lamm Gottes, du nimmst hinweg die Sünden der Welt – *erhöre uns, o Herr*
Lamm Gottes, du nimmst hinweg die Sünden der Welt – *erbarme dich unser, o Herr*
Zeige uns dein Angesicht, liebenswürdiger Erlöser – *und wir sind gerettet*

6. Tag

Jesus sagte zu Schwester Maria vom heiligen Petrus: «Durch mein heiliges Antlitz werdet ihr Wunderbares wirken.» (27. Oktober 1845)

«Durch mein Antlitz werdet ihr das Heil vieler Sünder erlangen. Durch diese Opfergabe wird euch nichts verweigert. Wenn ihr wüsstet, wie wohlgefällig meinem Vater der Anblick meines Antlitzes ist!» (22. November 1848)

Ewiger Vater, ich opfere dir das heilige Antlitz deines Sohnes auf zur Tilgung meiner Sünden. Blicke huldvoll auf Jesu Antlitz und erbarme dich meiner.

Heiliges Antlitz Jesu Christi, von Wunden und Blut entstellt, ich bete dich an und preise dich mit Maria, der schmerzhaften und makellosen Mutter. Ich will dir Sühne leisten.

Mein Jesus gib, dass ich die Prüfungen und Leiden geduldig ertrage und vereinige sie mit den deinen.

Himmlischer Vater, durch das unbefleckte Herz Mariens opfere ich dir auf: die unermesslichen Verdienste des heiligen Antlitzes Jesu, sein heiliges Schweigen bei allen Verspottungen und Leiden, seine bitteren Tränen und Schmerzen, all seine Wunden und sein versöhnendes, für uns vergossenes Blut zu deiner größten Ehre und zum Heile unserer Seelen. Amen.

1 Ehre sei… 1 Vaterunser… 10 Gegrüßt seist du, Maria… mit Einschaltbitte:

Göttlicher Erlöser, um der unendlichen Verdienste deines Antlitzes willen bekehre die armen Sünder.

7. Tag

Jesus zu Schwester Maria vom heiligen Petrus: «So wie man in einem Königreich mit dem Geldstück, welches das Bild des Fürsten trägt, sich alles verschaffen kann, was man will, ebenso werdet ihr durch mein Antlitz alles erhalten, was ihr begehrt.» (29. Oktober 1845)

Gütigster Vater, du hast deinen Kindern auf Erden das anbetungswürdige Antlitz deines vielgeliebten Sohnes als Erbe gegeben. Um dieses Antlitzes willen verzeihe den Sündern ihre Schuld und erbarme dich der Sterbenden.

O Jesus! Blut und Tränen waren das kostbare Lösegeld, das du dem Vater im Himmel für die verlorene Menschheit darbotest. Deine Tränen sind kostbare Perlen von unendlichem Wert. Eine einzige wiegt alles Gold und alle Edelsteine auf. Deine Tränen sind wie dein kostbares Blut und deine heiligen Wunden ein unschätzbares Geschenk an die Seelen. Verzeihe mir, dass ich so achtlos an diesem unermesslichen Reichtum vorübergehe. Wie die kleine heilige Theresia will ich beten:

In deinem bitteren Leiden wurdest du, lieber Jesus, der Spott der Menschen, der Mann der Schmerzen. Ich verehre dein göttliches Antlitz. Einst strahlte daraus göttliche Schönheit und Anmut, jetzt gleicht es dem Antlitz eines Aussätzigen.

Doch auch in den entstellten Zügen erkenne ich deine unendliche Liebe. Sehnlichst verlange ich danach, dich zu lieben und mitzuwirken, dass alle Menschen dich lieben. Die Tränen, die so reichlich deinen Augen entströmen, sind mir wie kostbare Perlen. Liebevoll möchte ich sie sammeln, um mit ihrem unendlichen Werte die Seelen der armen Sünder loszukaufen. Jesus, dein anbetungswürdiges Antlitz zieht mich an. Ich bitte dich, präge meinem Herzen das Bild deiner Gottheit ein und schenke mir eine glühende Liebe zu dir, damit ich einst dein Antlitz in seiner Verklärung schauen darf im Himmel. Amen.

Anbetungswürdiges Antlitz, das in seiner Kindheit so viele Tränen vergossen hat, erbarme dich meiner und der ganzen Menschheit.

Anbetungswürdiges Antlitz, betrübt und Tränen vergießend am Grabe des heiligen Lazarus, erbarme dich meiner und der ganzen Menschheit.

Anbetungswürdiges Antlitz, das sich betrübte beim Anblick Jerusalems und über die ungerechte Stadt weinte, erbarme dich meiner und der ganzen Menschheit.

Anbetungswürdiges Antlitz, im Ölgarten blutige Tränen vergießend, erbarme dich meiner und der ganzen Menschheit.

Anbetungswürdiges Antlitz, am Kreuze mit Blut und Tränen bedeckt, erbarme dich meiner und der ganzen Menschheit.

Ewiger Vater, um der Tränen willen, die Jesus als Kind und Mann geweint, und der Trauer, die er ob der Grausamkeit des menschlichen Herzens empfunden hat, erbarme dich meiner und erhöre meine Bitten.

1 Vaterunser und Ave Maria zu Ehren der Tränen Jesu.

8. Tag

Jesus zu Schwester Maria Pierina de Micheli: «Ich möchte, dass mein heiliges Antlitz besonders am Dienstag verehrt wird.» (21. November 1938)

Die Mutter Gottes sprach zu Schwester Pierina: «Das Skapulier (Medaille) vom heiligsten Antlitz ist ein Pfand der Erbarmung, das Jesus in diesen Zeiten der Welt geben will. Jene, die sich mit diesem Skapulier bekleiden (oder die Medaille tragen), und am Dienstag dem Allerheiligsten Sakrament einen Besuch machen, um die Schmähungen des heiligen Antlitzes zu sühnen, werden im Glauben gestärkt.»

Maria, Mutter des Herrn und meine treubesorgte Mutter, du wirst «Unsere Liebe vom hei ligen Antlitz» genannt. Niemand hat so tief hineingeschaut in das göttliche Antlitz wie du; und niemand hat aus der Betrachtung dieses Antlitzes so viel Gnade und Früchte erlangt wie du.

Jesu Antlitz, vom Heiligen Geiste in deinem jungfräulichen Schoße gebildet, hat sich liebevoll dem Schweißtuch der heiligen Veronika eingedrückt, und es ist immerzu das unschätzbare Gut der Kirche.

Mutter, zeige mir das heilige Antlitz! Zeige es vor allem jenen, die leiden und weinen, damit sie nicht verzagen und ihr Kreuz weitertragen.

Nicht nur Freude und Trost brachte dir Christi Anblick. Am Kreuzweg und unter dem Kreuz wurde dein unbeflecktes Mutterherz gleichsam durchbohrt von Weh, weil du sein schmerzvolles, entstelltes und blutüberströmtes Antlitz sehen musstest. Als du nach der Kreuzabnahme den toten Leib deines Sohnes in deine Arme nahmst, sein bleiches, entseeltes Antlitz mit deinen Tränen wuschest, erwarbst du dir die unblutige Märtyrerkrone.

Mutter, verzeih mir, denn ich bin mitschuldig an deinem Schmerz.

Geliebte Mutter, ich weihe und ich übergebe mich dir von ganzem Herzen. Ich bitte dich um der unendlichen Verdienste deines göttlichen Sohnes willen und kraft deiner mächtigen Fürbitte: Mache aus mir ein wahres Abbild des heiligen Antlitzes. Erwirke mir die Gnade, das unverhüllte Antlitz deines Sohnes Jesus Christus einst mit dir vereint im Himmel ewig schauen zu dürfen.

Vater unser… Gegrüßt seist du, Maria… Jesus:

Unsere Liebe Frau vom heiligen Antlitz, sei uns immer nahe und hilf uns. *Heilige Maria... Ehre sei...*

9. Tag

Der Herr sprach zur heiligen Gertrud: «Die mein heiligstes Antlitz verehren, werden in ihrem Innern durch das Bild meiner Menschheit einen lebhaften Glanz meiner Gottheit erhalten. Sie werden bis in den Grund ihrer Seele davon erleuchtet und durch die Ähnlichkeit mit meinem Antlitz glänzender erscheinen als viele andere im ewigen Leben.»

In Namen der getreuen Schüler Christi will ich sprechen:

Ewiger Vater, du hast bei der glorreichen Verklärung deines eingeborenen Sohnes auf dem Tabor durch die Stimme aus den Wolken unsere vollkommene Annahme an Kindesstatt auf wunderbare Weise angedeutet. Mache uns gnädig zu Miterben dieses Königs der Glorie und lasse uns teilnehmen an deiner Herrlichkeit.

Ewiger Vater, ich opfere dir durch die Engel und Heiligen des Himmels, mit den Armen Seelen des Fegefeuers und im Namen aller Menschen der Erde das tränenerfüllte, verwundete und blutüberströmte Antlitz deines vielgeliebten Sohnes auf zur Sühne für die Gotteslästerungen und die Sünden der ganzen Welt.

Göttlicher Erlöser, reinige meine Seele und meinen Leib von jedem Sündenmakel durch die Verdienste deines heiligsten Antlitzes. Erbarme dich meiner und zeige mir dein Angesicht, damit ich Hilfe und Trost finde in meiner jetzigen Not.

1 Ehre sei… 1 Vaterunser… 10 Gegrüßt seist du, Maria… mit Einfügung:

Lob, Preis, Ehre, Liebe und Genugtuung sei dem göttlichen Antlitz Jesu und der Heiligsten Dreifaltigkeit. Heilige Maria…

Herz-Jesu-Rosenkranz *[1]

Nach jedem Ehre sei… fügt man 1 mal folgenden Lobspruch ein:

Erkannt, geliebt, gelobt, gepriesen, verehrt und verherrlicht sei das göttliche Herz Jesu und das Unbefleckte Herz Mariens. Herz Mariä, ganz durchbohrt von Schmerzen, entzünde der Liebe Glut in unseren Herzen.

---

1. **Anmerkung:** Die Rosenkränze mit Zeichen * werden wie der gewöhnliche Rosenkranz gebetet. Beim «Gegrüßt seist du, Maria…» Nach den Worten: … und gebenedeit ist die Frucht deines Leibes: Jesus, wird das betreffende Gesätzchen eingefügt.

1. Jesus, aus dessen heiligstem Herzen alle Gnaden fließen, erbarme dich unser und rette uns.
2. Jesus, auf dessen gütigstes Herz wir unser ganzes Vertrauen setzen, erbarme dich unser und rette uns.
3. Jesus, dessen allmächtiges Herz des Feindes Macht und List zerbricht, erbarme dich unser und rette uns.
4. Jesus, dessen göttliches Herz verdient, unendlich geliebt zu werden, erbarme dich unser und rette uns.
5. Jesus, dessen getreues Herz aus Liebe zu uns mit einer Lanze durchbohrt worden ist, erbarme dich unser und rette uns.

Herz-Jesu-Rosenkränzlein

Man betet 3 Zehner mit Einfügungen:

1. Göttlicher Erlöser, lass mich allezeit vertrauensvoll an dein verwundetes mich Herz wenden.
2. Göttlicher Erlöser, lass mich liebevoll mit deinem verwundeten Herzen vereint leben.
3. Göttlicher Erlöser, lass mich immerfort in deinem verwundeten Herzen wohnen.

Verheißungen des göttlichen Heilands für die Verehrer Seines Heiligsten Herzens

Aus den Schriften der heiligen Margarete Maria Alacoque

1. Ich werde ihnen alle ihrem Stande nötigen Gnaden geben.
2. Ich werde Frieden in ihren Familien stiften.
3. Ich werde sie in ihrem Leid trösten.
4. Ich werde ihre sichere Zuflucht im Leben sein und besonders bei ihrem Tode.
5. Ich werde allen ihren Unternehmungen reichen Segen spenden.
6. Die Sünder werden in meinem Herzen eine unerschöpfliche Quelle der Barmherzigkeit finden.
7. Die lauen Seelen werden eifrig werden.
8. Die eifrigen Seelen werden sich rasch zur Vollkommenheit erheben.
9. Ich werde die Häuser segnen, in denen das Bild meines Heiligen Herzens aufgestellt und verehrt wird.
10. Ich werde den Priestern die Macht geben, die härtesten Herzen zu rühren.
11. Die Namen derer, die diese Andacht verbreiten, werden in mein Herz eingeschrieben und nie wieder daraus gelöscht werden.

12. Ich verspreche allen, die während neun aufeinanderfolgenden Monaten je am ersten Freitag nach reumütiger Beichte (1) kommunizieren, die Gnade der Beharrlichkeit bis ans Ende. Sie werden nicht im Stande der Ungnade und nicht ohne Empfang der heiligen Sakramente (2) sterben. Mein Herz wird in dieser letzten Stunde ihre sichere Zufluchtsstätte sein.

Glücklich der Mensch, der während Jahren nach Möglichkeit an jedem ersten Freitag (wie auch am ersten Samstag) des Monats die Sühnekommunion durch das makellose Herz Mariens dem göttlichen Herzen Jesu aufopfert! Der Herr wird sich erkenntlich zeigen!

Wer am Sonntag zuvor das Buß-Sakrament würdig und im Geiste der Sühne empfangen hat und im Stande der Gnade ist, braucht am Herz-Jesu-Freitag (bzw. ersten Samstag) nicht nochmals zu beichten.

«Sie werden nicht im Stande der Ungnade und nicht ohne Empfang der heiligen Sakramente sterben.» Dieses Versprechen hat Jesus vor allem für jene gegeben, die der Tod sonst in schwerer Sünde antreffen würde.

Novene vor dem Herz-Jesu-Freitag

Glühendes Herz Jesu, schenke mir deine Liebe. Feuriges Herz Jesu, belebe meinen Eifer für das Gute.

Demütiges Herz Jesu, mache mich einfach und bescheiden.

Göttliches Herz Jesu, lehre mich dein Schweigen.

Sanftmütiges Herz Jesu, verleihe mir wahre Geduld.

Wunderbares Herz Jesu, erfülle mich mit deiner Weisheit.

Liebevolles Herz Jesu, erzeige mir deine Milde und Güte.

Heiligstes Herz Jesu, du Quelle alles Guten, ich bete dich an, ich glaube an dich, ich hoffe auf dich, ich liebe dich. Ich bereue alle meine Sünden. Dir schenke ich mein Herz. Mache es rein, demütig und stark. Gib, o guter Jesus, dass ich in dir lebe und du in mir. Gib, dass ich immer mehr deinen Wünschen entspreche. Beschütze mich in Gefahren. Tröste mich in Bedrängnis und Trübsal. Gewähre mir die Gesundheit des Leibes, deinen Segen für alle meine Werke und die Gnade eines heiligen Todes. Amen.

Göttlicher Meister, ich danke dir für alle Gnaden, die du deiner treuen Dienerin Margareta Maria

Alacoque erwiesen hast. Ich bitte dich, gewähre mir durch die Fürsprache deiner Sendbotin und Schülerin jene Gnaden, die ich durch diese Novene zu erhalten hoffe.

Vater unser… Gegrüßt seist du, Maria… Ehre sei…

Sühnegebet zum Heiligsten Herzen Jesu

Gütigster Jesus, deine Liebe ergießt sich wie ein reicher Strom über die Menschen. Und doch vergessen, vernachlässigen und verachten sie dich und lohnen dir mit schmählichem Undank. Siehe, wir knien vor deinem Altare nieder, um ihre sündhafte Lauheit und das Unrecht, das sie deinem liebreichsten Herzen allüberall zufügen, durch ganz besondere Verehrung zu ersetzen.

Aber leider haben auch wir uns solch hässlichen Undanks schuldig gemacht. Schmerzerfüllt flehen wir deshalb zu dir um Erbarmen. Wir sind bereit, durch freiwillige Sühne die Frevel zu tilgen, die wir selber begingen. Aber auch für jene bitten wir dich, die sich weit vom Weg des Heils verirrten. Statt dir, ihrem Hirten und Herrn, zu folgen, verharren sie im Unglauben oder werfen das milde Joch deines Gesetzes ab und treten ihr Taufgelübde mit Füßen.

Wer sollte über solche Sünden nicht trauern! So nehmen wir uns vor, sie alle zu sühnen und dir dafür besonders Ersatz zu leisten, dass so viele in ihrem Leben und in ihrer Kleidung das Schamgefühl und ihre Würde schmählich verletzen, der Unschuld der Seelen Schlingen der Verführung legen, die Sonn- und Feiertage entheiligen, dich und deine Heiligen lästern, deinen Statthalter auf Erden und die Priester schmähen und selbst das Sakrament der göttlichen Liebe verachten oder durch schrecklichen Gottesraub entweihen. Wir wollen es sühnen, dass sich sogar ganze Völker durch Widerstand gegen die heiligsten Rechte und das Lehramt der Kirche, die du gegründet hast, offenkundig vergehen.

Könnten wir doch alle diese Sünden mit unserem eigenen Blute tilgen! Da wir es nicht vermögen, schenken wir dir als Genugtuung für diesen Raub an deiner göttlichen Ehre die Sühne, die du deinem himmlischen Vater einst am Kreuze geleistet hast und noch täglich auf den Altären erneuerst. Wir vereinigen sie mit der Genugtuung, die deine jungfräuliche Mutter, alle Heiligen und frommen Christen dir jemals geleistet haben. Wir geloben dir von Herzen, die Sünden, die wir oder andere früher begingen, und die Verschmähung deiner übergroßen Liebe, soviel an uns liegt, mit deiner Gnade wieder gutzumachen durch Treue im Glauben, Reinheit der Sitten und vollkommene Beobachtung der Gebote des Evangeliums, zumal des Gebotes der

Liebe. Wir versprechen dir auch, möglichst viele zu deiner Nachfolge anzuspornen und nach Kräften zu verhindern, dass dir weiterhin Unrecht geschehe.

Nimm an, o gütigster Jesus, wir bitten dich durch die Fürsprache der heiligsten Jungfrau Maria, unserer Mittlerin, diese dir willig geleistete Sühne. Erhalte uns durch die Gnade der Beharrlichkeit in deinem heiligen Dienste treu bis zum Tode, auf dass wir alle in die ewige Heimat gelangen, wo du mit dem Vater und dem Heiligen Geiste lebst und herrschest, Gott von Ewigkeit zu Ewigkeit. Amen.

Akt der Sühne zu Ehren des Heiligsten Herzens Jesu

Demütig niedergeworfen vor dir, o göttliches Herz Jesu, erneuern wir die Aufopferung unseres Selbst mit dem Entschlusse, die Beleidigungen, welche dir von uns und anderen zugefügt werden, durch Wachstum in der Liebe und Treue gegen dich wiedergutzumachen.

Ja, wir versprechen:

Je mehr deine Geheimnisse gelästert werden, desto fester glauben wir an sie, o göttliches Herz Jesu!

Je mehr der Unglaube sich bemüht, uns die Hoffnung auf die ewige Seligkeit zu rauben, desto mehr hoffen wir auf dich, o Herz Jesu, du einzige Hoffnung der Menschen!

Je mehr die Herzen dem Antrieb deiner Gnade widerstehen, desto mehr lieben wir dich, o unendlich liebenswürdiges Herz Jesu!

Je mehr der Unglaube deine Gottheit angreift, desto mehr beten wir dich an, o göttliches Herz Jesu!

Je mehr deine heiligen Gebote vergessen und übertreten werden, desto mehr wollen wir sie beobachten, o heiligstes Herz Jesu!

Je mehr deine heiligen Sakramente mißachtet und verlassen werden, desto mehr wollen wir sie mit Liebe und Ehrfurcht empfangen, o großmütiges Herz Jesu!

Je mehr deine anbetungswürdigen Tugenden verkannt werden, desto mehr wollen wir uns bestreben, sie auszuüben, Herz Jesu, Vorbild aller Tugenden!

Je mehr die Hölle am Verderben der Seelen arbeitet, desto mehr soll sich unser Eifer für ihre Rettung entzünden, Herz Jesu, Eiferer der Seelen!

Je mehr die Genusssucht und der Stolz die Entsagung und Pflichttreue zu zerstören drohen, desto mehr wollen wir dem Geiste des Opfers und der Entsagung uns hingeben, du mit Schmach gesättigtes Herz Jesu!

Je gewaltiger die Pforten der Hölle gegen deine Kirche anstürmen, desto treuer werden wir an sie uns halten, du getreues Herz Jesu!

Je mehr die Welt sich empört gegen die unfehlbare Autorität des Papstes, desto mehr werden wir mit kindlichem Glauben auf ihn hören und mit demütiger Hingebung von ihm uns leiten lassen, Herz Jesu, Du ewige Weisheit!

Je mehr die Menschen sich voneinander absondern in Selbstsucht, desto inniger wollen wir als Glieder derselben Familie Gottes einander lieben in dir, o liebreichstes Herz Jesu!

Heiligstes Herz Jesu, Herz unseres Gottes, gib uns deine Gnade so stark und so mächtig, dass wir als treue Kinder deiner Kirche deine Apostel seien inmitten der Welt und deine Krone in der Ewigkeit! Amen.

Litanei vom Heiligsten Herzen Jesu

Herr, erbarme dich unser
Christus, erbarme dich unser
Herr, erbarme dich unser, Christus, höre uns
Christus, erhöre uns
Gott Vater im Himmel
erbarme dich unser
Gott Sohn, Erlöser der Welt
Gott Heiliger Geist

Heilige Dreifaltigkeit, ein einziger Gott
Herz Jesu, des Sohnes des ewigen Vaters
Herz Jesu, im Schoße der jungfräulichen Mutter vom Heiligen Geiste gebildet
Herz Jesu, mit dem Worte Gottes wesenhaft vereinigt
Herz Jesu, von unendlicher Majestät
Herz Jesu, heiliger Tempel Gottes
Herz Jesu, Wohnung des Allerhöchsten
Herz Jesu, Haus Gottes und Pforte des Himmels
Herz Jesu, Feuerherd der Liebe
Herz Jesu, Wohnstatt der Gerechtigkeit und Liebe
Herz Jesu, voll Güte und Liebe
Herz Jesu, Abgrund aller Tugenden
Herz Jesu, alles Lobes würdig
Herz Jesu, König und Mittelpunkt aller Herzen
Herz Jesu, das alle Schätze der Weisheit und Erkenntnis in sich birgt
Herz Jesu, in dem die ganze Fülle der Gottheit wohnt
Herz Jesu, an dem der Vater sein Wohlgefallen hat
Herz Jesu, aus dessen Fülle wir alle empfangen haben
Herz Jesu, Sehnsucht der ganzen Schöpfung
Herz Jesu, geduldig und von großer Erbarmung
Herz Jesu, reich für alle, die dich anrufen
Herz Jesu, Quelle des Lebens und der Heiligkeit
Herz Jesu, Sühne für unsere Sünden

Herz Jesu, mit Schmach gesättigt
Herz Jesu, zerschlagen wegen unserer Missetaten
Herz Jesu, gehorsam geworden bis zum Tode
Herz Jesu, mit der Lanze durchbohrt
Herz Jesu, Quelle allen Trostes
Herz Jesu, unser Leben und unsere Auferstehung
Herz Jesu, unser Friede und unsere Versöhnung
Herz Jesu, Opferlamm für die Sünder
Herz Jesu, Rettung aller, die auf dich vertrauen
Herz Jesu, Hoffnung aller, die in dir sterben
Herz Jesu, Wonne aller Heiligen
Lamm Gottes, du nimmst hinweg die Sünden der Welt – *verschone uns, o Herr*
Lamm Gottes, du nimmst hinweg die Sünden der Welt – *erhöre uns, o Herr*
Lamm Gottes, du nimmst hinweg die Sünden der Welt – *erbarme dich unser*
V. Jesus, sanft und demütig von Herzen –
A. bilde unser Herz nach deinem Herzen

Lasset uns beten: Allmächtiger, ewiger Gott, schau hin auf das Herz deines geliebten Sohnes und auf das Lob und die Sühne, die es dir für die Sünder darbringt. Verzeihe allen, die deine Barmherzigkeit anflehen, im Namen deines Sohnes Jesus Christus, der mit dir lebt und herrscht von Ewigkeit zu Ewigkeit. Amen.

Novene zum Heiligsten Herzen Jesu

O mein Jesus, du hast gesagt: «Wahrlich, ich sage euch, bittet und ihr werdet empfangen, suchet und ihr werdet finden, klopfet an und es wird euch aufgetan.»

Siehe, ich klopfe an, ich suche und bitte um die Gnade…

Vater unser… Gegrüßt seist du, Maria… Ehre sei…

Heiligstes Herz Jesu, ich vertraue und hoffe auf dich.

O mein Jesus, du hast gesagt: «Wahrlich, ich sage euch, worum ihr meinen Vater in meinem Namen bitten werdet, das wird er euch geben.»

Siehe, ich bitte deinen Vater in deinem Namen um die Gnade…

Vater unser… Gegrüßt seist du, Maria… Ehre sei…

Heiligstes Herz Jesu, ich vertraue und hoffe auf dich.

O mein Jesus, du hast gesagt: «Wahrlich, ich sage euch, Himmel und Erde werden vergehen, aber meine Worte niemals.»

Siehe, ich stütze mich auf die Unfehlbarkeit deiner heiligen Worte und bitte dich demütig um die Gnade…

Vater unser… Gegrüßt seist du, Maria… Ehre sei…

Heiligstes Herz Jesu, ich vertraue und hoffe auf dich.

Heiligstes Herz Jesu, Quelle alles Guten, ich bete dich an; ich glaube an dich; ich hoffe auf dich; ich liebe dich und bereue alle meine Sünden. Dir schenke ich mein Herz. Mache es demütig, geduldig, rein und in allem deinen Wünschen entsprechend. Gib, o guter Jesus, dass ich in dir lebe und du in mir. Beschütze mich in Gefahren, tröste mich in Bedrängnissen und in Trübsal. Gewähre mir die Gesundheit des Leibes, deinen Segen für alle meine Werke und die Gnade eines heiligen Todes.

(Nach einer Erhörung soll man das Danken nicht vergessen!)

Dreitägige Dankandacht zu Ehren des Heiligsten Herzens Jesu

1. Tag: Lob und Dank

Mildes und hilfreiches Herz meines Herrn und Heilands! Wenn ich in mein vergangenes Leben zurückblicke, dann sehe ich eine ununterbrochene Kette von Wohltaten, die du mir erwiesen hast, um mich zu erlösen und zu heiligen. Da du mich wiederum in einem großen Anliegen wunderbar erhört hast, will ich dir mit Maria innig danken und dich lobpreisen.

1 Ehre sei… 1 Vaterunser… 10 Gegrüßt seist du, Maria… mit Einfügung:

Erbarmungsreiches Herz Jesu, ich lobe und preise dich und danke dir.

2. Tag: Liebe und Weihe

Jesus, du hast für mich aus Liebe dein Blut und Leben hingegeben. Ich schenke dir mein armes, unstetes Herz als geringe Gegengabe. Ich übergebe dir meinen Willen. Führe mich nach deinem heiligen und weisen Ratschluss. Zeige mir, was ich tun muss, um meine Liebe zu dir zu erlangen. Gib mir deine Mutter in besonderer Weise als Lehrmeisterin, damit ich an ihrer Hand und durch ihr Beispiel dir immer wohlgefälliger werde. Mit meinem Schutzengel danke ich dir auch heute nochmals aus ganzer Seele, dass du mich so wunderbar erhört und mir so auffallend geholfen hast. Ich weihe mich deinem liebevollen Herzen für immer.

1 Ehre sei… 1 Vaterunser… 10 Gegrüßt seist du, Maria… mit Einfügung:

Erbarmungsreiches Herz Jesu, ich liebe dich und danke dir.

3. Tag: Bund mit dem Herzen Jesu

Göttliches Herz Jesu, lass mich von nun an in allem mit dir und deiner Liebe verbunden bleiben. Schirme mich vor Satans Wut und vor der eigenen Schwäche, damit ich nie in schwere

Sünde falle und all meine Fehler eifrig bekämpfe. Ziere meine Seele und mein Herz mit deinen unendlichen Verdiensten, so dass ich dir, dem Vater und dem Heiligen Geist gefallen möge. Ich danke dir für deine Hilfe und für den Bund zwischen dir und mir.

1 Ehre sei… 1 Vaterunser… 10 Gegrüßt seist du, Maria… mit Einfügung:

Erbarmungsreiches Herz Jesu, ich rühme dich und danke dir.

Versprechungen des Heilands an die Verehrer des Altarsakramentes

1. Jene, die in der Nacht vom Donnerstag auf den Freitag eine Anbetungsstunde zu Ehren des Altarsakramentes halten – es kann auch zu Hause sein –, werden nach Empfang der heiligen Kommunion sterben und so hinübergehen in die Ewigkeit.
2. Jene, die am Donnerstag bei Tag einen Besuch von einer halben Stunde in der Kirche machen und vorn beim Tabernakel verweilen, werden einen hohen Grad der Erkenntnis, des Glaubens, des Geheimnisses meiner Allmacht und der Liebe zum Altarsakrament erhalten sowie großes Verständnis und selbstlose Liebe zum leidenden Mitmenschen.

3. Jene, die täglich mit tiefer Andacht einer heiligen Messe beiwohnen, können für ihre Mitmenschen in allen Anliegen viel Gnade und Hilfe erlangen. Sie werden in der Ewigkeit ganz in meiner Nähe sein.

4. Jene, die vor dem Empfang der heiligen Kommunion zu Ehren des Altarsakramentes immer eine Überwindung oder ein Opfer bringen, werden ein solches Verlangen nach mir und der heiligen Kommunion erlangen, dass sie nicht mehr ohne mich leben können. Jeder Kommunionsempfang wird für sie von doppeltem Werte sein.

5. Jene, die sich Zeit nehmen, nach der heiligen Kommunion eine halbe Stunde Anbetung und Danksagung zu machen, werde ich immer tiefer in das Geheimnis meiner Liebe einführen. Ich werde ihnen meine Liebe mitteilen, auf dass sie dadurch ein ganz reines Gewissen und ein klares und tiefes Erkennen ihrer Fehler und Schwachheiten erlangen.

6. Jene, die bei der heiligen Wandlung während der Aufhebung des Fleisches und Blutes immer in Demut um eine Gnadenhilfe und um Rat bitten, werden sie erlangen, aber so, wie es zum Heil notwendig ist.

7. Jene, die sich selber bei der Wandlung mit mir in Verbindung mit meinen Wunden und dem

kostbaren Blute dem himmlischen Vater aufopfern zur Sühne für die Sünden der Welt*, werde ich bis an ihr Ende mit meiner Gnade führen, trösten und leiten, so dass sie keinen Trost mehr von Menschen brauchen.

8. Jene, die vor dem ausgesetzten Allerheiligsten eine Anbetungsstunde halten und mit aufrichtiger Demut für ihre Sünden und für die Sünden der ganzen Welt mein kostbares Blut aufopfern, können versichert sein, dass ich an ihrer Anbetungsstunde Wohlgefallen habe und alle ihre Sünden verzeihe. Ich werde sie mit vielen Gnaden ausstatten, vor allem mit der Gabe der Weisheit.

9. Jene, die mit besonderer Vorliebe der Segensmesse beiwohnen, bei der die Litanei vom Altarsakrament oder der Wundenrosenkranz gebetet wird, werden einen besonderen Grad der Heiligkeit erlangen, und ich werde mit besonderem Schutz alle ihre Unternehmungen mit Segen, Gnade und reichen Früchten begleiten.

10. Jene, die sich bemühen, andere zu meinem Tabernakel zu führen, oder einen Mitmenschen zur Anbetungsstunde mitbringen, werden die große Gnade erlangen, Licht und Führer jener Mitmenschen zu sein. Die Seelen, die noch von mir entfernt sind, werden sie in den

Himmel führen. Dadurch werden sie mein Werkzeug für die Rettung der Menschheit.

* Ewiger Vater, ich opfere dir Jesus, deinen vielgeliebten Sohn, und mich selbst, vereint mit Ihm, seinen Wunden und dem kostbaren Blut auf zur Sühne für die Sünden der ganzen Welt.

Rosenkranz zum Altarsakrament

(ohne Vaterunser und Ave Maria)

Ich glaube an Gott, den Vater…

Hochgelobt und angebetet sei das Allerheiligste Sakrament des Altares von nun an bis in Ewigkeit. *3 mal*

1. Heilige Gottesmutter, opfere du der Heiligsten Dreifaltigkeit das kostbare Blut, die geheimen Leiden und die Wunde der rechten Hand deines Sohnes Jesus auf für die Sünden gegen das Altarsakrament. *1 mal*

   Hochgelobt und angebetet sei das Allerheiligste Sakrament des Altares von nun an bis in Ewigkeit zur Sühne für die Verunehrungen, die in der Kirche begangen werden. *10 mal*

2. Heilige Gottesmutter, opfere du der Heiligsten Dreifaltigkeit das kostbare Blut, die geheimen Leiden und die Wunde der linken Hand deines

Sohnes Jesus auf für die Sünden gegen das Altarsakrament. *1 mal*

Hochgelobt und angebetet sei das Allerheiligste Sakrament des Altares von nun an bis in Ewigkeit zur Sühne für das sündhafte Betragen während der heiligen Messe. *10 mal*

3. Heilige Gottesmutter, opfere du der Heiligsten Dreifaltigkeit das kostbare Blut, die geheimen Leiden und die Wunde des rechten Fußes deines Sohnes Jesus auf für die Sünden gegen das Altarsakrament. *1 mal*

   Hochgelobt und angebetet sei das Allerheiligste Sakrament des Altares von nun an bis in Ewigkeit zur Sühne für das ehrfurchtslose Betragen beim Empfang der heiligen Kommunion.

   10 mal

4. Heilige Gottesmutter, opfere du der Heiligsten Dreifaltigkeit das kostbare Blut, die geheimen Leiden und die Wunde des linken Fußes deines Sohnes Jesus auf für die Sünden gegen das Altarsakrament. *1 mal*

   Hochgelobt und angebetet sei das Allerheiligste Sakrament des Altares von nun an bis in Ewigkeit zur Sühne für die Lästerungen gegen die Eucharistie. *10 mal*

5. Heilige Gottesmutter, opfere du der Heiligsten Dreifaltigkeit das kostbare Blut, die geheimen Leiden und die Wunde der Seite deines Sohnes Jesus auf für die Sünden gegen das Altarsakrament. *1 mal*

Hochgelobt und angebetet sei das Allerheiligste Sakrament des Altares von nun an bis in Ewigkeit zur Sühne für jeglichen Mißbrauch und unwürdigen Empfang der hl. Hostie. *10 mal*

Heilige Gottesmutter, opfere du der Heiligsten Dreifaltigkeit das kostbare Blut, die geheimen Leiden und die fünf Wunden deines Sohnes Jesus auf für die Sünden gegen das Altarsakrament. *3 mal*

Litanei vom Allerheiligsten Altarsakrament

Herr, erbarme dich unser
Christus, erbarme dich unser
Herr, erbarme dich unser, Christus, höre uns
Christus, erhöre uns
Gott Vater im Himmel – *erbarme dich unser*
Gott Sohn, Erlöser der Welt
Gott Heiliger Geist
Heilige Dreifaltigkeit, ein einziger Gott
Du lebendiges Brot, das vom Himmel gekommen
erbarme dich unser

Du verborgner Gott und Heiland
Du Speise der Auserwählten
Du Quelle und Labung jungfräulicher Seelen
Du starkes Brot und Seligkeit erhabener Seelen
Du immerwährendes Opfer
Du reine Opfergabe
Du Lamm ohne Makel
Du allerreinstes Mahl
Du Speise der Engel
Du verborgenes Manna
Du Denkmal der Wundertaten Gottes
Du übernatürliches Brot
Du Wort, das Fleisch geworden und unter uns
  wohnt
Du heilige Hostie
Du gesegneter Kelch
Du Geheimnis des Glaubens
Du erhabenes und höchst würdiges Sakrament
Du heiligstes aller Opfer
Du wahres Sühnopfer für Lebende und
  Abgestorbene
Du himmlisches Schutzmittel gegen die Sünde
Du erstaunenswürdigstes Wunder
Du heiligstes Gedächtnis des Leidens unseres
  Herrn
Du Geschenk, das alle Fülle übersteigt
Du vorzügliches Denkmal der göttlichen Liebe
Du reichste Quelle der göttlichen Freigebigkeit
Du allerheiligstes und erhabenstes Geheimnis

Du Arznei der Unsterblichkeit
Du fruchtbares und lebenbringendes Sakrament
Du Brot, das durch die Allmacht des Wortes Fleisch geworden
Du unblutiges Opfer
Du Gastmahl und Gast
Du süßes Gastmahl, bei dem die Engel dienend zugegen sind
Du Sakrament der göttlichen Liebe
Du Band der Liebe
Du Opfer und Opfergabe
Du geistige Süßigkeit, in ihrer Quelle selbst verkostet
Du Erquickung heiliger Seelen
Du Wegzehrung der im Herrn Sterbenden
Du Unterpfand der zukünftigen Herrlichkeit
Sei uns gnädig – *verschone uns, o Herr*
Sei uns gnädig – *erhöre uns, o Herr*
Von allem Übel – *erlöse uns, o Herr*
Vor aller Sünde – *bewahre uns, o Herr*
Vor dem unwürdigen Empfang deines Leibes und Blutes
Vor der Begierlichkeit des Fleisches
Vor der Begierlichkeit der Augen
Vor der Hoffart des Lebens
Vor aller Gelegenheit zur Sünde
Durch jene Sehnsucht, womit du das letzte Abendmahl mit deinen Jüngern zu genießen verlangt hast – *erlöse uns, o Herr*

Durch die tiefe Demut, mit welcher du deinen Jüngern die Füße gewaschen hast

Durch die inbrünstige Liebe, mit welcher du dieses göttliche Sakrament eingesetzt hast

Durch dein kostbares Blut, welches du uns auf dem Altare hinterlassen hast

Durch die fünf Wunden dieses deines heiligsten Leibes

Wir armen Sünder – *wir bitten dich, erhöre uns*

Dass du in uns den Glauben, die Ehrfurcht und Andacht gegen dieses wunderbare Sakrament vermehren und erhalten wollest

Dass du uns durch eine aufrichtige Beichte zum öfteren Genusse deines hochheiligen Mahles führen wollest

Dass du uns von aller Irrlehre, Treulosigkeit und Verblendung des Herzens befreien wollest

Dass du uns der kostbaren und himmlischen Früchte dieses hochheiligen Sakramentes teilhaftig machen wollest

Dass du uns in der Stunde unseres Todes mit deiner himmlischen Wegzehrung stärken und befestigen wollest

Du Sohn Gottes – *wir bitten dich, erhöre uns*

Lamm Gottes, du nimmst hinweg die Sünden der Welt – *verschone uns, o Herr*

Lamm Gottes, du nimmst hinweg die Sünden der Welt – *erhöre uns, o Herr*

Lamm Gottes, du nimmst hinweg die Sünden der Welt – *erbarme dich unser*

Christus, höre uns – *Christus, erhöre uns*

Herr, erbarme dich unser

Christus, erbarme dich unser

Herr, erbarme dich unser

Vater unser… Ave Maria…

V. Brot vom Himmel hast du uns gegeben

A. in dem wir alle Süßigkeit finden

Lasset uns beten: O Gott, der du uns in dem wunderbaren Sakrament des Altares das Andenken deines Leidens hinterlassen hast, wir bitten dich, verleihe uns, dass wir die heiligen Geheimnisse deines Leibes und Blutes so verehren, dass wir die Frucht deiner Erlösung in uns beständig empfinden, der du lebst und regierst von Ewigkeit zu Ewigkeit. Amen.

Anbetung des Allerheiligsten Altarsakramentes

In und mit und durch das unbefleckte Herz Mariens sei gegrüßt, du edler Leib unseres Herrn Jesus Christus, der du hier wahrhaft zugegen bist.

Wir beten dich mit Maria im Namen aller Seelen und für alle Seelen im Geiste der Liebe und Sühne mit solcher Andacht und Inbrunst an, wie dich die neun Chöre der Engel anbeten.

Mit Maria und im Namen und in Stellvertretung der Menschheit fallen wir vor dir nieder und bekennen, dass du, unser Gott und Herr, hier wahrhaft und wesentlich gegenwärtig bist.

Sei gegrüßt, du allerwürdigster Leib Jesu Christi, unseres Erlösers, du wahres, lebendiges Opfer, das am Stamme des heiligen Kreuzes dargebracht wurde.

Mit Maria beten wir dich im Namen aller Geschöpfe an und sagen dir Dank für die Liebe, mit der du hier zu unserem Heil verborgen bist.

Sei gegrüßt, o Herr Jesus Christus, du Wort des Vaters, du Brot des Himmels, du süße Speise der Engel, du Quelle der wahren Seligkeit, du Lamm Gottes, du Heil der Welt, du allerheiligstes Opfer, das Himmel und Erde versöhnt hat.

Wir glauben fest, dass du, unser Gott, hier gegenwärtig bist und aus diesem heiligsten Sakrament auf uns siehst und das Innerste unserer Herzen kennst. Wir glauben, dass unter der Gestalt des Brotes nicht allein dein Leib und dein Blut, sondern auch deine Gottheit und Menschheit wahrhaftig gegenwärtig sind. Trotzdem unser Verstand dies nicht fassen kann, so wollen wir umso mehr mit dem Herzen dieses Geheimnis lieben. Wir wollen uns nach Kräften für die Wiederherstellung deiner Ehre in diesem allerheiligsten Sakrament einsetzen.

In tiefster Ehrfurcht und Anbetung werfen wir uns vor dir, o allerheiligstes Sakrament, nieder und sprechen mit allen Engeln und Erzengeln, mit allen Mächten und Fürsten, mit allen Gewalten und Herrschaften, mit den Thronen, Cherubim und Seraphim: Geliebt, gelobt, gebenedeit, angebetet und verherrlicht sei jetzt und allezeit und in alle Ewigkeit die Hochheiligste Dreifaltigkeit und das eucharistische Herz Jesu durch das unbefleckte Herz Mariens.

O Jesus, der du unsere Liebe und Freude bist, siehe mit den Augen deiner mildreichsten Barmherzigkeit auf uns arme Sünder, die wir so große Schuld haben deinem heiligsten Sakrament gegenüber.

Wir bitten dich durch die unaussprechliche Liebe, die du in der Gottheit zu deinem Vater und zum Heiligen Geiste – und in der Menschheit zu den gottliebenden Seelen trägst, erbarme dich unser, aller Irregeführten und Fernstehenden. Opfere dich in deiner Liebe unablässig deinem Vater für unser Heil auf.

O du auserwählter Schatz des Herzens unseres Vaters, allerliebenswürdigster Jesus, mit höchstmöglicher Andacht unserer Seele, vereint mit deiner und Mariens Andacht, grüßen und verehren wir dich und sagen dir innigsten Dank, dass du dieses unschätzbare, trostreiche Sakrament eingesetzt hast, durch welches Himmel und Erde erfreut und mit Gnaden erfüllt werden.

O Jesus, mit deiner Mutter preisen wir deine Weisheit, durch die du ein so wunderbares Mittel erfunden hast, auf unbegreifliche Weise bei uns Menschen zu wohnen und in unsere Herzen einzukehren.

Gepriesen sei deine Allmacht, die dieses unerforschliche Wunder gewirkt, das auch die Engel im Himmel nicht ergründen können. Gelobt und gepriesen sei der unermessliche Abgrund deiner honigfließenden Süßigkeit, die diesen so hohen Beweis deiner überschwenglichen Liebe uns armen und unwürdigen Geschöpfen gegeben hat.

O du einzige, wahre Hoffnung und allersicherste Zuflucht unserer Seele, o unser Jesus, wir loben dich, wir lieben dich, wir ehren dich, wir beten dich an und bitten dich, du wollest dich für uns deinem himmlischen Vater aufopfern, wie du dich am heiligen Kreuz für die Sünden der ganzen Welt aufgeopfert hast.

Himmlischer Vater, durch Maria opfern und schenken wir dir Jesus, deinen lieben Sohn, der sich uns im allerheiligsten Sakrament des Altares geschenkt hat. Wir opfern ihn mit allem, was dieses hochheilige Sakrament in sich enthält, auf so hohe Weise, wie es einem Geschöpf möglich ist, zur Anerkennung deiner höchsten Majestät und als ein Lob- und Dankopfer für deine unaussprechliche Glorie und Herrlichkeit, die du in dir, für dich und für uns bewahrst und durch dieses allerheiligste Sakrament uns auf die edelste Weise mitteilst und noch mitteilen wirst bis ans Ende der Welt.

Wir bringen ihn dir dar als ein Versöhnungsopfer für alle unsere Sünden, die wir gegen dich, unsern Gott, freventlich begangen haben. Wir bitten dich demütig, du wollest durch die unermessliche Genugtuung, die er dir geleistet hat, unsere Schuld und Strafe gnädig auslöschen. Wir bringen ihn dir auch dar als ein Friedensopfer und bitten um alle Gnaden, die du uns schenken möchtest und die uns notwendig sind an Leib und Seele, um dich vollkommen zu erkennen und zu ehren, an dich zu glauben, auf dich zu hoffen, dich zu lieben und dir zu dienen in Ewigkeit.

Geliebt, gelobt und gepriesen sei die Heiligste Dreifaltigkeit, das eucharistische Herz und Antlitz Jesu, das schmerzhafte und unbefleckte Herz Mariens und ihre unbefleckte Empfängnis mit so vielem Lob, als die Hochheiligste Dreifaltigkeit mit ihrer Allmacht hervorbringen, mit ihrer Weisheit begreifen, mit ihrer Wissenschaft erkennen, mit ihrer Vernunft erfinden und mit ihrer Güte wünschen und verlangen kann, auf alle Weise, an allen Orten, zu allen Zeiten und in Ewigkeit; denn du bist solchen Lobes würdig, o Herr!

Denn in deinem allerheiligsten Sakrament teilst du uns nicht nur deine Menschheit, sondern auch deine Gottheit mit und nährst uns mit deinem heiligsten Fleisch und Blut in deiner unendlichen Liebe. Geliebt, gelobt und verehrt sei immerdar der dreieinige Gott, das allerheiligste Sakrament des Altares, der süße Name Jesu, die unendliche Barmherzigkeit Gottes, das göttliche Antlitz und die schmerzhaften, vereinten Herzen Jesu und Mariens.

Dies möge unendlich gelobt und gepriesen sein durch jeden einzelnen Stern am Himmel, durch jedes Fünklein im Feuer, durch jedes Sandkörnlein, durch jede Pflanze und Blume, durch jedes Blatt und jede Frucht, durch jede Schneeflocke, durch jedes Geschöpf im Himmel und auf Erden, durch jeden Gedanken, der gedacht wird, durch jedes Wort, das gesprochen wird, durch jedes Werk, das getan wird, durch jeden Wunsch, der mit dem Herzen verlangt wird, durch jedes Wahrnehmen und Begreifen mit dem Verstand im Himmel und auf Erden, das du deinen Geschöpfen nach deinem Ratschluss gewährst; denn du bist solchen Lobes würdig, o Herr!

Hochgelobt und angebetet sei das allerheiligste Sakrament des Altares in Ewigkeit. Amen.

Die eucharistische Woche

Man besuche während sieben Tagen Jesus im Allerheiligsten Sakrament und bete:

Mildreichster Jesus,

der du in diesem erhabenen Sakramente mit Gottheit und Menschheit, mit Leib und Seele, wahrhaft und wesentlich gegenwärtig bist, sei gegrüßt mit allen Engeln und Heiligen. Einst stiegst du vom Himmel, um die Menschenherzen zu heilen. Du bist auch jetzt noch der gütige Samaritan und nimmst dich der kranken Seelen an. Heile auch mich. Verbirg mich im Schoße deiner unendlichen Barmherzigkeit. Ich verspreche dir, dass ich dir ewig dankbar sein will für deine Hilfe.

Liebeglühender Jesus,

du willst vom Tabernakel aus den Menschen helfen. Du sprichst zu den Herzen. Aber ach! Viele wollen deine Stimme nicht hören. Du bietest allen deine Gnade an. Leider weisen so viele diese zurück. Ich will dich stellvertretend für sie lieben in Ewigkeit. Ich wünsche gar sehr, dass du von allen Menschen und an allen Orten geliebt und angebetet werdest. Erleuchte alle, die dich nicht kennen, damit sie dich finden und deine Liebe verkosten dürfen.

Gütiger Jesus,

vereinige dich immer mehr mit mir in der heiligen Kommunion, so dass ich in Wahrheit sagen kann: «Mein Geliebter ist mein!» Ich liebe dich, o Jesus! Du allein bist mein Reichtum, meine Freude, mein Trost und mein Alles. Schenke mir die Gnade, nur noch nach dir zu verlangen und wenn möglich, deinem heiligen Messopfer täglich beizuwohnen. Verzeihe mir alle meine Sünden. Nimm mich ganz in Besitz. Ich weihe dir meinen Leib, meine Seele, mein Herz und den Verstand.

Anbetungswürdiger Jesus,

mit den heiligen Engeln, die unsichtbar zugegen sind, bete ich dich in tiefer Ehrfurcht an. Ich danke dir mit Maria für alle Gnaden, die schon aus diesem Heiligsten Sakrament geflossen sind und noch fließen werden. O Jesus, ich danke dir aber auch, dass du hier deinen Thron aufgeschlagen hast und mich mit deinem Heiligsten Sakramente ernährst, stärkst und tröstest. Ich glaube an dich; ich hoffe und vertraue auf dich; ich liebe dich im Namen aller und für alle Seelen. Amen.

Anbetung der heiligen Hostie

Heilige Hostie,

du unerfassliche Gabe der Liebe Gottes,
du Wonne des unbefleckten Herzens Mariens,

du Zentrum aller heiligen Stätten,
du Jubel der seligen Geister,
ich bete dich mit allen Engeln und Heiligen des Himmels an.

Heilige Hostie,
du Manna und Stärkung der Gläubigen,
du unerschöpflicher Reichtum der Seelen,
du Freude der Gottliebenden,
du geheimnisvolle Angel der Herzen,
ich bete dich im Namen des Menschengeschlechtes an.

Heilige Hostie,
du Zielpunkt des wahren Priesters,
du Ausgang seines Wirkens,
du Mittelpunkt seines Denkens,
du Geheimnis und Zentrum der Kirche und jeder geistlichen Familie,
ich bete dich mit der heiligen Kirche an.

Heilige Hostie,
du Träger der heiligen Wunden,
du Schleier um das heilige Antlitz, du verhüllter Spiegel des Vaters,
du verborgene Liebe stiller Beter,
ich bete dich im Namen aller Seelen an.

Heilige Hostie,
du Heimat der gottsuchenden Herzen,
du Trost inmitten des grauen Alltags,
du König, auf den alle Völker warten,

du Geheimnis aller Geheimnisse in der Schöpfung Gottes, ich bete dich im Namen aller Völker an.

O Jesus in der heiligen Hostie,
ich glaube an dich,
ich liebe dich und
ich danke dir für
deine unendliche Güte. Amen

Himmlischer Vater,
durch das unbefleckte Herz Mariens opfere ich dir Jesus, deinen vielgeliebten Sohn, auf, wie er sich einst am Kreuz für das Heil der Welt hingegeben hat und sich jetzt ohne Unterlass auf den Altären als Opfer darbringt. Nimm diese reine, heilige, makellose Opfergabe durch das unbefleckte Herz Mariens huldvoll an und erbarme dich meiner und der ganzen Welt.

Lass das kostbare Blut deines eingeborenen Sohnes nicht umsonst auf den Altären verströmen und das Flehen des Herzens Mariens für das Heil der Welt nicht unerhört verhallen. – Im Hinblick auf dieses Opfer und diese Fürbitte gib, o Vater der Erbarmung, den Sündern Verzeihung, den Sterbenden die letzten heilsnötigen Gnaden, den Völkern den Frieden und der Kirche Freiheit und Wohlfahrt. Amen.

«*Erstaunt nicht,* wenn ich euch um nichts anderes bitte, als dass ihr euch in das BLUT und die LIEBE GOTTES versenkt.»

Kirchenlehrerin Katharina von Siena

Heilig-Blut-Rosenkranz*

Nach jedem Ehre sei… bete man 1 mal:

Ewiger Vater, ich opfere dir im Namen aller durch Maria immerdar das kostbare Blut Jesu Christi auf für die Bekehrung der Sünder, der Jugend und zur Sühne der Sünden der ganzen Welt.

1. Durch deine Mutter, o Jesus, tauch uns auf ewig in dein kostbares Blut.
2. Durch deine Mutter, o Jesus, nimm uns auf ewig in dein verwundetes Herz.
3. Durch deine Mutter, o Jesus, verbirg uns auf ewig in deinen heiligen Wunden.
4. Durch deine Mutter, o Jesus, gib uns deine Kreuzes- und Leidensliebe und die vollkommene Gleichförmigkeit mit dem Willen des Vaters.
5. Durch deine Mutter, o Jesus, drück die Züge deines Antlitzes auf ewig in unser Herz.

O Jesus, göttlicher Erlöser, sei uns barmherzig. Barmherzigkeit für uns und für die ganze Welt. Amen.

Gnade und Barmherzigkeit, mein Jesus, während der gegenwärtigen Gefahr. Bedecke uns mit deinem kostbaren Blute. Amen.

Ewiger Vater, erweise uns Barmherzigkeit im Namen des heiligen Blutes deines einzigen

Sohnes. Erweise uns Barmherzigkeit, wir beschwören dich darum. Amen.

Sieben Vaterunser und Ave Maria zu Ehren des kostbaren Blutes Christi

Es ist sehr gnadenreich, diese Gebetsübung täglich zu pflegen. Man kann sie auch mit dem «schmerzhaften Rosenkranz» verbinden, indem man am Anfang und am Schluss je ein Vaterunser und Ave Maria beifügt.

Aufopferung zu den ersten sechs Vaterunser und Ave Maria: Ewiger Vater, ich opfere dir durch das Unbefleckte Herz Mariens das kostbare Blut auf, das dein göttlicher Sohn

1. bei der Beschneidung für uns vergossen hat,
2. im Ölgarten für uns vergossen hat,
3. bei der Geißelung für uns vergossen hat,
4. bei der Dornenkrönung für uns vergossen hat,
5. auf dem Kreuzweg für uns vergossen hat,
6. bei der Kreuzigung für uns vergossen hat.

Aufopferung zum 7. und letzten Vaterunser und Ave Maria: Ewiger Vater, ich opfere dir durch das Unbefleckte Herz Mariens das kostbare Blut und Wasser auf, das dein göttlicher Sohn bei der Durchbohrung seines heiligsten Herzens für uns vergossen hat.

Die sieben Vaterunser und Ave Maria zu Ehren des kostbaren Blutes können auch ohne obige Aufopferungen verrichtet werden.

Der göttliche Heiland offenbarte der heiligen Brigitta folgende Verheißung: «Wisset, dass ich denjenigen, welche 12 Jahre lang sieben Vaterunser und Ave Maria zu Ehren meines kostbaren Blutes beten, große Gnaden erweisen werde:

1. Sie kommen nicht ins Fegefeuer.

2. Ich werde sie in die Zahl der Märtyrer aufnehmen, wie wenn sie ihr Blut für den Glauben vergossen hätten.

3. Ich werde drei Seelen ihrer Anverwandten in der heiligmachenden Gnade erhalten je nach ihrer Wahl.

4. Die Seelen ihrer Verwandten bis ins 4. Glied werden der Hölle entgehen.

5. Sie werden einen Monat vor ihrem Tod davon in Kenntnis gesetzt.

Sollten sie vor dieser Zeit sterben, so betrachte ich es als geschehen, d.h. wie wenn sie diese Bedingungen erfüllt hätten.»

Papst Innocenz X. bestätigte diese Offenbarung und fügte bei, dass die Seelen, die es erfüllen, jeden Karfreitag eine Seele aus dem Fegefeuer befreien.

Novene zum kostbaren Blute Jesu

Während der Novene verrichte man täglich folgende Gebete:

Kostbares Blut Jesu Christi,
des Sohnes Gottes und Welterlösers,
ich verehre dich.

Göttliches Blut,
unendlich erhaben, am Kreuze für das Heil der Menschen vergossen und auf dem Altare gegenwärtig,
ich bete dich an und preise dich.

Heiliges Blut Jesu,
du Schutzwall der Gerechten, du Heilmittel der Gestrauchelten, du trostreiche Hilfe der Sünder, der Sterbenden und der Armen Seelen,
ich liebe dich.

Himmlischer Vater,
ich opfere dir durch das unbefleckte Herz Mariens das kostbare Blut Jesu auf für den Heiligen Vater, die Kardinäle, Bischöfe und Priester.

Vater unser… Gegrüßt seist du, Maria… Ehre sei…

Himmlischer Vater,
ich opfere dir durch das unbefleckte Herz Mariens das kostbare Blut Jesu auf für die Feinde des heiligen Glaubens.

Vater unser... Gegrüßt seist du, Maria... Ehre sei...

Himmlischer Vater,

ich opfere dir durch das unbefleckte Herz Mariens das kostbare Blut Jesu auf für die Irr- und Ungläubigen und für die verstockten Sünder.

Vater unser... Gegrüßt seist du, Maria... Ehre sei...

Himmlischer Vater,

ich opfere dir durch das unbefleckte Herz Mariens das kostbare Blut Jesu auf für die Armen, Kranken und Bedrängten, für meine Verwandten, Freunde und Feinde und für alle, die dir lieb sind.

Vater unser... Gegrüßt seist du, Maria... Ehre sei...

Himmlischer Vater,

ich opfere dir durch das unbefleckte Herz Mariens das kostbare Blut Jesu auf für alle, die heute oder bald sterben werden. Bewahre sie vor der Hölle und lass sie alsbald teilnehmen an deiner ewigen Herrlichkeit.

Vater unser... Gegrüßt seist du, Maria... Ehre sei...

Himmlischer Vater,

ich opfere dir durch das unbefleckte Herz Mariens das kostbare Blut Jesu auf für alle, die dieses Blut liebevoll verehren, anbeten und seine Verehrung fördern.

Vater unser... Gegrüßt seist du, Maria... Ehre sei...

Himmlischer Vater,

ich opfere dir durch das unbefleckte Herz Mariens das kostbare Blut Jesu auf für die Armen Seelen des Fegefeuers und für alle meine geistigen und leiblichen Anliegen.

Vater unser… Gegrüßt seist du, Maria… Ehre sei…

Gepriesen sei das kostbare Blut Jesu jetzt und allezeit und in Ewigkeit.

Guter Herr und Heiland,

voll Vertrauen und Liebe komme ich zu dir, zu deinem heiligsten Herzen, um Heil und Trost zu finden. Habe Mitleid mit mir! Ich bin ja dein Eigentum, erlöst durch dein kostbares Blut.

Um deines verehrungswürdigen Blutes willen, hilf mir in meinem jetzigen, schweren Anliegen.

Litanei vom kostbaren Blut unseres Herrn Jesus Christus

(von Papst Johannes XXIII.)

Herr, erbarme dich unser
Christus, erbarme dich unser
Herr, erbarme dich unser, Christus, höre uns
Christus, erhöre uns
Gott Vater im Himmel – *erbarme dich unser*
Gott Sohn, Erlöser der Welt
Gott Heiliger Geist
Heiligste Dreifaltigkeit, ein einziger Gott

Blut Christi, des Eingeborenen des ewigen Vaters
– rette uns
Blut Christi, des menschgewordenen Wortes
Blut Christi, des Neuen und Ewigen Bundes
Blut Christi, in der Todesangst zur Erde geronnen
Blut Christi, bei der Geißelung vergossen
Blut Christi, bei der Dornenkrönung verströmt
Blut Christi, am Kreuze ausgegossen
Blut Christi, Kaufpreis unseres Heiles
Blut Christi, einzige Vergebung der Sünden
Blut Christi, im Altarsakrament Trank und Reinigung der Seelen
Blut Christi, Strom der Barmherzigkeit
Blut Christi, Besieger aller bösen Geister
Blut Christi, Starkmut der Märtyrer
Blut Christi, Kraft der Bekenner
Blut Christi, Lebensquell der Jungfrauen
Blut Christi, Stütze der Gefährdeten
Blut Christi, Linderung der Leidenden
Blut Christi, Trost der Weinenden.
Blut Christi, Hoffnung der Büßenden
Blut Christi, Zuflucht der Sterbenden
Blut Christi, Friede und Wonne aller Heiligen
Blut Christi, Unterpfand des ewigen Lebens
Blut Christi, Erlösung aus den Tiefen des Reinigungsortes
Blut Christi, aller Herrlichkeit und Ehre überaus würdig

Lamm Gottes, du nimmst hinweg die Sünden der Welt – *verschone uns, o Herr*

Lamm Gottes, du nimmst hinweg die Sünden der Welt – *erhöre uns, o Herr*

Lamm Gottes, du nimmst hinweg die Sünden der Welt – *erbarme dich unser, o Herr*

Du hast uns erlöst, o Herr, in deinem Blute

und uns zu deinem Gottesreich gemacht.

Lasset uns beten: Allmächtiger, ewiger Gott, du hast deinen eingeborenen Sohn zum Erlöser der Welt eingesetzt und wolltest durch sein Blut dich versöhnen lassen, so lasse uns denn, wir bitten dich, den Lösepreis unseres Heiles verehren und durch seine Kraft vor den Übeln dieses Lebens auf Erden beschirmt werden, so dass wir uns im Himmel ewig seiner Frucht erfreuen dürfen, durch denselben Christus, unsern Herrn.

Amen.

Die sieben Aufopferungen des kostbaren Blutes Jesu

1. Ewiger Vater, wir opfern dir durch das unbefleckte Herz Mariens das kostbare Blut auf, das Jesus, unser Erlöser, am Kreuz vergossen hat und das täglich auf dem Altare dargebracht wird zur Verherrlichung deines heiligsten

Namens, für das Kommen deines Reiches und für das Heil aller Menschen.

Ehre sei dem Vater und dem Sohn und dem Heiligen Geist, wie im Anfang, so auch jetzt und allezeit und in Ewigkeit. Amen. Lob und Dank sei Jesus allezeit, der uns mit seinem Blute hat befreit.

2. Ewiger Vater, wir opfern dir durch das unbefleckte Herz Mariens das kostbare Blut auf, das Jesus, unser Erlöser, am Kreuz vergossen hat und das täglich auf dem Altare dargebracht wird für die Ausbreitung der Kirche, für unseren Heiligen Vater, für die Bischöfe, Priester und Ordensleute und zur Heiligung des Gottesvolkes.

   Ehre sei dem Vater…
   Lob und Dank…

3. Ewiger Vater, wir opfern dir durch das unbefleckte Herz Mariens das kostbare Blut auf, das Jesus, unser Erlöser, am Kreuz vergossen hat und das täglich auf dem Altare dargebracht wird für die Bekehrung der Sünder, für die demütige Annahme deines Wortes und für die Einheit aller Christen.

   Ehre sei dem Vater…
   Lob und Dank…

4. Ewiger Vater, wir opfern dir durch das unbefleckte Herz Mariens das kostbare Blut auf, das

Jesus, unser Erlöser, am Kreuz vergossen hat und das täglich auf dem Altare dargebracht wird für die Regierungen, für die öffentliche Sittlichkeit und für Friede und Gerechtigkeit.
Ehre sei dem Vater…
Lob und Dank…

5. Ewiger Vater, wir opfern dir durch das unbefleckte Herz Mariens das kostbare Blut auf, das Jesus, unser Erlöser, am Kreuz vergossen hat und das täglich auf dem Altare dargebracht wird zur Heiligung der Arbeit und des Leidens, für die Armen, Kranken, Bedrängten und für all jene, die auf unser Gebet vertrauen.
Ehre sei dem Vater…
Lob und Dank…

6. Ewiger Vater, wir opfern dir durch das unbefleckte Herz Mariens das kostbare Blut auf, das Jesus, unser Erlöser, am Kreuz vergossen hat und das täglich auf dem Altare dargebracht wird für alle unsere geistlichen und zeitlichen Anliegen, für unsere Verwandten, Wohltäter, Freunde und Feinde…
Ehre sei dem Vater…
Lob und Dank…

7. Ewiger Vater, wir opfern dir durch das unbefleckte Herz Mariens das kostbare Blut auf, das Jesus, unser Erlöser, am Kreuz vergossen hat und das täglich auf dem Altare dargebracht

wird für alle, die heute oder morgen sterben, und für die Seelen des Fegefeuers, damit alle mit Christus in seiner Herrlichkeit vereintwerden.

Ehre sei dem Vater…

Lob und Dank…

Weihe an die Wunden und das Blut Jesu

O barmherziger Heiland, ich, dein kleines Nichts, bewundere deine unendliche Größe und Erhabenheit. Ich werfe mich vor dir nieder und danke dir aus tiefster Seele, dass du mich durch dein kostbares Blut erlöst hast und mir deine Wunden als «Pforten des Himmels», als «Zufluchtsstätte im Kampfe» anbietest.

In Gegenwart des ganzen himmlischen Hofes weihe ich mich, o liebster Jesus, für immer deinen siegreichen Wunden und deinem kostbaren Blute.

Mit jedem Pulsschlag opfere ich dem himmlischen Vater deine glühenden Wunden und die Ströme deines kostbaren Blutes auf, zur Rettung der Seelen, besonders aber für deine Geweihten, die Priester.

Könnte ich doch, o leidender Heiland, meine und aller Menschen Sünden, Kälte und Gleichgültigkeit wider dich, den Vater und den Heiligen Geist ungeschehen machen!

Liebster Jesus, ich opfere dir auf die Liebe, Verehrung und Anbetung, die deine heiligste Mutter, deine treuen Jünger und alle Heiligen deinen heilbringenden Wunden und dem Lösepreis unserer Erlösung, deinem kostbaren Blute, erwiesen haben.

Ich bitte dich, du wollest meiner bisherigen Untreue und Kälte nicht mehr gedenken und all deinen Beleidigern verzeihen. Besprenge mich und alle Seelen mit deinem kostbaren Blute. Ich flüchte mich für immer in deine heiligen Wunden. Verbirg doch in deiner Liebe die «Streitende Kirche» und die vom Teufel verblendete Menschheit in deinen blutenden Wunden. Möge das ganze Menschengeschlecht zu deinen siegreichen Wunden aufschauen und dein kostbares Blut allzeit in Liebe verehren. Amen.

Gethsemane-Rosenkranz

Eingangsgebet:

Niedergeworfen vor dir, o mein Heiland, der du im Ölgarten Blut geschwitzt hast, bitten wir dich: erbarme dich unser, o Jesus! Um deiner grausamen Verlassenheit, um deiner Todesangst willen: erlöse uns, o Herr! Um deines Blutschweißes, um der Stärkung des Engels willen: erlöse uns, o Herr! Um des bitteren Kelches willen, den du trankst, um deiner großmütigen Ergebung willen, die du deinem himmlischen Vater zeigtest: erlöse uns, o Herr!

Bei den großen Perlen je 1 mal:

Ewiger Vater, wir opfern dir den Blutschweiß unseres Herrn.

Leiden-Jesu-Rosenkranz

(ohne Vaterunser und Ave Maria)

1. Ewiger Vater, ich opfere dir das Blut, die Wunden, Leiden und Verdienste unseres Herrn Jesus Christus, seine dreistündige Todesangst am Ölberg und am Kreuze auf, um die Wunden unserer Seelen zu heilen, die Versuchungen zu überwinden und die Nachlässigkeit, Gleichgültigkeit und das Nichtbefolgen heiliger Eingebungen zu sühnen.

   Durch Maria biete ich dir, o Vater der Erbarmung, immerfort Jesu Blut für die Bekehrung der Sünder und für die Befreiung der Armen Seelen des Fegefeuers an. *1 mal*

   Mein Jesus, Verzeihung und Barmherzigkeit durch die Verdienste deines kostbaren Blutes und deines heiligen Ölbergleidens. *10 mal*

2. Ewiger Vater, ich opfere dir das Blut, die Wunden, Leiden und Verdienste unseres Herrn Jesus Christus, seine dreistündige Todesangst am Ölberg und am Kreuze auf, um die Wunden unserer Seelen zu heilen, die Versuchungen zu überwinden und die Nachlässigkeit, Gleichgültigkeit und das Nichtbefolgen heiliger Eingebungen zu sühnen.

Durch Maria biete ich dir, o Vater der Erbarmung, immerfort Jesu Blut für die Bekehrung der Sünder und für die Befreiung der Armen Seelen des Fegefeuers an. 1 mal

Mein Jesus, Verzeihung und Barmherzigkeit durch die Verdienste deines kostbaren Blutes und deiner grausamen Geißelung. *10 mal*

3. Ewiger Vater, ich opfere dir das Blut, die Wunden, Leiden und Verdienste unseres Herrn Jesus Christus, seine dreistündige Todesangst am Ölberg und am Kreuze auf, um die Wunden unserer Seelen zu heilen, die Versuchungen zu überwinden und die Nachlässigkeit, Gleichgültigkeit und das Nichtbefolgen heiliger Eingebungen zu sühnen.

Durch Maria biete ich dir, o Vater der Erbarmung, immerfort Jesu Blut für die Bekehrung der Sünder und für die Befreiung der Armen Seelen des Fegefeuers an. *1 mal*

Mein Jesus, Verzeihung und Barmherzigkeit durch die Verdienste deines kostbaren Blutes und deiner grausamen und schmählichen Dornenkrönung. *10 mal*

4. Ewiger Vater, ich opfere dir das Blut, die Wunden, Leiden und Verdienste unseres Herrn Jesus Christus, seine dreistündige Todesangst am Ölberg und am Kreuze auf, um die Wunden unserer Seelen zu heilen, die Versuchungen zu überwinden und die Nachlässigkeit, Gleichgültigkeit und das Nichtbefolgen heiliger Eingebungen zu sühnen.

   Durch Maria biete ich dir, o Vater der Erbarmung, immerfort Jesu Blut für die Bekehrung der Sünder und für die Befreiung der Armen Seelen des Fegefeuers an. *1 mal*

   Mein Jesus, Verzeihung und Barmherzigkeit durch die Verdienste deines kostbaren Blutes und deines heiligen Kreuzwegleidens. *10 mal*

5. Ewiger Vater, ich opfere dir das Blut, die Wunden, Leiden und Verdienste unseres Herrn Jesus Christus, seine dreistündige Todesangst am Ölberg und am Kreuze auf, um die Wunden unserer Seelen zu heilen, die Versuchungen zu überwinden und die Nachlässigkeit, Gleichgültigkeit und das Nichtbefolgen heiliger Eingebungen zu sühnen.

Durch Maria biete ich dir, o Vater der Erbarmung, immerfort Jesu Blut für die Bekehrung der Sünder und für die Befreiung der Armen Seelen des Fegefeuers an. *1 mal*

Mein Jesus, Verzeihung und Barmherzigkeit durch die Verdienste deines kostbaren Blutes und deines Elends und Todes am Kreuze.
10 mal

Litanei vom Leiden Christi

Jesus, du Sohn des lebendigen Gottes
erbarme dich unser

Durch dein heiliges Leben und deinen Wandel

Durch dein heiliges Leben und deinen Tod

Durch die Betrübnis, die du gelitten, als du in den Garten gingst

Durch dein dreifaches, andächtiges Gebet

Durch deine Todesangst am Ölberg

Durch die Hingabe deines Willens in den Willen deines Vaters

Durch deinen blutigen Schweiß

Durch dein hartes und elendes Gefängnis

Durch den schmählichen Backenstreich bei Annas (Joh 18,12), dem Hohenpriester

Durch die Verspottung und Verspeiung, die du in der Nacht gelitten hast

Durch das falsche Urteil, das Kajaphas (Joh 18,28) über dich ausgesprochen hat

Durch den Spott, den du bei Herodes ertragen hast

Durch alle Schmach und Schmerzen, die du, während du von einem Richter zum andern geschleppt wurdest, gelitten hast

Durch deine Geduld und dein Stillschweigen

Durch deine schmähliche Entblößung und Anbindung an die Säule

Durch deine schmerzliche Geißelung

Durch deine schmerzliche und schimpfliche Krönung

Durch dein Purpurkleid und deine Verspottung

Durch die Verspeiung deines heiligen Angesichtes

Durch den Schimpf und Spott, den du gelitten hast, als du dem Volk gezeigt worden bist

Durch das Herzeleid, das du gefühlt hast, als du den Zuruf gehört: Kreuzige ihn! Kreuzige ihn!

Durch das schreckliche Todesurteil, das Pilatus über dich ausgesprochen hat

Durch die Liebe, mit welcher du dein Kreuz umfangen und auf deine Schultern gelegt hast

Durch alle Schläge, Peinen und Not, die du bis auf den Kalvarienberg erlitten hast

Durch die blutigen Schritte, die du mit dem schweren Kreuz getan hast

Durch die bittere Pein, die du an deiner
Schulterwunde gelitten hast
Durch das herzliche Mitleid, das du beim
Entgegenkommen deiner Mutter empfunden
hast
Durch die schmerzliche und schmähliche
Beraubung deiner Kleider
Durch deine Angst und dein Seufzen aus Furcht
vor deiner Kreuzigung
Durch die schmerzliche Ausstreckung deiner
Glieder am Kreuze
Durch die gewaltsame Annagelung deiner Hände
und Füße
Durch die Erschütterung deines heiligsten
Herzens und all deiner heiligen Glieder
Durch das heftige Aufheben und Niederstoßen
deines Kreuzes
Durch die gotteslästerlichen Schmach- und
Scheltworte, die du am Kreuz erlitten hast
Durch die sieben heiligen Worte,
die du ausgesprochen hast
Durch alle Schmerzen, die du an deinem ganzen
Leibe gelitten hast
Durch die Liebe, mit welcher dein Herz
für das Heil der Menschen brannte
Durch alle kostbaren Blutstropfen,
die du vergossen hast
Durch das herzliche Mitleid, das deine Mutter
mit dir getragen hat und du mit ihr

Durch die bitteren Tränen, die du am Kreuze vergossen hast
Durch deinen Durst und deinen bitteren Trank von Galle und Essig
Durch das Herabsinken deines Hauptes auf die Brust
Durch deinen bitteren Todeskampf
Durch die schmerzlichen Stöße, die dein Herz gelitten hat
Durch den letzten, unbarmherzigen Stoß, der dein edles Herz gebrochen hat
Durch die Öffnung deiner heiligen Seite
Durch das Wasser und Blut, das daraus geflossen ist
Durch die Liebe, mit der du alle Martern und Peinen gelitten hast
Durch alles Wohlgefallen, das du deinem Vater durch dein Leiden geschenkt hast
Durch die Fürbitte und Verdienste deiner glorwürdigen Mutter und aller Heiligen
Christus, höre uns – *Christus, erhöre uns*
Du Heiland der Welt, der du durch dein Kreuz und Leiden uns erlöst hast – *erbarme dich unser*

Gebet: O Herr Jesus Christus, nimm auf diese heilige Litanei, welche ich dir opfere in Vereinigung mit der unübertrefflichen Liebe, mit welcher du alle deine Wunden und Schmerzen, all deinen Spott und all deine Verachtung, all deine Angst und Not in deinem heiligen Leiden freiwillig ausgestanden und ertragen hast. Ich bitte dich, dass du all das Leiden, welches ich in dieser Litanei genannt habe, jetzt und allezeit und besonders in der Stunde meines Todes deinem himmlischen Vater zeigen und aufopfern wollest für meine vielfältigen Sünden, mit denen ich ihn jemals beleidigt habe.

(Durch diese Litanei kann man von Gott alles erbitten, und es wird gewährt, wenn es nicht zum Schaden der Seele ist.)

Betrachtungs-Rosenkranz der Passion Christi

1. Ewiger Vater, mit und durch Maria opfere ich dir Jesu Leiden und Sterben und sein vergossenes Blut auf, für mich und die Sterbenden der Woche.

   Mit Maria betrachte ich Jesu Gefangennahme, unschuldige Verurteilung, seine Peinen und Verhöhnungen. *1 mal*

   Jesus, ich danke dir für dein Leiden und Sterben und verehre dein Blut und deine Wunden. *10 mal*

2. Ewiger Vater, mit und durch Maria opfere ich dir Jesu Leiden und Sterben und sein vergossenes Blut auf für mich und die Sterbenden der Woche.

Mit Maria betrachte ich, wie Jesus nach wiederholtem Fall unter dem Kreuz schwankend und völlig erschöpft auf Kalvaria ankam, qualvoll und schmählich seiner Kleider beraubt und aufs Kreuz gelegt wurde. *1 mal*

Jesus, ich danke dir für dein Leiden und Sterben und verehre dein Blut und deine Wunden. *10 mal*

3. Ewiger Vater, mit und durch Maria opfere ich dir Jesu Leiden und Sterben und sein vergossenes Blut auf für mich und die Sterbenden der Woche.

   Mit Maria betrachte ich, wie die Schergen Jesu Hände und Füße durchbohrten und ans Kreuz hefteten. *1 mal*

   Jesus, ich danke dir für dein Leiden und Sterben und verehre dein Blut und deine Wunden. *10 mal*

4. Ewiger Vater, mit und durch Maria opfere ich dir Jesu Leiden und Sterben und sein vergossenes Blut auf für mich und die Sterbenden der Woche.

   Mit Maria betrachte ich Jesu dreistündige Todesnot und seine sieben letzten Worte: Vater, verzeih ihnen, denn sie wissen nicht, was sie tun! Wahrlich, heute wirst du mit mir im Paradiese sein! Frau, siehe, dein Sohn; Sohn, siehe, deine Mutter! Mein Gott, mein Gott, warum hast du mich verlassen? Mich dürstet! Es ist vollbracht! Vater, in deine Hände empfehle ich meinen Geist! *1 mal*

Jesus, ich danke dir für dein Leiden und Sterben und verehre dein Blut und deine Wunden. *10 mal*

5. Ewiger Vater, mit und durch Maria opfere ich dir Jesu Leiden und Sterben und sein vergossenes Blut auf für mich und die Sterbenden der Woche.

   Mit Maria betrachte ich Jesu Tod und die Durchbohrung seines heiligsten Herzens. *1 mal*

   Jesus, ich danke dir für dein Leiden und Sterben und verehre dein Blut und deine Wunden. *10 mal*

Der Gnadenreiche Wunden-Rosenkranz

von Jesus geoffenbart an die stigmatisierte Sr. Maria Martha Chambon, Nonne des Klosters «Maria-Heimsuchung» in Chambéry, Frankreich

An vielen Orten wird dieser Rosenkranz zur Erinnerung an Jesu Tod jeweils am Freitag um 15 Uhr verrichtet.

1. Durch das mit siebenfachem Schwert durchbohrte Herz Mariens betrachten wir die heiligen Wunden Christi.

Heilige Wunde der rechten Hand

Die Peiniger nagelten zuerst die rechte Hand an. Damit war ein Geheimnis verbunden. Von der Rechten des Vaters im Himmel nahm ich (Jesus) diese Qual an, um der göttlichen Gerechtigkeit Sühne zu leisten und das Menschengeschlecht zu retten. Ich wollte deshalb auch zuerst an der rechten Hand den Schmerz ertragen, um die verlorenen Seelen zu retten und ihnen den rechten Pfad und den Eintritt ins Paradies zu öffnen. Die Menschen sollen dem Vater diese Wunde aufopfern, damit ihnen durch deren Verdienste das Paradies geschenkt werde.

Ewiger Vater, ich opfere dir die Wunden unseres Herrn Jesus Christus auf, um die Wunden unserer Seelen zu heilen. *1 mal*

Mein Jesus, Verzeihung und Barmherzigkeit durch die Verdienste deiner heiligen Wunden. 10 mal

2. Durch das mit siebenfachem Schwert durchbohrte Herz Mariens betrachten wir die heiligen Wunden Christi.

Heilige Wunde der linken Hand

Ich sah die große Menge der Unvorsichtigen, die sich von den Vorspiegelungen ihrer Feinde täuschen lassen und der Gnade den Einlass verweigern. Sie folgen den Lockungen. Ich sah, dass so viele beim Endgericht zur Linken stehen werden. Kommt doch zu dieser Wunde der linken Hand, um Bewahrung vor den ewigen Qualen zu erbitten! In dieser Wunde verbergt euch! Nie wird sie aufhören, euch zu rufen und euch einzuladen, zu ihr eure Zuflucht zu nehmen, eure Verirrungen zu erkennen und Buße zu tun, um Rettung vor euren grausamen Feinden zu finden.

Ewiger Vater, ich opfere dir die Wunden unseres Herrn Jesus Christus auf, um die Wunden unserer Seelen zu heilen. *1 mal*

Mein Jesus, Verzeihung und Barmherzigkeit durch die Verdienste deiner heiligen Wunden. *10 mal*

3. Durch das mit siebenfachem Schwert durchbohrte Herz Mariens betrachten wir die heiligen Wunden Christi.

Heilige Wunde des rechten Fußes

Sie nagelten meinen rechten Fuß über den linken. Darin lag das Geheimnis der göttlichen Barmherzigkeit verborgen, die den Vorrang über die göttliche Gerechtigkeit erlangte. Ich empfand großen Schmerz, da ich alle Bedrängnisse sah, die diejenigen dulden, die auf dem rechten Pfade wandeln. Deshalb lud ich sie ein, zu dieser Wunde des rechten Fußes Zuflucht zu nehmen, wenn sie von ihren Feinden angegriffen werden. Hier werden sie sichere Rettung finden. Ich sah auch alle Sünden, die sie begehen. Obwohl es keine schweren Sünden sind, empfand ich Schmerz darüber; denn sie bereiteten mir große Qual wegen meiner unendlichen Liebe zum Vater und der Erkenntnis, die ich von seiner unendlichen Würde habe.

Ewiger Vater, ich opfere dir die Wunden unseres Herrn Jesus Christus auf, um die Wunden unserer Seelen zu heilen. *1 mal*

Mein Jesus, Verzeihung und Barmherzigkeit durch die Verdienste deiner heiligen Wunden. *10 mal*

4. Durch das mit siebenfachem Schwert durchbohrte Herz Mariens betrachten wir die heiligen Wunden Christi.

Heilige Wunde des linken Fußes

Ich empfand den furchtbarsten Schmerz, da ich alle die sah, die ins Verderben wandeln. Ich sah die Schwere ihrer Sünden. Ich sah, wie die Gerechtigkeit die Züchtigung zurückhalten und die Barmherzigkeit gütig auf die Buße der Sünder warten wird. Ich wusste, dass viele zur

Buße gebracht werden. Ich sah aber auch die vielen, die die göttliche Barmherzigkeit und Langmut so arg mißbrauchen und immer wieder verachten. So kommen sie denn dazu, die Strenge der göttlichen Gerechtigkeit zu erfahren und werden ewig zugrunde gehen. Dadurch werden sie die göttliche Gerechtigkeit verherrlichen.

Ewiger Vater, ich opfere dir die Wunden unseres Herrn Jesus Christus auf, um die Wunden unserer Seelen zu heilen. *1 mal*

Mein Jesus, Verzeihung und Barmherzigkeit durch die Verdienste deiner heiligen Wunden. *10 mal*

5. Durch das mit siebenfachem Schwert durchbohrte Herz Mariens betrachten wir die heiligen Wunden Christi.

Heilige Wunde der Seite

Der Soldat öffnete mir mit der Lanze die Seite und durchbohrte mein Herz; und in der Tat floß Blut und Wasser heraus. In diesem Blut und Wasser war das Geheimnis der Bildung der Kirche verborgen. Als der Soldat meine geöffnete Seite sah, wurde er erleuchtet; und als er jenes Blut und jenes geheimnisvolle Wasser herausfließen sah, bekehrte er sich. Kommt alle zu meinen heiligen Wunden! Hier ist Rettung, Tröstung, Stärkung! Opfert sie ständig dem himmlischen Vater auf!

Ewiger Vater, ich opfere dir die Wunden unseres Herrn Jesus Christus auf, um die Wunden unserer Seelen zu heilen. *1 mal*

Mein Jesus, Verzeihung und Barmherzigkeit durch die Verdienste deiner heiligen Wunden. 10 mal

6. Durch das mit siebenfachem Schwert durchbohrte Herz Mariens betrachten wir die heiligen Wunden Christi.

Haupt Christi

Das ist das Haupt, das aus Liebe zu dir sich durchbohren ließ; durch seine Verdienste sollst du einst gekrönt werden. Glückselig die Seele, welche dieses Haupt aufmerksam betrachtet, noch glückseliger jene, welche das, was sie betrachtet, geübt hat. Sieh den, welchen du suchst; siehe, in welch einem Zustand er sich befindet. Schau her und zieh die Dornen aus meinem Haupt dadurch, dass du meinem Vater die Verdienste meiner Wunden aufopferst.

Um diese Schmerzen zu lindern, müsst ihr eure Regel beobachten. Mache dich auf und suche mir Seelen!

Ewiger Vater, ich opfere dir die Wunden unseres Herrn Jesus Christus auf, um die Wunden unserer Seelen zu heilen. 1 mal

Mein Jesus, Verzeihung und Barmherzigkeit durch die Verdienste deiner heiligen Wunden. 10 mal

7. Durch das mit siebenfachem Schwert durchbohrte Herz Mariens betrachten wir die heiligen Wunden Christi.

Der mit Wunden bedeckte heilige Leib und das heilige Blut Christi

Wir betrachten den heiligen Leib, gegeißelt, erschöpft, mit Wunden bedeckt, durch die Schmerzen der heiligen Schulterwunde gequält und mit Blut überströmt. Nur durch sein Blut hat er sich die Kirche erkauft (Pius XII). Die Kirche ist der geheimnisvolle Leib Christi. Zu Thomas sagte Christus: Lege deine Hände in meine Wundmale und sei nicht mehr ungläubig, sondern gläubig. Tragen auch wir die Wundmale des Herrn an uns! Zu Schwester Chambon spricht Christus: Einer meiner Jünger hat mich verraten und mein Blut verkauft. Ihr könnt so leicht ein jedes Tröpfchen zurückkaufen. Ein einziges Tröpfchen genügt, um die ganze Welt reinzuwaschen, und ihr denkt nicht daran, ihr kennt nicht den Wert dieses Lösepreises.

Ewiger Vater, erweise uns Barmherzigkeit, wir beschwören dich darum. Amen.

Gnade und Barmherzigkeit, mein Jesus, während der gegenwärtigen Gefahr! Bedecke uns mit deinem kostbaren Blute.

Ewiger Vater, ich opfere dir die Wunden unseres Herrn Jesus Christus auf, um die Wunden unserer Seelen zu heilen. *1 mal*

Mein Jesus, Verzeihung und Barmherzigkeit durch die Verdienste deiner heiligen Wunden. *10 mal*

Nun folgt das Preisgebet:

Preisgebet zur Heiligsten Dreifaltigkeit

Heil dir, ewiger Herrscher, lebendiger Gott, allzeit Gewesener, furchtbarer und gerechter Richter, immer gütiger und barmherziger Vater! Dir werde neu und allezeit Anbetung, Lobpreis, Ehre und Herrlichkeit durch deine sonnengehüllte Tochter, unsere wunderbare Mutter!

Heil dir, geopferter Gottmensch, blutendes Lamm, König des Friedens, Baum des Lebens, du unser Haupt, Tor zum Herzen des Vaters, ewig aus dem Lebenden Geborener, in Ewigkeit mit dem Seienden herrschend! Dir werde neu und allezeit Macht und Herrlichkeit und Größe und

Anbetung und Sühne und Preis durch deine makellose Gebärerin, unsere wunderbare Mutter!

Heil dir, Geist des Ewigen, allzeit Heiligkeit Strömender, seit Ewigkeit wirkend in Gott! Du Feuerflut vom Vater zum Sohn, du brausender Sturm, der du wehest Kraft und Licht und Glut in die Glieder des ewigen Leibes, du ewiger Liebesbrand, gestaltender Gottesgeist in den Lebenden, du roter Feuerstrom vom Immerlebenden zu den Sterblichen! Dir werde neu und in alle Ewigkeit Macht und Herrlichkeit und Schönheit durch deine sternengekrönte Braut, unsere wunderbare Mutter!

Novene zu Ehren der heiligen Wunden Christi

An allen neun Tagen bete man:

Begrüßung der heiligen Wunden des Gekreuzigten

In Vereinigung mit dem unbefleckten Herzen Mariens grüße und verehre ich die heilige Wunde deiner rechten Hand, o Jesus, und in diese Wunde lege ich alle Priester deiner heiligen Kirche. Gib du ihnen, sooft sie dein heiliges Opfer feiern, das Feuer deiner göttlichen Liebe, damit sie es weitergeben können an die ihnen anvertrauten Seelen.

Ehre sei dem Vater…

Ich grüße und verehre die heilige Wunde deiner linken Hand, und in diese Wunde übergebe ich dir alle Irr- und Ungläubigen, diese Ärmsten, welche dich nicht kennen. Um dieser Seelen willen sende, o Jesus, viele gute Arbeiter in deinen Weinberg, damit sie alle den Weg zu deinem heiligsten Herzen finden.

Ehre sei dem Vater…

Ich grüße und verehre die heiligen Wunden deiner heiligen Füße, und in diese deine Wunden übergebe ich dir die verstockten Sünder, welche die Welt mehr lieben als dich, besonders jene, die heute aus dem Leben scheiden müssen. Lass, o Jesus, dein kostbares Blut an ihnen nicht verlorengehen.

Ehre sei dem Vater…

Ich grüße und verehre die heiligen Wunden deines heiligen Hauptes, und in diese Wunden übergebe ich dir die Feinde der heiligen Kirche, alle jene, die dich heute noch blutig schlagen und verfolgen an deinem mystischen Leibe. Ich bitte dich, o Jesus, bekehre sie, rufe sie, wie du den Saulus zum Paulus gerufen hast, damit bald ein Hirt und eine Herde werden kann.

Ehre sei dem Vater…

Ich grüße und verehre die Wunden deines heiligsten Herzens, und in diese Wunden übergebe ich dir, o Jesus, meine Seele und alle, für die du willst, dass ich bete, besonders alle Leidenden und Bedrängten, alle Verfolgten und Verlassenen. Gib, o heiligstes Herz Jesu, allen dein Licht und deine Gnade. Erfülle uns alle mit deiner Liebe und deinem wahren Frieden.

Ehre sei dem Vater…

Nun verrichte man 5 Vaterunser und Ave Maria zu Ehren der heiligen Wunden Christi wie folgt:

Heilige Wunde der rechten Hand

Jesus, um dieser heiligen Wunde willen erbarme dich meiner und hilf mir in meinem jetzigen großen Anliegen.

Vater unser… Gegrüßt seist du, Maria…

Heilige Wunde der linken Hand

Jesus, um dieser heiligen Wunde willen erbarme dich meiner und hilf mir in meiner großen Not.

Vater unser… Gegrüßt seist du, Maria…

Heilige Wunden des rechten und linken Fußes

Jesus, um dieser heiligen Wunden willen erbarme dich meiner und befreie mich aus meiner jetzigen Bedrängnis.

Vater unser… Gegrüßt seist du, Maria…

Heilige Wunden des Hauptes Christi

Jesus, um dieser heiligen Wunden willen erbarme dich meiner und hilf mir.

Vater unser… Gegrüßt seist du, Maria…

Heilige Wunde des göttlichen Herzens

Jesus, um dieser heiligen Wunde willen erbarme dich meiner. Ich lege all meine Nöte und Sorgen, besonders das jetzige Anliegen, in dein liebevolles, verwundetes Herz, damit du alles ordnest nach deinem heiligen Willen. Ich danke dir, o mein Heiland und Erlöser.

Vater unser… Gegrüßt seist du, Maria…

Litanei zu Ehren der Wunden Christi

Heilige Wunden Christi
wir lieben und verehren euch
Ihr blutenden und schmerzhaften Wunden
wir lieben und verehren euch
Ihr leuchtenden und siegreichen Wunden
Ihr ruhmvollsten Wunden
Ihr verklärten Wunden
Wunden Christi, trostvolles Zeichen unserer Erlösung
Wunden Christi, ihr Pforten des Himmels
Wunden Christi, Rastplatz der Gehetzten und Suchenden
Wunden Christi, Versöhnung und Heimat der reuigen Sünder
Wunden Christi, sicherer Halt des Strauchelnden
Wunden Christi, trostvolle Ruhestätte der gottliebenden Seelen

Wunden Christi, Angebot der Liebe Gottes an die Menschen
Heilige Wunde der rechten Hand – *verbirg uns*
Du Wegweiser zum himmlischen Paradies
Du Quelle der Seelenarznei
Du tiefsinnige Wunde des Gehorsams für unsere Rettung
Du einladendes Tor des himmlischen Vaterhauses
Heilige Wunde der linken Hand
Du Brunnen der Gnade
Du Schutzwall vor der ewigen Verdammnis
Du Zufluchtsstätte im Kampf mit den höllischen Wölfen
Du Mahner zu Buße und Einsicht
Heilige Wunde des rechten Fußes
Du Quelle des Friedens
Du Wunde der göttlichen Barmherzigkeit
Du Zeichen der göttlichen Langmut
Du Ruhezelt in Kampf und Versuchung
Du erfolgreicher Schutz der Angegriffenen
Heilige Wunde des linken Fußes
Du Wunde der göttlichen Gerechtigkeit
Du Wunde, woraus zur Abwaschung unserer Sünden das Blut fließt
Wunde, die so furchtbar schmerzte, weil so viele Seelen verlorengehen wollen
Heilige Wunde der Seite
Du Sammelbecken der unendlichen Liebe Gottes

Du heilsame Wunde, die das lebendigmachende Wasser und Blut für uns vergossen hat

Herzwunde des Herrn, deren vergossenes Blut die große Erlösungstat Jesu für uns darstellt

Herzwunde des Herrn, deren vergossenes Wasser den Anteil unserer notwendigen Leiden und Verdienste für unsere ewige Glückseligkeit darstellt

Herzwunde des Herrn, aus der Blut und Wasser strömt als Geheimnis der Bildung der Kirche

Herzwunde des Herrn, du Gnadenkanal für Christi Braut auf Erden, die heilige Kirche, und für die Priester, die «Lieblinge und Auserwählten» des Dreieinigen

Du Wunde voller Geheimnisse des Königs für seine getreuen Kinder

Du Hort der Gottgeweihten

Du Stätte des unvorstellbaren Glücks

Du Tor der Liebe und der Erbarmung

Heilige Wunde der Schulter Christi

Du schmerzlichste aller Wunden

Du Sühnungszeichen Jesu für die vielen bösen Beispiele der Menschen und für die Ärgernisse in der Welt

Du dornengekröntes Haupt Christi

Unser Sein und Leben

verbergen wir in Jesu Wunden

Die römisch-katholische Kirche

Den Papst, die Bischöfe und Priester

Die Mönche und Nonnen
Die Priesteramtskandidaten und ihre Ausbildung
Die Väter und Mütter und ihre Verantwortung
Die Jugend und ihre Erziehung
Das Geschick der Völker und der «Streitenden Kirche»
Die Einflussreichen der Welt
Die Machthaber und Lenker der Völker
Alle fünf Erdteile
Alles Leid und alle Not, alle Freude und alles Glück
Alle Sünden und Reuetränen
Alle Versuchten und Gefährdeten
Alle Suchenden und Irrenden
Alle Menschen, die noch ein Fünklein «Guten Willen» haben
Alle Menschen, die nicht unbedingt verlorengehen wollen
Durch deine Wunden bitten wir um geistigen Fortschritt und um Schutz vor dem Bösen, *o Jesus*
Durch deine Wunden bewahre uns vor schwerer Sünde und vor dem Zweifel an deiner Barmherzigkeit
Durch deine Wunden übergeben wir dir unser Elend und unsere Erbärmlichkeit
Durch deine Wunden vertrauen wir auf deine Hilfe

Durch deine Wunden horchen wir auf dich und kümmern uns um deine Interessen, und du wirst dich um die unsrigen kümmern

Durch deine Wunden wollen wir die himmlischen Gnaden, die sehr teuer bezahlt sein müssen, mit der «vollkommenen Aufopferung unseres ganzen Seins an deine barmherzige Liebe» begleichen

Durch deine Wunden schenke uns deinen Frieden und bewahre uns vor übertriebener Geschäftigkeit

Durch deine Wunden lasse uns die kleinsten und demütigsten Werkzeuge deiner Liebe sein

Durch deine Wunden lasse uns dem himmlischen Vater in vollkommenster Weise dienen und ihm gefallen

Lamm Gottes, du nimmst hinweg die Sünden der Welt – *verschone uns, o Jesus*

Lamm Gottes, du nimmst hinweg die Sünden der Welt – *erhöre uns, o Jesus*

Lamm Gottes, du nimmst hinweg die Sünden der Welt – *erbarme dich unser, o Jesus*

Gebet: Ewiger Vater, wir opfern dir auf die blutenden und siegreichen Wunden unseres Herrn Jesus Christus; in ihnen unser Leben zu deiner Ehre und für jede einzelne Seele; mit allem, was wir sind und haben, was wir tun und denken, was wir wünschen und planen, einschließlich unserer Fehler.

Rosenkranz der Barmherzigkeit durch die Wunden Jesu

Jesus an Schwester M. M. Chambon: «Wie glücklich müsst ihr euch schätzen, dass ich euch das Gebet, das mich entwaffnet, gelehrt habe: Mein Jesus, Verzeihung und Barmherzigkeit durch die Verdienste deiner heiligen Wunden. Die Gnaden, die ihr auf diese Anrufung hin empfangt, sind feurige Gnaden. Sie kommen vom Himmel und sollen euch dorthin führen. Bei jedem Wort, das ihr beim Rosenkranz der Barmherzigkeit aussprecht, lasse ich einen Tropfen meines Blutes auf die Seele eines Sünders fallen. Ihr würdet euch eine große Schuld aufladen, wenn ihr all die Reichtümer, welche in meinen Wunden enthalten sind, euch nicht zunutze machen wolltet. Sage deiner Oberin, sie werde jederzeit und in jedem beliebigen Anliegen erhört, wenn sie mich durch meine heiligen Wunden bittet, indem sie den Rosenkranz der Barmherzigkeit beten lässt.»

Am Anfang bete man 1 mal:

O Jesus, göttlicher Erlöser, sei uns und der ganzen Welt gnädig und barmherzig. Amen.

Starker Gott, heiliger Gott, unsterblicher Gott, habe Erbarmen mit uns und mit der ganzen Welt. Amen.

Gnade und Erbarmen, o mein Jesus, in den gegenwärtigen Gefahren. Bedecke uns mit deinem kostbaren Blute. Amen.

Ewiger Vater, erzeige uns Barmherzigkeit durch das Blut Jesu Christi, deines vielgeliebten Sohnes. Erzeige uns Barmherzigkeit, wir beschwören dich darum. Amen.

Bei den großen Perlen:

Ewiger Vater, ich opfere dir die Wunden unseres Herrn Jesus Christus auf, um die Wunden unserer Seelen zu heilen. *1 mal*

Bei den kleinen Perlen:

Mein Jesus, Verzeihung und Barmherzigkeit durch die Verdienste deiner heiligen Wunden.
10 mal

(Obiges einen Rosenkranz lang ohne Vaterunser und Ave Maria verrichten.)

Der königliche Weg

Kreuzwegandacht zu Ehren der Wunden Jesu

«Die heiligen Wunden unseres Herrn sind die Schlüssel zum Himmel. Die Bitten, die dem himmlischen Vater durch die heiligen Wunden dargebracht werden, nimmt er entgegen, als ob sie unser göttlicher Heiland selbst an ihn richtete. Wir sollen all unser Tun durch die heiligen

Wunden aufopfern; dadurch wird es verdienstvoll wie das Gebet.

Ihr sollt euch für die Bekehrung der Sünder einsetzen. Auch sollt ihr euch um das Heil der täglich Sterbenden annehmen und für sie die Verdienste der heiligen Wunden Jesu aufopfern. Die Aufopferung der heiligen Wunden bewirkt, dass die Gnaden des Himmels herabsteigen und die Armen Seelen in den Himmel aufgenommen werden. Wer in seinem Leben die heiligen Wunden Jesu verehrt und sie dem himmlischen Vater für die Armen Seelen aufopfert, darf zuversichtlich hoffen, dass ihm in seiner Todesstunde die seligste Jungfrau und die heiligen Engel beistehen werden und der göttliche Heiland ihn voll Erbarmen aufnehmen und ihm die Krone des Lebens geben wird.»

(Sr. Maria Martha Chambon)

Vorbereitungsgebet

Göttlicher Heiland, ich will jetzt mit dir den Kreuzweg, deinen königlichen Weg, gehen. Lass mich erkennen, wieviel du auf diesem Weg für mich gelitten hast. Gib, dass ich verstehe, was du mir durch dein Kreuztragen sagen willst. Ich danke dir für dein unbeschreiblich großes Leiden, durch das uns Erlösung und Rettung geworden ist.

Ewiger Vater, ich opfere dir den heiligen Kreuzweg, den königlichen Leidensweg deines vielgeliebten Sohnes, unseres Herrn Jesus Christus, auf. Ich opfere dir seine Qualen und Schmerzen, die blutenden und siegreichen Wunden und deren unermessliche Verdienste für die Bekehrung der Sünder, für die Sterbenden und die Armen Seelen des Fegefeuers auf.

1. Station: Jesus wird zum Tode verurteilt

Christus, König meines Herzens, du hast dich unschuldig verurteilen lassen, um alle Ungerechtigkeit der Menschen zu sühnen. Gib, dass ich immer gerecht sei gegen alle Mitmenschen. Verleih mir die Gnade, einst den Tod in Liebe aus deiner Hand anzunehmen.

Ewiger Vater, ich opfere dir die blutenden und siegreichen Wunden Jesu für die verstockten Sünder, die Sterbenden und die Armen Seelen des Fegefeuers auf. Durch die Verdienste der heiligen Wunden deines Sohnes erbarme dich ihrer und verzeihe mir alle meine Sünden.
Vater unser… Gegrüßt seist du, Maria… Ehre sei…

2. Station: Jesus nimmt das Kreuz auf seine Schultern

Christus, König meines Herzens, der du dein Kreuz mit Ehrfurcht und Liebe auf dich genommen hast, sei meine Stärke, auf dass ich stets mit dir das Kreuz trage, das du mir auferlegst. Herr, ich bitte dich: Nimm die Furcht vor dem Kreuz von mir!

Ewiger Vater, ich opfere dir die blutenden und siegreichen Wunden Jesu für die verstockten Sünder, die Sterbenden und die Armen Seelen des Fegefeuers auf. Durch die Verdienste der heiligen Wunden deines Sohnes erbarme dich ihrer; verleihe mir wahre Reue über meine Sünden und die Gnade der Kreuzes- und Leidensliebe.

Vater unser… Gegrüßt seist du, Maria… Ehre sei…

3. Station: Jesus fällt das erste Mal unter dem Kreuz

Christus, König meines Herzens, um deines ersten Falles willen stärke meine Seele. Verzeihe mir, wenn ich aus Schwachheit dich beleidige.

Ewiger Vater, ich opfere dir die blutenden und siegreichen Wunden Jesu für die verstockten Sünder, die Sterbenden und die Armen Seelen des Fegefeuers auf. Durch die Verdienste der heiligen Wunden deines Sohnes erbarme dich ihrer und hilf mir, den Weg deiner Gebote und der liebenden Hingabe zu gehen.

Vater unser… Gegrüßt seist du, Maria… Ehre sei…

4. Station: Jesus begegnet seiner betrübten Mutter

Christus, König meines Herzens, gib, dass ich bereit bin, wie deine heilige Mutter Schmerz und Schmach mit dir zu teilen. Gib, dass ich mich nie von deiner Mutter trenne, dass sie im Tod bei mir bleibe und meine Seele vor deinen Richtstuhl begleite.

Ewiger Vater, ich opfere dir die blutenden und siegreichen Wunden Jesu für die verstockten Sünder, die Sterbenden und die Armen Seelen des Fegefeuers auf. Durch die Verdienste der heiligen Wunden deines Sohnes und des schmerzhaften Herzens Mariens erbarme dich ihrer und befreie mich von allen meinen Sündenstrafen.

Vater unser… Gegrüßt seist du, Maria… Ehre sei…

5. Station: Simon von Cyrene hilft Jesus das Kreuz tragen

Christus, König meines Herzens, um der Gnade willen, die du dem Simon von Cyrene erwiesen hast, lass mich mittragen an dem schweren Kreuz, das dir der Undank der Menschen auferlegt…

Lehre mich durch dein Leiden die hilfsbereite Nächstenliebe.

Ewiger Vater, ich opfere dir die blutenden und siegreichen Wunden Jesu für die verstockten Sünder, die Sterbenden und die Armen Seelen des Fegefeuers auf. Durch die Verdienste der heiligen Wunden deines Sohnes erbarme dich ihrer und verleihe mir den Geist der wahren Buße.

Vater unser... Gegrüßt seist du, Maria... Ehre sei...

6. Station: Veronika reicht Jesus das Schweißtuch

Christus, König meines Herzens, nimm alle Menschenfurcht von mir, damit ich dich, wie Veronika, vor allen Menschen bekenne. Du hast dein anbetungswürdiges Antlitz in das Schweißtuch der Veronika eingeprägt. Drücke meinem ganzen Wesen Züge der Ähnlichkeit mit dir auf.

Ewiger Vater, ich opfere dir die blutenden und siegreichen Wunden Jesu für die verstockten Sünder, die Sterbenden und die Armen Seelen des Fegefeuers auf. Durch die Verdienste der heiligen Wunden deines Sohnes erbarme dich ihrer und gib mir ein mitleidiges Herz für den Nächsten.

Vater unser... Gegrüßt seist du, Maria... Ehre sei...

7. Station: Jesus fällt das zweite Mal unter dem Kreuz

Christus, König meines Herzens, der du unter der Last unseres Elends aufs Neue zu Boden gefallen bist, bekehre und rette die Gewohnheitssünder. Durch die Verdienste dieses zweiten so schmerzlichen Sturzes bewahre mich vor dem Rückfall in die Sünde und gib mir die Gnade, von meinen Fehlern und schlechten Gewohnheiten frei zu werden.

Ewiger Vater, ich opfere dir die blutenden und siegreichen Wunden Jesu für die verstockten Sünder, die Sterbenden und die Armen Seelen des Fegefeuers auf. Durch die Verdienste der heiligen Wunden deines Sohnes erbarme dich ihrer und gib mir die Gnade der Beharrlichkeit.

Vater unser… Gegrüßt seist du, Maria… Ehre sei…

8. Station: Jesus spricht zu den weinenden Frauen von Jerusalem

Christus, König meines Herzens, der du so liebevoll die weinenden Frauen getröstet hast, beschütze die Mütter und die Jugend. Lehre mich, das eigene Leid zu vergessen und an das Leid der Mitmenschen zu denken.

Ewiger Vater, ich opfere dir die blutenden und siegreichen Wunden Jesu für die verstockten

Sünder, die Sterbenden und die Armen Seelen des Fegefeuers auf. Durch die Verdienste der heiligen Wunden deines Sohnes erbarme dich ihrer und segne Heimat und Vaterland.

Vater unser… Gegrüßt seist du, Maria… Ehre sei…

9. Station: Jesus fällt das dritte Mal unter dem Kreuz

Christus, König meines Herzens, um der Schmerzen willen, die du beim dritten Fall erduldet hast, erbarme dich aller, die in Gefahr sind, in schwere Sünde zu fallen. Ich will aus Liebe zu dir überall nach Möglichkeit durch Gebet oder Tat helfen, wo arme Menschen unter ihrer Last zusammenbrechen.

Ewiger Vater, ich opfere dir die blutenden und siegreichen Wunden Jesu für die verstockten Sünder, die Sterbenden und die Armen Seelen des Fegefeuers auf. Durch die Verdienste der heiligen Wunden deines Sohnes erbarme dich ihrer und bewahre mich vor geistiger Verblendung. Gib allen Priestern und Ordensleuten die Gnade, standhaft und beharrlich den Weg der Selbstverleugnung und Entsagung zu gehen.

Vater unser… Gegrüßt seist du, Maria… Ehre sei…

10. Station: Jesus wird seiner Kleider beraubt

Christus, König meines Herzens, der du auf dem Kalvarienberg deiner Kleider beraubt worden bist, nimm hinweg meine Fehler und Armseligkeiten. Bekleide mich hier auf Erden mit deinen Tugenden und einst im Himmel mit deiner Herrlichkeit.

Ewiger Vater, ich opfere dir die blutenden und siegreichen Wunden Jesu für die verstockten Sünder, die Sterbenden und die Armen Seelen des Fegefeuers auf. Durch die Verdienste der heiligen Wunden deines Sohnes erbarme dich ihrer und gib mir tiefe Demut und wahre Selbstentsagung.

Vater unser… Gegrüßt seist du, Maria… Ehre sei…

11. Station: Jesus wird ans Kreuz genagelt

Christus, König meines Herzens, der du qualvoll ans Kreuz geheftet worden bist, stärke die Ordensleute, die durch Gelübde gebunden sind. Lass sie jederzeit am Fuß deines Kreuzes in Treue ausharren in der Gesellschaft deiner Mutter. Lass auch mich nie von deinem Kreuz und seinem Segen getrennt werden.

Ewiger Vater, ich opfere dir die blutenden und siegreichen Wunden Jesu für die verstockten Sünder, die Sterbenden und die Armen Seelen des Fegefeuers auf. Durch die Verdienste der heiligen Wunden deines Sohnes erbarme dich ihrer und aller Völker der Welt.

Vater unser… Gegrüßt seist du, Maria… Ehre sei…

12. Station: Jesus wird am Kreuz erhöht und stirbt

Christus, König meines Herzens, dein qualvoller Tod hat der Welt das Leben gebracht. Tröste die Kranken und Leidenden. Lass mich der Sünde absterben und dir leben. Gib mir die Gnade, einst heilig zu sterben.

Ewiger Vater, ich opfere dir die blutenden und siegreichen Wunden Jesu für die verstockten Sünder, die Sterbenden und die Armen Seelen des Fegefeuers auf. Durch die Verdienste der heiligen Wunden deines Sohnes erbarme dich ihrer und begrabe meine Sünden im Abgrund deiner verzeihenden Liebe.

Vater unser… Gegrüßt seist du, Maria… Ehre sei…

13. Station: Jesus wird vom Kreuz abgenommen und in den Schoß seiner Mutter gelegt

Christus, König meines Herzens, verleihe mir die Gnade, im Schoß der heiligen Mutter Kirche für dich zu leben und zu sterben. Lass mich im Leiden und Sterben in den Armen deiner heiligen Mutter Maria ruhen.

Ewiger Vater, ich opfere dir die blutenden und siegreichen Wunden Jesu für die verstockten Sünder, die Sterbenden und die Armen Seelen des Fegefeuers auf. Durch die Verdienste der heiligen Wunden deines Sohnes und des schmerzvollen und unbefleckten Herzens Mariens erbarme dich ihrer und der ganzen Christenheit.

Vater unser… Gegrüßt seist du, Maria… Ehre sei…

14. Station: Jesus wird ins Grab gelegt

Christus, König meines Herzens, der du im Grabe geruht hast, um daraus glorreich hervorzugehen, gib mir um deines Todes willen einst glorreiche Auferstehung und ewiges Leben.

Ewiger Vater, ich opfere dir die blutenden und siegreichen Wunden Jesu für die verstockten Sünder, die Sterbenden und die Armen Seelen des Fegefeuers auf. Durch die Verdienste der heiligen Wunden deines Sohnes erbarme dich ihrer und gewähre mir die Gnade, auf dem Kreuzweg meines Lebens stets sein treuer Jünger zu sein.

Vater unser… Gegrüßt seist du, Maria… Ehre sei…

Schlussgebet

Göttlicher Erlöser, deine verklärten Wunden verbürgen mir die Versöhnung mit deinem himmlischen Vater. Auf jedes menschliche Leid werfen sie österliches Licht und geben ihm Sinn und Wert. Gib, dass ich die Wundmale deiner Liebe innig verehre, damit sie mir und allen Menschen zu Quellen des ewigen Heiles werden.

Amen.

Danksagung für die Wunden unseres Herrn

Jesus an die heilige Mechthildis

1. Ich danke dir, o Herr Jesus Christus, für die schmerzliche Wunde deiner rechten Hand, aus welcher die wahre Arznei der Seele uns geflossen ist. In sie verberge ich alle meine Nachlässigkeiten und Versäumnisse, die ich in meinen Tugendübungen begangen habe, damit dieselben durch deine eifrigen Werke ersetzt werden mögen. Amen.
2. Ich danke dir, o Herr Jesus Christus, für die schmerzliche Wunde deiner linken Hand, aus welcher der Brunnen der Gnade uns geflossen ist. In sie verschließe ich alle meine geistigen und leiblichen Übel, damit sie in Vereinigung mit deinen Leiden mir süß und durch Geduld vor Gott wohlriechend werden mögen. Amen.
3. Ich danke dir, o Herr Jesus Christus, für die schmerzliche Wunde deines rechten Fußes, aus welcher die Quelle des Friedens uns

geflossen ist. In sie versenke und vertiefe ich alle meine Begierden, damit sie ganz gereinigt werden und von allem Irdischen unbefleckt bleiben mögen. Amen.

4. Ich danke dir, o Herr Jesus Christus, für die schmerzliche Wunde deines linken Fußes, aus welcher die Abwaschung unserer Sünden uns geflossen ist. In sie versenke und verberge ich alle Sünden, die ich jemals begangen habe. Amen.

5. Ich danke dir, o Herr Jesus Christus, für die heilsame Wunde deines liebevollsten Herzens, aus welcher das lebendigmachende Wasser und Blut und die Reichtümer alles Guten uns geflossen sind. In sie setze und in ihr vereinige ich alle meine unvollkommene Liebe mit deiner göttlichen Liebe, damit sie dadurch vollkommen werden möge. Amen.

Gnaden-Rosenkranz für jeden Tag

Am Anfang 1 mal:

Wir beten dich an, Herr Jesus Christus, und preisen dich, denn durch dein heiliges Kreuz hast du die ganze Welt erlöst.

Bei den großen Perlen je 1 mal:

Erbarme dich unser, Herr, erbarme dich unser.

Bei den kleinen Perlen je 10 mal:

Durch die Verdienste deines Leidens und Sterbens verzeihe uns, o Jesus.

(Obiges bete man einen Rosenkranz lang ohne Vaterunser und Ave Maria.)

Kreuzgebet für den Alltag

Gebenedeit sei der Herr Jesus Christus, der am Holz des Kreuzes für all unsere Sünden gestorben ist.

Heiliges Kreuz Christi, sei mit mir.

Heiliges Kreuz Christi, sei mein Vertrauen.

Heiliges Kreuz Christi, sei das wahre Licht meiner Seele und Seligkeit.

Heiliges Kreuz Christi, wende von mir alle feindlichen Waffen.

Heiliges Kreuz Christi, entferne von mir alle Übel.

Heiliges Kreuz Christi, gieße mir alles Gute ein.

Durch dich, o heiliges Kreuz, komme ich auf den Weg meiner Seligkeit.

Heiliges Kreuz Christi, bewahre mich vor aller körperlichen Not.

Gekreuzigter Jesus von Nazareth, erbarme dich meiner, damit der böse Feind von mir weichen möge, sichtbar und unsichtbar, von nun an bis in Ewigkeit.

Zu Ehren der Menschwerdung Christi,
zu Ehren des Leidens Jesu,
zu Ehren seines teuren Blutes,
zu Ehren seines heiligen Todes,
zu Ehren seiner Auferstehung und Himmelfahrt, wodurch er uns zur Seligkeit hat bringen wollen!

So wahr, wie Jesus in der heiligen Christnacht geboren worden ist,
so wahr, wie Jesus beschnitten worden ist,
so wahr, wie die Heiligen Drei Könige Geschenke gebracht haben,
so wahr, wie Jesus am heiligen Karfreitag gekreuzigt worden ist,
so wahr, wie Josef und Nikodemus Jesus vom Kreuz genommen und ins Grab gelegt haben,
so wahr, wie Jesus am dritten Tag auferstanden und nach vierzig Tagen in den Himmel aufgefahren ist, ebenso hoffe und vertraue ich, dass der Herr Jesus Christus mich bewahren wolle vor allen sichtbaren und unsichtbaren Feinden, von nun an bis in Ewigkeit.

Himmlischer Vater, in deine Hände empfehle ich meinen Geist! Jesus, Maria, Josef, Anna und Joachim, begleitet mich zur ewigen Freude!

Herr Jesus Christus, durch die Bitterkeit, die du für mich am heiligen Kreuz gelitten hast, besonders, als deine allerheiligste Seele aus deinem heiligen Leib geschieden ist, erbarme dich meiner armen Seele, wenn sie aus dieser Welt scheiden wird. Jesus, gib mir Mut, mein Kreuz mit dir zu tragen. Lehre mich, auch ohne Klagen zu leiden, in den Leiden zu frohlocken und aus der Not eine Tugend zu machen. Die Allmacht des Vaters wolle mich bedecken! Die Weisheit des Sohnes wolle mich regieren! Die Gnade und Kraft des Heiligen Geistes wolle mich bewahren! Die Allerheiligste Dreifaltigkeit wolle mich aufnehmen und meine Seele in das ewige Leben bringen. Amen.

(Jugendliche unserer Zeit, die obiges Gebet täglich beten, bleiben in schwersten Versuchungen standhaft.)

Novene zu Christus, unserem König

An allen neun Tagen bete man:

Christ-König-Begrüßung

Jesus Christus, Erlöser der Welt, wir preisen dich in deiner Königswürde, die du als Gottmensch in höchstem Maße besitzest. Sei gegrüßt, du König der Könige, du unumschränkter Herrscher des ganzen Erdkreises. Wir huldigen dir in Ehrfurcht und Freude. Sei gepriesen, erhabener Christ-König, in deiner Würde. In der Demutsgestalt eines Kindes nimmst du die menschliche Natur an. Du vereinst in deiner göttlichen Person

Himmel und Erde, Gottheit und Menschheit. Kein irdisches Diadem schmückt dein Königshaupt in Bethlehem, aber der Abglanz der Ewigkeit ruht auf dir. Vom Vater kommt dir deine Sendung, König der Wahrheit, der Gnade, der Liebe zu sein.

Jesus Christus, du König der Herzen, wir erkennen deine Herrschaft in unserer Seele an.

Jesus Christus, du König der Familien, dir weihen wir uns.

Jesus Christus, du König der Völker, dich mögen lobpreisen alle Nationen; dir mögen sich beugen alle Völker.

Herr, wenn du einst als Richterkönig erscheinst, dann stelle uns in deiner Barmherzigkeit zu deiner Rechten und gewähre uns Einlass in dein ewiges Königreich. Amen.

Vater unser… Gegrüßt seist du, Maria… Ehre sei…

Christkönig-Litanei

Herr, erbarme dich unser
Christus, erbarme dich unser
Herr, erbarme dich unser, Christus, höre uns
Christus, erhöre uns
Gott Vater im Himmel – *erbarme dich unser*
Gott Sohn, Erlöser der Welt
Gott Heiliger Geist

Heiligste Dreifaltigkeit, ein einziger Gott
Christus, König, Gott von Gott, Licht vom Licht, Ebenbild des ewigen Vaters
dein Reich komme.
Christus, König, für den alles geschaffen ist
Christus, König, wahrer Gott und wahrer Mensch
Christus, König, höchster Gesetzesgeber
Christus, König, Quelle und Vorbild aller Heiligkeit
Christus, König, unser Weg, unsere Wahrheit, unser Leben
Christus, König, dem alle Gewalt gegeben ist im Himmel und auf Erden
Christus, König, ewiger Hoherpriester
Herrscher über die Seelen
Christus, König der Schmerzen, mit Dornen gekrönt
Christus, König der Liebe, am Kreuz für uns gestorben
Christus, König, dessen Reich nicht von dieser Welt ist
Christus, König, der du durch deine Eucharistie unter uns weilst
Christus, König, der du die Ehe zur Würde eines Sakramentes erhoben hast
herrsche über die Familien.
Christus, König, durch deine Liebe mit Maria und Josef verbunden

Christus, König, du liebreicher Kinderfreund
Christus, König, dem alle Könige sich beugen müssen
herrsche über die Völker.
Christus, König, dem alle Herrscher untertan sind
Christus, König, du Fürst des Friedens
Christus, König, dessen Reich ohne Ende sein wird
Christus, König der Herrlichkeit,
lass uns alle zu dir kommen.

Schlussgebet

Herr Jesus Christus, wir huldigen dir, dem König der Welt. Dir weihen wir das Wenige, das wir tun können. Wir wollen uns bemühen, deine Ehre und den Triumph der heiligen Kirche zu fördern. Lass alle Herzen dein heiliges Königtum anerkennen. Amen.

Heilig-Geist-Novene

Komm, Heiliger Geist, du Vater der Armen, du Spender der Gnaden, du Licht der Herzen, du bester Tröster, du lieber Gast der Seele, du sanfte Ruhe!

Innig bete ich zu dir: Reinige, erfrische und heilige meine Seele. Verleihe mir deine Gnade, reiche Tugend, ein frommes Leben, ein heiliges Sterben und die ewige Freude des Himmels.

Voll Vertrauen bitte ich dich inständig: Schenke mir immer mehr dein Licht und entzünde mich mit deiner Liebe.

Gott Heiliger Geist, den ich so oft betrübt und zurückgewiesen habe, offenbare mir deine Persönlichkeit, deine Gegenwart, deine Macht. Schenke mir die Gabe der Weisheit und des Verstandes, des Rates und der Stärke, der Wissenschaft, der Frömmigkeit und der Furcht Gottes.

Gieße aus deine Liebe in mein Herz. Gib mir einen Strahl deines heiligen Lichtes, einen Funken deines heiligen Feuers. Lass mich ganz in deiner göttlichen Liebe versinken, damit in mir alle Makel der Sünde ausgelöscht werden. Ziere mich mit deinen 12 Früchten und lass mich in dir leben und sterben und ewig glücklich werden. Amen.

Bitte um die sieben Gaben des Heiligen Geistes

Komm, o Geist der Weisheit!

Unterrichte mein Herz, damit ich lerne, die himmlischen Güter zu schätzen und zu lieben und sie allen irdischen Gütern vorzuziehen. Hilf mir, immer bereit zu sein, eher alle Ehren, Reichtümer und Freuden dieser Welt hinzugeben, als deine Gnade und das ewige Heil zu verlieren.

Vater unser... Gegrüßt seist du, Maria... Ehre sei...

Komm, o Geist des Verstandes!

Erleuchte meine Seele, damit ich alle Geheimnisse des Heiles und deine Offenbarungen recht erfasse und mit gläubigem Herzen annehme. Würdige mich, dereinst in deinem Lichte Gott zu schauen. Lass mich im Himmel dich mit dem Vater und dem Sohn, von denen du ausgehst, vollkommen erkennen.

Vater unser… Gegrüßt seist du, Maria… Ehre sei…

Komm, o Geist des Rates!

Stehe mir in allen Nöten, Anliegen und Zweifeln bei. Lass mich stets das Richtige erkennen und wählen. Schenke mir die Gnade, deinen Eingebungen treu zu folgen, die Gebote genau zu befolgen und das ewige Leben zu erben.

Vater unser… Gegrüßt seist du, Maria… Ehre sei…

Komm, o Geist der Stärke!

Gib meinem Herzen Kraft und Standhaftigkeit. Stärke es in aller Verzagtheit und Not. Verleihe mir Kraft wider die Nachstellungen meiner Feinde, damit ich in keiner Versuchung unterliege. Lass mich nie von dir, o Gott, getrennt werden.

Vater unser… Gegrüßt seist du, Maria… Ehre sei…

Komm, o Geist der Wissenschaft!

Lass mich klar erkennen, wie ich dir am besten dienen, deinen Ruhm und deine Ehre fördern und mein Heil finden kann. Leite meine Wissbegierde, damit ich nichts zu wissen und zu kennen wünsche, das mir schädlich oder unnütz ist.

Vater unser... Gegrüßt seist du, Maria... Ehre sei...

Komm, o Geist der Frömmigkeit!

Flöße meinem Herzen wahre Gottseligkeit und heilige Liebe zum Herrn ein. Entzünde in mir Eifer für die Ehre des Allerhöchsten und lass mich ganz deinem heiligen Dienste geweiht sein. Möge durch deine Gnade mein Leben ein immerwährendes Lob- und Dankgebet vor dem Herrn werden.

Vater unser... Gegrüßt seist du, Maria... Ehre sei...

Komm, o Geist der Gottesfurcht!

Durchdringe mein ganzes Wesen mit heiliger Furcht, damit ich Gott allezeit vor Augen habe und sorgfältig alles meide, was deiner Majestät mißfallen könnte.

Vater unser... Gegrüßt seist du, Maria... Ehre sei...

O Heiliger Geist, süßer Gast meiner Seele, bleibe bei mir und mache, dass ich immer bei dir bleibe!

Obige Gebete verrichtet man an allen neun Tagen. Es kann auch die Litanei und ein Zehner des Heilig-Geist-Rosenkranzes angefügt werden.

Litanei vom Heiligen Geist

Herr, erbarme dich unser
Christus, erbarme dich unser
Herr, erbarme dich unser, Christus, höre uns
Christus, erhöre uns
Gott Vater im Himmel – *erbarme dich unser*
Gott Sohn, Erlöser der Welt
Gott Heiliger Geist
Heiligste Dreifaltigkeit, ein einziger Gott
Heiliger Geist, du Geist der Weisheit und des Verstandes
Du Geist des Rates und der Stärke
Du Geist der Wissenschaft und Gottseligkeit
Du Geist der Furcht des Herrn
Du Geist des Glaubens, der Hoffnung und der Liebe
Du Geist der Wahrheit, der Freude und des Friedens
Du Geist der Geduld, der Güte und der Milde
Du Geist der Langmut, Sanftmut und Treue
Du Geist der Sittsamkeit, Mäßigkeit und Keuschheit
Du Lehrer und Regierer der heiligen Kirche
Du Ausspender aller Gnaden
Du Tröster der Betrübten
Du Erleuchter der Patriarchen
Du Lehrer der Apostel
Du Stärke der Märtyrer

Du Stütze der Bekenner
Du Schirm und Schutz der Jungfrauen
Du Freude aller Heiligen
Lamm Gottes, du nimmst hinweg die Sünden der Welt – *verschone uns, o Herr*
Lamm Gottes, du nimmst hinweg die Sünden der Welt – *erhöre uns, o Herr*
Lamm Gottes, du nimmst hinweg die Sünden der Welt – *erbarme dich unser*

Lasset uns beten: O Gott, der du die Herzen der Gläubigen durch die Erleuchtung des Heiligen Geistes gelehrt hast, verleihe uns, dass wir in diesem Geiste das, was recht ist, verstehen und uns seines Trostes allezeit erfreuen, durch Christus, unsern Herrn. Amen.

Heilig-Geist-Rosenkranz

1. Der unser Herz für die Gnadenfülle des Heiligen Geistes empfänglich machen wolle.
2. Der uns den Heiligen Geist erbitten und in uns die drei göttlichen Tugenden vermehren und stärken wolle.
3. Der uns durch den Heiligen Geist stärken, erleuchten, leiten, regieren, führen und heiligen wolle.
4. Der unser Herz mit der Liebe des Heiligen Geistes entzünden und mit tiefster Demut,

Sanftmut, Geduld, Ergebung, Hingabe, Kraft und Heiligkeit erfüllen wolle.

5. Der uns die sieben Gaben und die zwölf Früchte des Heiligen Geistes erflehen, alles Gute verleihen und alles Böse abhalten wolle.

Weihe der Familie an den Heiligen Geist

Heiliger Geist, du Geist des Vaters und des Sohnes, in und mit und durch Maria beten wir dich an und huldigen dir. Wir weihen uns dir heute mit Leib und Seele auf ewig.

Heiliger Geist, leite unsere Gedanken, damit wir stets deine Stimme vernehmen und deinen sanften Eingebungen folgen. Gib uns die Gnade, immer und überall sagen zu können: «Rede, Herr, dein Diener hört!»

Geist der Weisheit, leite unsere Gedanken, Worte und Werke alle Tage unseres Lebens. Geist des Verstandes, erleuchte und lehre uns. Geist des Rates, rate uns, damit wir erkennen, was dir wohlgefällt.

Geist der Stärke, stärke uns in unserer Schwachheit. Geist der Wissenschaft, verscheuche unsere Unwissenheit. Geist der Frömmigkeit, gib uns die Gnade, auf dem guten Weg bis ans Ende auszuharren. Geist der Furcht Gottes, gib uns ein kindliches Herz und große Ehrfurcht vor dem ewig Göttlichen, wie auch vor dem Geschaffenen.

Ewige Liebe, lass uns dich lieben, wie dich der Vater von Ewigkeit her liebt und der Sohn im Vater. Gib uns die Kraft und die Gnade, immer und überall in Liebe, Frieden und Freude, mit Geduld und Milde, Güte und Langmut, mit Sanftmut und Treue zu handeln. Gib, dass die himmlischen Früchte der Mäßigkeit, Enthaltsamkeit und Reinheit deinen Tempel schmücken, den du dir als Wohnung erwählt hast.

Geist der Heiligkeit, heilige und vollende unser Leben und lass unsere Familie ein leuchtendes Abbild der Heiligen Familie von Nazareth werden. Führe uns alle durch deine immerwährende Braut Maria zu den himmlischen Freuden.

Heiliger Geist, nimm unsere Weihe an. Durch den heiligen Namen Jesu erhöre unsere Bitten. Schenke den Völkerfamilien dein Licht, deine Wahrheit, Gerechtigkeit, Liebe und den Frieden.

Die gnadenreiche Pfingstwoche

Pfingstsonntag

Gütigster Heiliger Geist, du wahrer Brunnquell der Gnaden! Ich danke dir, dass du am Pfingstfest die Herzen der Apostel mit dem Feuer deiner göttlichen Liebe gereinigt und mit deinen Gaben beschenkt hast. Ferner danke ich dir, dass du durch die heilige *Taufe* auch in mir, sowie in allen Christgläubigen, Wohnung genommen hast. Ach, wie wenig habe ich dir bisher gedankt! Wie oft habe ich dich durch Sünden betrübt! Verzeihe mir und reinige mein Herz durch deine Gnade so, dass es wieder ganz rein vor dir erscheine.

Als Sühne und Genugtuung für meine und des ganzen Volkes Sünden opfere ich dir auf: die unermessliche Liebe des ewigen Vaters und seines eingeborenen Sohnes, das kostbare Blut Jesu Christi, die Verdienste deiner reinsten Braut, unserer liebsten Mutter Maria, des heiligen Nährvaters Josef, aller Heiligen und besonders jener, die ihre Taufunschuld unversehrt bewahrt haben.

Heiliger Geist, ich erneuere nun vor dir mein Taufgelübde; ich widersage dem Teufel, all seiner Pracht und all seinen Werken. Gestärkt durch deinen Beistand will ich dir treu folgen und nach Kräften die Sünde meiden. Erbarme dich der ganzen Menschheit und habe Mitleid mit den Seelen. So viele haben deine Wahrheit noch nicht erkannt, und selbst die Getauften sind deinen Eingebungen oft nur schlecht oder gar nicht gefolgt. Komm, o göttlicher Tröstergeist mit deinen sieben Gaben und mehre die Berufungsgnade für den geistlichen Stand. Gib den Berufenen große Heiligkeit und die fruchtbringende Erkenntnis

Gottes und Mariens, auf dass sie eifrig wirken für deine Verherrlichung und das Heil der Seelen.

Vater unser... Gegrüßt seist du, Maria... mit Einfügung: Maria, du unbefleckte Braut des Heiligen Geistes, erflehe den Priestern und den zum Priestertum Berufenen die sieben Gaben des Heiligen Geistes. – Heilige Maria...

Litanei zum Heiligen Geist

Herr, erbarme dich unser
Christus, erbarme dich unser
Herr, erbarme dich unser, Christus, höre uns
Christus, erhöre uns
Gott Vater im Himmel – *erbarme dich unser*
Gottsohn, Erlöser der Welt
Gott Heiliger Geist
Heiligste Dreifaltigkeit, ein einziger Gott
Heiliger Geist, du dritte Person in der Gottheit
Heiliger Geist, der du vom Vater und vom Sohne ausgehst
Heiliger Geist, der du mit dem Vater und dem Sohne angebetet und verherrlicht wirst
Du Geist der Weisheit und des Verstandes, des Rates und der Stärke
Du Geist der Wissenschaft und der Frömmigkeit
Du Geist der Furcht des Herrn
Du Geist des Glaubens, der Hoffnung und der Liebe

Du Geist der Wahrheit, der Freude und des Friedens
Du Geist der Güte, Sanftmut und Geduld
Du Geist der Keuschheit und der Reinheit
Du Geist der Demut und der Entsagung
Du Geist der Buße und der wahren Bekehrung
Du Geist der Kinder Gottes
Du Spender aller Gnaden
Du Ergründer der Gedanken und Herzen
Du Lehrer und Regierer der heiligen Kirche
Du Trost der Betrübten
Du Stärke der Schwachen
Du Wonne aller gottliebenden Seelen
Du Freude der Engel
Du Erleuchter der Patriarchen
Du Einsprecher der Propheten
Du Weisheit der Apostel
Du Sieg der Märtyrer
Du Beharrlichkeit der Bekenner
Du Reinheit der Jungfrauen
Du Krone aller Heiligen
Vor dem Geist des Irrtums
bewahre uns, o Heiliger Geist
Vor dem Geist der Gotteslästerung
Vor aller Sünde
Vor dem Widerstreben gegen die erkannten Wahrheiten des Heiles
Vor vermessenem Vertrauen auf Gottes Barmherzigkeit

Vor der Verzweiflung
Vor aller Bosheit, Mißgunst und Lieblosigkeit
Vor aller Nachlässigkeit und Trägheit im Guten
Vor allen bösen und unlauteren Gedanken und Begierden, Worten und Werken
Vor einem plötzlichen und unvorhergesehenen Tode
Vor dem ewigen Verderben
Dass du in uns den Glauben vermehren, die Hoffnung stärken und die Liebe entzünden wollest
wir bitten dich, erhöre uns
Dass du in uns die Andacht und Frömmigkeit erhalten und vermehren wollest
Dass du all unsere Gedanken, Worte und Werke in dir vereinigen und heiligen wollest
Dass du unseren Leib und unsere Seele als deinen Tempel unbefleckt erhalten wollest
Dass du uns in den Leiden trösten und erquicken wollest
Dass du uns in deiner Gnade erhalten und befestigen wollest
Dass du uns eine glückselige Sterbestunde verleihen wollest
Dass du uns in die Glorie deiner Auserwählten aufnehmen wollest

Mit dem Vater, mit dem Sohne sei dir, «Geist der schönen Liebe», ewig, immer, ohne Ende, Lob und Dank und Herrlichkeit. Amen.

Montag in der Pfingstwoche

Freigebigster Heiliger Geist, in deiner Liebe hast du viele Gnaden in die *Priester* der heiligen Kirche niedergelegt und sie zu Ausspendern der göttlichen Geheimnisse gemacht. Ich danke dir dafür. Wie sehr muss es dich betrüben, wenn du siehst, wie diese deine Diener oft nur Verachtung und Geringschätzung erfahren!

Als Sühne und Genugtuung für diese und alle Sünden gegen das Priestertum opfere ich dir auf: die Liebe des Vaters und seines eingeborenen Sohnes, das kostbare Blut Jesu Christi, die Verdienste Mariens, Josefs und all deiner Heiligen.

O Heiliger Geist, ich bitte dich, du mögest allen Priestern, den lebenden wie den verstorbenen, die mir jemals irgendein Sakrament gespendet oder das Wort Gottes verkündet haben, deine himmlischen Güter verleihen und ihnen alles reichlich vergelten.

Vater unser… Gegrüßt seist du, Maria… mit Einfügung: Immerwährende Braut des Heiligen Geistes, bereite die Priesteramtskandidaten auf die heiligen Weihen vor.

Heilige Maria…

Litanei zum Heiligen Geist

Dienstag in der Pfingstwoche

Liebevollster Heiliger Geist, du hast am Pfingsttage die Herzen der Apostel mit dem Feuer deiner Liebe so entzündet, dass sie den Namen des gekreuzigten Jesus nun offen bekannten und sich freuten, um seinetwillen Schmach und Verachtung zu leiden. Ich bitte dich, erfülle auch meine Seele mit jener Liebe, die stark ist wie der Tod und erneuere in mir die Gnade der heiligen *Firmung*. Ich bekenne vor dir, dass ich dieselbe bisher nur sehr wenig benutzt habe, da ich mich vielfach von meiner Eigenliebe und von Menschenrücksicht leiten ließ.

Als Genugtuung für meinen Undank und zur Sühne für alle Sünden und den geringen Bekennermut der Gefirmten opfere ich dir, o liebreicher Heiliger Geist, die Liebe des Vaters und des Sohnes, das kostbare Blut Jesu Christi, die heldenmütige Liebe deiner reinsten Braut, unserer liebsten Mutter Maria, des heiligen Nährvaters Josef, des heiligen Franz Xaver und all deiner heiligen Bekenner auf.

O Heiliger Geist, ich bitte dich, gieße deine sieben Gaben in reichster Fülle über die Bischöfe aus, die das Sakrament der heiligen Firmung spenden, und lasse die Gefirmten deine mutigen Zeugen sein.

Vater unser... Gegrüßt seist du, Maria... mit Einfügung: Maria, du starke Frau, behüte in mir und allen Gefirmten das Heilige, das der göttliche Geist verliehen hat.

Heilige Maria...

Litanei zum Heiligen Geist

Mittwoch in der Pfingstwoche

Trostreicher Heiliger Geist, wie sehr muss es dich betrüben, dass so viele Menschen in schwerer Krankheit das Sakrament der Krankensalbung nicht empfangen und dich dadurch der Freude berauben, ihnen an Leib und Seele in reicher Fülle Gnaden vermitteln zu können. Verzeihe den Menschen, die ihren schwerkranken Angehörigen die heilige Krankensalbung verweigern oder zu spät spenden lassen.

Als Sühne und Genugtuung für die in Bezug auf den Empfang des heiligen Sakramentes der *Krankensalbung* dir zugefügten Beleidigungen opfere ich dir auf : die Liebe des Vaters und des Sohnes, die letzten Liebesbeweise deiner makellosen Braut, der seligsten Jungfrau Maria, das Fürbittgebet des heiligen Erzengels Michael und des heiligen Nährvaters Josef.

Heiliger Geist, durch die Verdienste der Heiligen und Seligen des Himmels, gewähre allen Katholiken in der Todesstunde die Gnade, das

Sakrament der Buße, die heilige Wegzehrung und die Krankensalbung würdig zu empfangen.

Vater unser... Gegrüßt seist du, Maria... mit Einfügung: Heiliger Vater Josef, du großer Anwalt beim göttlichen Herzen Jesu und beim Heiligen Geist, bitte für die Sterbenden.

Heilige Maria...

Litanei zum Heiligen Geist

Donnerstag in der Pfingstwoche

Lebenspendender Heiliger Geist, du hast am Pfingstfest die Apostel mit deiner Liebe so sehr entflammt, dass sie in unaussprechlicher Begierde nach Gott bereit gewesen sind, das Martyrium zu ertragen. Verleihe mir und allen Kindern der heiligen Mutter Kirche großes Verlangen nach der heiligen *Kommunion.* Vertreibe aus den Herzen aller den Geist des Unglaubens, der Unsittlichkeit und der Lieblosigkeit, damit jeder eine würdige Wohnung Jesu Christi zu werden verdiene.

Als Sühne für allen Mißbrauch der heiligen Hostie und zur Genugtuung für alle mangelhafte Vorbereitung und Danksagung beim Empfang der heiligen Kommunion opfere ich dir auf: die Liebe des Vaters und des Sohnes, das kostbare Blut Jesu Christi, die Liebe deiner unbefleckten

Braut Maria, des heiligen Josefs und die Verdienste aller Heiligen.

Heiliger Geist, ich will dir von nun an wenigstens einmal im Monat die heilige Kommunion aufopfern zur Sühne für alle Sünden, die gegen dich und das heilige Sakrament des Altares je begangen worden sind und noch begangen werden.

Vater unser... Gegrüßt seist du, Maria... mit Einfügung: Unsere Liebe Frau vom allerheiligsten Sakrament, führe uns zu Jesus in der heiligen Hostie.

Heilige Maria...

Litanei zum Heiligen Geist

Freitag in der Pfingstwoche

Barmherzigster Heiliger Geist, du hast am Pfingstfest die Herzen der Apostel mit dem Feuer deiner Liebe ganz gereinigt und geheiligt. Verleihe auch mir vollen Nachlass meiner Sünden und Strafen. Gib mir und allen Katholiken die Gnade, das heilige *Sakrament der Buße* immer in rechter Absicht und nach guter Vorbereitung zu empfangen.

Als Sühne für alle Sünden, die gegen dich durch Vernachlässigung oder Mißbrauch des Buß-Sakramentes je begangen worden sind oder noch begangen werden, opfere ich dir, o gütigster Heiliger Geist, auf: die Liebe des Vaters und des

Sohnes, das kostbare Blut Jesu, die Verdienste des verwundeten Erlöserherzens und des schwertdurchbohrten Mutterherzens Mariens.

O Heiliger Geist, ich nehme mir fest vor, das gnadenvolle Buß-Sakrament oft und gut vorbereitet zu empfangen und die gefassten Vorsätze besser zu halten als bisher.

Vater unser... Gegrüßt seist du, Maria... mit Einfügung: O Maria, du Mutter der Barmherzigkeit, erbitte den Beichtvätern und den Beichtkindern in Fülle den Heiligen Geist.

Heilige Maria...

Litanei zum Heiligen Geist

Samstag in der Pfingstwoche

Liebster Heiliger Geist, du hast am Pfingstfest die Apostel mit deinen Gaben so ausgerüstet, dass sie vor Gott und den Engeln in großer Reinheit erglänzten. Befestige jene, die sich auf den *Ehestand* vorbereiten so in der Gnade, dass sie niemals deine heilige Liebe verlieren. Verleihe den Eheleuten deine sieben Gaben, damit sie in deiner keuschen Liebe und heiligen Furcht wandeln, den Frieden niemals verlieren und ihre Kinder zur wahren Glückseligkeit führen.

Als Sühne für alle Sünden, die von Braut- und Eheleuten jemals begangen worden sind, opfere ich dir, o göttlicher Geist, auf: die Liebe des

Vaters und des Sohnes, das kostbare Blut Jesu Christi, die unbefleckte Reinheit deiner makellosen Braut, die Verdienste des jungfräulichen Nährvaters Josef, der heiligen Eheleute Joachim und Anna und aller Heiligen.

O Heiliger Geist, erleuchte die Familien und vollende sie. Erwecke aus den christlichen Familien viele heilige Priester- und Ordensberufe. Gieße deine Gnadenströme unablässig aus über die Braut Christi auf Erden, die heilige Kirche, und lenke sie.

Vater unser… Gegrüßt seist du, Maria… mit Einfügung: Heiliger Vater Joachim, heilige Mutter Anna und alle heiligen Eheleute, erbittet den katholischen Familien in allem die Führung des Heiligen Geistes und große Vollkommenheit.

Heilige Maria…

Litanei zum Heiligen Geist

Einer der Hauptgründe dafür, dass der Heilige Geist heutzutage keine auffallenden Wunder in den Seelen wirkt, ist die Tatsache, dass er sie zu wenig mit seiner treuen, unzertrennlichen Braut Maria vereinigt findet.

(Heiliger Ludwig Maria von Montfort)

Bete für die Priester

Jesus an die heilige Gertrud die Große: «Nichts gefällt meinem heiligsten Herzen und meiner heiligsten Mutter so sehr und macht uns so viel Freude wie das Gebet für lebende und verstorbene Priester.

Meine Tochter, du möchtest Gott Freude machen.

Bete für die Priester!

Du möchtest ihm größere Freude machen.

Bete mehr für die Priester!

Du möchtest ihm größte Freude machen.

Höre gar nicht mehr auf mit dem Beten und Opfern um recht viele gute, innerliche, heilige, gottdurchglühte, Jesus-erfüllte Priester, welche die eigene Seele ganz an Gott verloren haben und viele Tausende von Seelen dem lieben Gott zuführen. Ein heiliger Priester ist und bleibt der größte Segen für die einzelne Seele, für die Gemeinschaft, für die Pfarrei und die ganze Welt.»

Kleiner Priester-Rosenkranz

Bei den großen Perlen je 1 mal:

O meine liebe, himmlische Mutter! Ich grüße und lobpreise dich vom Schoße des ewigen Vaters aus. Ich vertraue dir mit dem Herzen und mit den

Worten Jesu, deines göttlichen Sohnes. Ich liebe dich aus und in den Gluten seiner göttlichen Liebe. Ich bin ganz dein, und alles, was ich habe, gehört Jesus durch dich.

Bei den kleinen Perlen je 10 mal:

Jesus, Maria, ich liebe euch in der Liebe des Heiligen Geistes; erleuchtet die Priesterseelen und rettet sie.

Obiges einen Rosenkranz lang wiederholen, ohne Vaterunser und Ave Maria. Am Schluss bei der großen Perle 1 mal:

O meine liebe, himmlische Mutter…

Dann bete man 1 mal:

Heiland, ich vertraue auf dich.

O Heiliger Geist

ich bitte dich durch Maria unablässig um deine sieben Gaben: Weisheit, Verstand, Rat, Stärke, Wissenschaft, Frömmigkeit und Furcht des Herrn – und um die *zwölf Früchte:* Liebe, Freude, Friede, Geduld, Milde, Güte, Langmut, Sanftmut, Treue, Bescheidenheit, Enthaltsamkeit, Keuschheit.

Heilig-Geist-Rosenkranz für die Priester *

1. Der unser Herz und das Herz der Priester und der zum Priestertum Berufenen für die Gnadenfülle des Heiligen Geistes empfänglich machen wolle.
2. Der uns und den Priestern und den zum Priestertum Berufenen den Heiligen Geist erbitten und in uns die drei göttlichen Tugenden vermehren und stärken wolle.
3. Der uns und die Priester und die zum Priestertum Berufenen durch den Heiligen Geist stärken, erleuchten, leiten, regieren, führen und heiligen wolle.
4. Der unser Herz und das Herz der Priester und der zum Priestertum Berufenen mit der Liebe des Heiligen Geistes entzünden und mit tiefster Demut, Sanftmut, Geduld, Ergebung, Hingabe, Kraft und Heiligkeit erfüllen wolle.
5. Der uns und den Priestern und den zum Priestertum Berufenen die sieben Gaben und die zwölf Früchte des Heiligen Geistes erflehen, alles Gute verleihen und alles Böse abhalten wolle.

Maria an Mutter Vogl, München:

«Ich bin die Braut des Heiligen Geistes. Rufe mich, sooft es dir möglich ist, im Heilig-Geist-Rosenkranz an. Diese Bitten, die darin enthalten

sind, werden auf meine Fürbitte hin von der Hl. Dreifaltigkeit ganz besonders erhört. Sage deinem Seelenführer (P. Bonaventura Blattmann), er soll diesen Rosenkranz in Druck geben, dass er fleißig gebetet werde. Ich werde euch dafür große Männer senden, die vom Heiligen Geist erfüllt sind.»

Rosenkranz zum heiligen Pfarrer von Ars *

1. Heiliger Pfarrer von Ars, erbitte unseren Pfarreien heilige, dem ewigen Vater wohlgefällige Priester.
2. Heiliger Pfarrer von Ars, erbitte unseren Pfarreien fromme, mit der Weisheit Jesu erfüllte Priester.
3. Heiliger Pfarrer von Ars, erbitte unseren Pfarreien treue und vom Heiligen Geist erleuchtete Priester.
4. Heiliger Pfarrer von Ars, erbitte unseren Pfarreien demütige und marianische Priester.
5. Heiliger Pfarrer von Ars, erbitte unseren Pfarreien Glaubenstreue, Heiligkeit und Frieden.

Litanei für die Priester

Lasset uns beten für die Priester!

Gott, ewiger Vater – *wir bitten dich, erhöre uns*
Gott, ewiger Sohn
Gott, ewiger Heiliger Geist
Jesus, du Gesandter des Vaters
Jesus, du Hoherpriester
Jesus, du Meister und Lehrer
Segne deinen Stellvertreter auf Erden
Segne deine Bischöfe und Priester
Segne die Kandidaten des Priestertums
Gib ihnen die Liebe deines Herzens
Gib ihnen die Kraft deiner Gnade
Gib ihnen die Macht deines Wortes
Mache sie fest im Glauben
Mache sie heilig im Leben
Mache sie treu in ihrem Dienste
Erfülle sie mit dem Freimut der Apostel
Gib ihnen die Kraft des Heiligen Geistes
Erfülle sie mit der Hingabe der Bekenner
Erfülle sie mit der Standhaftigkeit der Märtyrer
In ihren Arbeiten mache sie froh
In ihren Kämpfen mache sie standhaft
In ihren Leiden mache sie ausdauernd
Schenke uns mutige Bischöfe
Schenke uns tapfere Priester
Schenke uns eifrige Missionare
Den Unwissenden mögen sie Lehrer sein
Gib ihnen das Licht des Heiligen Geistes
Den Irrenden mögen sie Hirten sein
Den Sündern mögen sie Berater sein

Segne ihre Unterweisung in Schule und Kirche
Segne ihre Worte auf der Kanzel
Segne ihre Mahnungen im Beichtstuhl
Erhalte die Ehrfurcht für sie in den Familien
Gib ihnen die Liebe des Heiligen Geistes
Erhalte sie in der Treue zu Volk und Vaterland
Erhalte sie im Eifer für die Erziehung der Jugend
Bewahre sie vor den Versuchungen des Bösen
Bewahre sie vor den Nachstellungen gewissenloser Menschen
Bewahre sie vor jeder Gelegenheit zur Sünde
Mache sie treu im Dienste Gottes
Mache sie eins im Glauben
Mache sie heilig im Leben des Alltags
Jesus, wahres Lamm Gottes, das hinwegnimmt die Sünden der Welt – *erbarme dich unser*
Jesus, wahres Lamm Gottes, das hinwegnimmt die Sünden der Welt – *erhöre uns, o Herr*
Jesus, wahres Lamm Gottes, das hinwegnimmt die Sünden der Welt – *gib uns den Frieden*

Lasset uns beten: Jesus Christus, Sohn des lebendigen Gottes, du hast gesagt: «Die Ernte ist groß, aber der Arbeiter sind wenige. Bittet den Herrn der Ernte, dass er Arbeiter in seine Ernte sende.» Siehe, wir bitten dich, vermehre die Zahl der Priester, die in deinen Fußstapfen wandeln und mit apostolischem Eifer auf deinem Erntefeld arbeiten. Amen.

Kreuzwegandacht

für die Priester und um gute Priester
zu erbitten
Von E.A., Mitglied des Gebetsapostolates
Herausgegeben von
Dompropst Dr. Franz Puchas, Graz

Vorbereitungsgebet

Barmherziger Gott! Aus Liebe zu dir bereue ich all meine Sünden; ich will mich bessern. In Vereinigung mit der Schmerzhaften Mutter Maria opfere ich dir nun diese Betrachtung des Leidens und Sterbens Jesu Christi auf, zur Sühne für meine Sünden und die Sünden der ganzen Welt. Insbesondere opfere ich sie dir auf, um dadurch viele gute Priester und reichen Segen für das Wirken der Priester zu erbitten. Ich will auch den Ablass gewinnen, den die heilige Kirche für die Verrichtung der Kreuzwegandacht verliehen hat. Gott, hilf mir, diese Andacht gut zu verrichten. Amen.

1. Station: Jesus wird zum Tode verurteilt

Himmlischer Vater! Sieh deinen vielgeliebten Sohn zum schmählichen Kreuzestode verurteilt um unserer Sünden willen! Habe Erbarmen mit uns!

Göttlicher Heiland! Um dieser deiner Liebe willen, mit der du das Todesurteil schweigend angenommen hast, segne die Priester, die um des heiligen Glaubens willen das Los der Verfolgung mit dir teilen! Gib ihnen Kraft und Mut zum Leiden und befreie sie, wenn es zu deiner größeren Ehre ist, aus ihren Bedrängnissen.

Gott, Heiliger Geist, du Geist des Schweigens! Um des Schweigens willen, das Jesus bei dieser Station so heldenmütig geübt hat, gib allen Priestern den Geist der Innerlichkeit und des Schweigens, damit du ungehindert in ihrer Seele wirken kannst.

Maria, gute Mutter der Priester! Erflehe uns viele gute, seeleneifrige Priester!

Ja, erflehe uns viele heilige Priester! Amen.

2. Station: Jesus nimmt das Kreuz auf seine Schultern

Himmlischer Vater! Sieh deinen vielgeliebten Sohn das Kreuz wegen unserer Sünden mit offenen Armen umfangen. Habe Erbarmen mit allen Priestern, auf denen das Kreuz großer Verantwortung lastet.

Göttlicher Heiland! Um dieser deiner unbegreiflichen Liebe willen, mit der du das schwere Kreuz auf dich genommen hast, gib allen Priestern deinen Segen, deine Gnade, alle inneren und äußeren Kreuze mit Mut und Ergebung zu tragen.

Gott, Heiliger Geist, du Geist des Starkmutes! Um der Kreuzesliebe willen, die Jesus bei dieser Station geübt, gib allen Priestern große Kreuzesliebe, Leidensliebe, damit ihr äußeres Wirken umso mehr von deiner göttlichen Gnade befruchtet werde.

Maria, gute Mutter der Priester! Erflehe uns viele gute, seeleneifrige Priester!

Ja, erflehe uns viele heilige Priester!

3. Station: Jesus fällt zum ersten Mal unter dem Kreuz

Himmlischer Vater! Sieh deinen vielgeliebten Sohn das erste Mal unter dem Kreuze zusammensinken! Habe Erbarmen mit allen ihr Amt neu antretenden Priestern; lass sie ob aller auftauchenden Schwierigkeiten in ihrer Berufstätigkeit nicht mutlos werden.

Göttlicher Heiland! Um dieses ersten, so schmerzlichen Falles unter dem Kreuze willen, segne das Wirken aller Priester und Katecheten, denen die Jugend anvertraut ist.

Gott, Heiliger Geist, du Geist des Eifers! Belebe ihren Eifer, die Liebe zu den unsterblichen Seelen, besonders zu den Kinderseelen: Gib ihnen Geduld!

Maria, gute Mutter der Priester! Erflehe uns viele neue Priesterberufe! Schenke uns gute seeleneifrige Priester!

Ja, erflehe uns viele heilige Priester! Amen.

4. Station: Jesus begegnet seiner betrübten Mutter

Himmlischer Vater! Sieh die beiden von dir so innig geliebten Herzen von bitterem Weh zerrissen! Habe Erbarmen mit den Priestern, die unter schweren Verfolgungen und Verleumdungen leiden müssen. Erbarme dich unseres Heiligen Vaters, der Kardinäle, Erzbischöfe, Bischöfe und aller Priester.

Göttlicher Heiland! Um dieser deiner Liebe willen, mit der du deiner liebsten Mutter begegnet bist, sei den armen, verkannten Priestern Trost und Kraft in ihren seelischen Leiden.

Gott Heiliger Geist, du Geist der Gerechtigkeit! Lass allen verachteten, verspotteten, verfolgten und verleumdeten Priestern Gerechtigkeit widerfahren, bringe ihre Feinde zum Schweigen! Erhöhe, was Bosheit erniedrigt hat!

Maria, gute Mutter der Priester! Erflehe uns viele gute, seeleneifrige Priester! Ja, erflehe uns viele heilige Priester! Amen.

5. Station: Simon von Kyrene hilft Jesus das Kreuz tragen

Himmlischer Vater! Sieh deinen vielgeliebten Sohn so sehr entkräftet, dass man Simon von Kyrene zwingen musste, ihm das Kreuz tragen zu helfen. Habe Erbarmen mit dem Heiligen Vater, auf dem so große Verantwortung für die ganze Christenheit lastet.

Göttlicher Heiland! Um der Liebe willen, mit der du selbst die erzwungenen Liebesdienste belohntest, segne den Heiligen Vater, erhalte ihn uns noch recht lange zum Segen für die katholische Kirche.

Gott, Heiliger Geist, du Geist der Weisheit! Lenke durch den Stellvertreter Christi die ganze heilige Kirche, damit sie glorreich aus allen Stürmen hervorgehe.

Maria, gute Mutter der Priester! Erflehe uns viele gute, seeleneifrige Priester!

Ja, erflehe uns viele heilige Priester! Amen.

6. Station: Veronika reicht Jesus das Schweißtuch dar

Himmlischer Vater! Sieh das Antlitz deines vielgeliebten Sohnes, von Blut, Wunden und Schlägen ganz entstellt! Habe Erbarmen mit den Priestern, die durch schwere Verirrungen dein Bild, die heiligmachende Gnade, aus ihrem Herzen gerissen haben.

Göttlicher Heiland! Um der Liebe willen, mit der du den Liebesdienst Veronikas so reichlich belohntest, erbarme dich aller Priester, die lau oder in großer Gefahr sind, ihrer erhabenen Berufung untreu zu werden.

Gott, Heiliger Geist, du Geist des Lichtes! Erleuchte die verirrten Priester, damit sie durch Reue und Buße wieder den rechten Weg finden.

Maria, gute Mutter der Priester! Erflehe diesen Priestern die Gnade der Umkehr und Buße!

Ja, erflehe uns viele heilige Priester! Amen.

7. Station: Jesus fällt zum zweiten Mal unter dem Kreuz

Himmlischer Vater! Sieh deinen vielgeliebten Sohn zum zweiten Mal unter der Last des Kreuzes zusammenbrechen! Habe Erbarmen mit allen Priestern, die mit Mutlosigkeit und Verzagtheit ringen.

Göttlicher Heiland! Um der Liebe willen, mit der du dich zum zweiten Mal vom Sturze erhobst, um den Todesgang fortzusetzen, gib allen betrübten, seelisch zusammengebrochenen Priestern die Gnade, mit Vertrauen wieder aufzustehen und den Weg des göttlichen Willens zu gehen!

Gott, Heiliger Geist, du Geist der Entschlossenheit! Richte auf, was daniederliegt, was krank, was geknickt und kraftlos ist.

Maria, gute Mutter der Priester! Erflehe uns viele gute, seeleneifrige Priester!

Ja, gute Mutter, erflehe uns viele heilige Priester! Amen.

8. Station: Jesus tröstet die weinenden Frauen

Himmlischer Vater! Sieh deinen vielgeliebten Sohn, trotz all seiner Leiden, noch weinende Frauen trösten! Habe Erbarmen mit allen Seelsorgern, Predigern und Beichtvätern!

Göttlicher Heiland! Um der Liebe willen, mit der du die Frauen getröstet hast, gib den Priestern tiefes Verständnis, Mitleid, hilfreiche Liebe für fremde Not ins Herz, besonders für jene, die von schweren Seelenleiden heimgesucht sind.

Gott, Heiliger Geist, du Geist des Trostes! Gib allen Priestern die Gnade: was gebrochen ist, zu verbinden, was verloren ist, zu suchen, und was schwach ist, zu festigen!

Maria, gute Mutter der Priester! Erflehe uns viele seeleneifrige Priester für die inneren und äußeren Missionen!

Erflehe uns, gute Mutter, viele heilige Priester! Amen.

9. Station: Jesus fällt zum dritten Mal unter dem Kreuz

Himmlischer Vater! Sieh deinen vielgeliebten Sohn, zum dritten Mal erschöpft, zu Boden sinken! Habe Erbarmen mit allen Priestern, die in Gefängnissen und Irrenhäusern oder unter glaubens- und sittenlosen Menschen die Seelsorge ausüben.

Göttlicher Heiland! Um des dritten, so schmerzlichen Falles willen gib diesen Priestern Klugheit, Liebe und Geduld; gib, dass sie als gute Hirten die verlorenen Schäflein für dich wiedergewinnen.

Gott Heiliger Geist, du Geist der Güte! Senke in die Priesterseelen einen Strahl deiner Güte, deines Erbarmens, deiner Liebe für die arme, tiefgesunkene Menschheit!

Maria, gute Mutter der Priester! Erflehe uns gute, weise und kluge Priester!

Ja, erflehe uns viele heilige Priester! Amen.

10. Station: Jesus wird seiner Kleider beraubt

Himmlischer Vater! Sieh deinen vielgeliebten Sohn, die ewige Schönheit, in qualvoller Weise all seiner Kleider beraubt. Habe Erbarmen mit jenen armen, über alles erbarmungswürdigen Priestern, die ihr Priesterideal von sich geworfen haben.

Göttlicher Heiland! Um der entsetzlichen Qual willen, die du bei dieser Station erduldet hast, übe Barmherzigkeit an jenen, die von der Höhe des Priestertums gestürzt, durch Abfall vom Glauben oder durch sündhaften Lebenswandel, unserer Mutter, der heiligen Kirche, bitteren Kummer bereiten.

Gott, Heiliger Geist, du Geist der Reinheit! Vernichte alles in den Priesterseelen, was deiner Heiligkeit zuwider ist, und den gefährdeten Priestern hilf und führe sie zurück vom Rande des Verderbens.

Maria, gute Mutter der Priester! Erflehe uns viele würdige und seeleneifrige Priester!

Gute Mutter, erflehe uns viele heilige Priester! Amen.

11. Station: Jesus wird ans Kreuz genagelt

Himmlischer Vater! Sieh deinen vielgeliebten Sohn, ans Kreuz geheftet! Um seines Blutes und seiner heiligen Wunden willen habe Erbarmen mit allen Priestern, die durch Ordensgelübde gebunden sind.

Göttlicher Heiland! Um der qualvollen Annagelung ans Holz der Schmach willen, hefte alle Ordenspriester durch die Gelübde ans Kreuz der Liebe, festige die Laugewordenen in neuem Eifer und Streben nach Vollkommenheit!

Gott, Heiliger Geist, du Geist der Beständigkeit! Gib allen Priestern Eifer und Sorge für das Heil und die Vervollkommnung ihrer eigenen unsterblichen Seele.

Maria, gute Mutter der Priester! Erflehe uns viele würdige und seeleneifrige Priester!

Gute Mutter, erflehe uns viele heilige Priester! Amen.

12. Station: Jesus stirbt am Kreuze

Himmlischer Vater! Sieh deinen vielgeliebten Sohn für unsere Sünden am Kreuze verbluten! Habe Erbarmen mit den Priestern, die jetzt im Todeskampf liegen und heute noch sterben werden.

Göttlicher Heiland, für uns aus Liebe gestorben: habe Mitleid mit den mit dem Tode ringenden Priesterseelen! Sei ihnen ein «Jesus», ein gnädiger Richter! Bewahre, ich bitte dich, die Priester vor jähem und unvorhergesehenem Tode!

Gott, Heiliger Geist, du Geist der Barmherzigkeit! Stehe den sterbenden Priestern bei, verscheuche mit deinem göttlichen Licht den Geist der Finsternis von ihrem Sterbelager.

Maria, gute Mutter der Priester! Sei ihnen Mutter, besonders in der letzten, schwersten Stunde, in der Sterbestunde! Ja, gute Mutter, erflehe allen Priestern die Gnade eines guten Todes! Amen.

13. Station: Der Leichnam Jesu wird in den Schoß seiner Mutter gelegt

Himmlischer Vater! Sieh deinen vielgeliebten Sohn tot im Schoße seiner tiefbetrübten Mutter! Um ihrer Schmerzen willen gib allen Priestern, besonders den Predigern und Beichtvätern, die Gnade, selbst die verhärtetsten Sünderherzen zu rühren und zu aufrichtiger Reue und Buße zu bewegen.

Göttlicher Heiland! Sieh deine liebste Mutter, vom Schmerz zerrissen, über deine blutige Leiche gebeugt! Entfache in den Herzen aller Priester eine innige Liebe und Verehrung zu deiner reinsten Mutter, damit ihr Wirken durch ihre Fürsprache reich gesegnet sei.

Gott, Heiliger Geist, du Geist der Erkenntnis! Gib allen Priestern ein tiefes Verständnis für den Wert der Leiden und eine große Geduld und Ergebung in allen Prüfungen.

Schmerzhafte Mutter Maria, sei Schutz und Trösterin der leidenden Priester!

Gute Mutter, erflehe uns viele heilige Priester und reichen Erfolg für die Arbeit der Priester! Amen.

14. Station: Der Leichnam Jesu wird ins Grab gelegt

Himmlischer Vater! Sieh deinen vielgeliebten Sohn im Grabe ruhen. Er hat das Werk vollendet, das du ihm aufgetragen hast. Habe Erbarmen mit den im Fegefeuer büßenden Priesterseelen.

Göttlicher Heiland! Du hast das Werk deiner Liebe vollendet: vollende auch das Werk deiner Barmherzigkeit an den armen, hilflosen Seelen, die von Sehnsucht nach deiner Anschauung verzehrt werden. Kürze ab ihre Pein und hole sie heim, sie, deine so inniggeliebten Priester!

Gott, Heiliger Geist, du Geist der Freude! Nimm sie auf, die Geweihten, Gesegneten des himmlischen Vaters, in das Reich des Lichtes, der seligen Verklärung!

Maria, gute Mutter der Priester! Erflehe besonders jenen, die am längsten und qualvollsten im Fegefeuer leiden, die baldige Erlösung. Hole sie heim an dein Mutterherz! Amen.

Jesus, ewiger Hoherpriester, bewahre deine Priester im Schutze deines Heiligsten Herzens, wo ihnen niemand schaden kann.

Bewahre unbefleckt ihre gesalbten Hände, die täglich deinen heiligen Leib berühren.

Bewahre rein die Lippen, die gerötet sind von deinem Kostbaren Blute.

Bewahre rein und unirdisch ihr Herz, das gesiegelt ist mit dem erhabenen Zeichen deines glorreichen Priestertums. Lass sie wachsen in der Liebe und Treue zu dir, und schütze sie vor der Ansteckung der Welt.

Gib ihnen mit der Wandlungskraft über Brot und Wein auch die Wandlungskraft über die Herzen. Segne ihre Arbeiten mit reichlicher Frucht, und schenke ihnen dereinst die Krone des ewigen Lebens. Amen.

(Gebet der hl. Theresia vom Kinde Jesu)

Jesus an Marie Lataste über die Seligste Jungfrau

«Die Verehrung, die man den heiligen Statuen und Bildern Mariens erweist, und die Gebete, die man vor ihnen verrichtet, beziehen sich unmittelbar auf die heilige Jungfrau, wie auch die Beschimpfungen der Bösen und Gottlosen nicht auf ihre Bilder und Statuen sich beziehen, sondern auf Maria selbst.

Maria ist groß, mächtig, mitleidig, voll Güte; aber noch viel höher ist die Güte, das Mitleiden, die Macht und die Größe Gottes; denn sie ist unendlich wie Gott, während Maria nur das Werk und das Geschöpf Gottes ist. Deshalb muss auch die Verehrung, die man Maria erweist, sich auf Gott beziehen. Man muss sie verehren und lieben, weil Gott es will. Maria ist das Meisterstück der schöpferischen Hände Gottes. Er hat sie zum schönsten, heiligsten, vollkommensten aller Geschöpfe gemacht. Er hat sie geliebt, geehrt und an Würde erhoben, mehr als irgendein anderes Geschöpf auf Erden und im Himmel. Deshalb sollst auch du Maria ehren, lieben und lobpreisen, indem du Gott dankst für alles, was er für sie getan hat.

Maria muss der Gegenstand deiner Verehrung sein. Zu ihr sollst du deine Zuflucht nehmen in den Versuchungen, Seelennöten und Leiden, und sie wird dir Hilfe, Gnade und Trost gewähren. Ich sage dir dies nicht, damit du glaubst, Maria sei mächtiger als Gott, sondern, um dir mitzuteilen, dass Gott alles nur durch Maria gewähren will. Hierin besteht der ganze Plan und die ganze Ordnung der göttlichen Vorsehung in Hinsicht auf die Menschen. Ich stehe zwischen Gott und den Menschen. Niemand kann etwas von meinem Vater erlangen außer durch mich. Ich habe nun aber meine Mutter zwischen die Menschen und mich gestellt und gewähre den Menschen nichts außer durch meine Mutter und wegen ihr. Der Sünder wende sich an Maria, erwerbe sich ihren Schutz und dieser wird ihm Vergebung erlangen. Wer mit mir im Frieden ist, ist auch mit meinem Vater im Frieden und ebenso genießt der, welcher die Freundschaft Mariens besitzt, auch meine Freundschaft. Bitte darum Maria um all die Gnaden, die dir notwendig sind. Sie wird sie dir erlangen. Wende dich an Maria und bekenne dann deine eigene Unwürdigkeit, und Maria wird für dich bitten. Alle Gnaden, die Gott austeilt, sind in mir wie in einem unermesslichen Behälter eingeschlossen. Ich ergieße sie in Maria wie in einen neuen Behälter, und dorthin muss man kommen, um sie zu schöpfen. Wenn man in Versuchung, Kampf und Gefahr sich an Maria wendet, so heißt das, des Sieges gewiss sein.

Wenn man sich unter Mariens Schutz befindet, heißt dies: sein Heil in Sicherheit haben.»

Gruß zur Allerseligsten Jungfrau Maria

(von Pater Paul Luyckx von Moll)

Ich grüße dich, Maria, Tochter Gott des Vaters.
Ich grüße dich, Maria, Mutter Gott des Sohnes.
Ich grüße dich, Maria, Braut des Heiligen Geistes.
Ich grüße dich, Maria, reine Lilie der erhabenen Dreifaltigkeit.
Ich grüße dich, Maria, angenehme Rose des himmlischen Hofes.
Ich grüße dich, Maria, Jungfrau voll der Güte und Demut, von welcher der König des Himmels geboren und ernährt werden wollte.
Ich grüße dich, Maria, Jungfrau aller Jungfrauen.
Ich grüße dich, Maria, Königin der Märtyrer, deren Herz von Leiden durchbohrt worden ist.
Ich grüße dich, Maria, Frau und Herrin, der allen Macht im Himmel und auf Erden gegeben worden ist.
Ich grüße dich, Maria, Königin meines Herzens, meine Süßigkeit, mein Leben und meine Hoffnung.

Ich grüße dich, Maria, liebenswürdige Mutter.

Ich grüße dich, Maria, wunderbare Mutter.

Ich grüße dich, Maria, Mutter der reinen Liebe.

Ich grüße dich, Maria, ohne Erbsünde empfangen.

Ich grüße dich, Maria, voll der Gnade. Der Herr ist mit dir. Du bist gebenedeit unter den Frauen und gebenedeit ist die Frucht deines Leibes.

Gebenedeit sei dein Bräutigam, der heilige Josef.

Gebenedeit sei dein Vater, der heilige Joachim.

Gebenedeit sei deine Mutter, die heilige Anna.

Gebenedeit sei dein Engel, der heilige Gabriel.

Gebenedeit sei der ewige Vater, der dich auserkoren hat.

Gebenedeit sei dein Sohn, der dich geliebt hat.

Gebenedeit sei der Heilige Geist, der sich dir vermählt hat.

Mögen alle, die dich lieben, dich benedeien!

O glückselige Jungfrau, segne uns alle im Namen deines geliebten Sohnes. Amen.

Aussprüche vom belgischen Wundertäter Pater Paul: «Wie schön ist dieser Gruß! Betet ihn jeden Morgen im Anschluss an das heilige Kreuzzeichen. Vom Himmel aus wird die Gottesmutter euch segnen. – Unmöglich ist es, diesen Gruß an Maria für die Bekehrung eines Sünders zu beten, ohne erhört zu werden.»

Rosenkranz zur Königin des Himmels und der Erde

Man betet immer ein Ehre sei... ein Vaterunser und 7 Ave Maria mit unten angeführten Lobsprüchen.

1. Gott sei ewig Lob und Dank für die heilige und Unbefleckte Empfängnis und Geburt der Königin des Himmels und der Erde.
2. Gott sei ewig Lob und Dank für die gnadenreiche Jugend- und Tempelzeit der Königin des Himmels und der Erde.
3. Gott sei ewig Lob und Dank für die Verkündigung des Engels und die jungfräuliche Gottesmutterschaft der Königin des Himmels und der Erde.
4. Gott sei ewig Lob und Dank für die schmerzvolle Mithilfe der Königin des Himmels und der Erde beim Erlösungswerk.
5. Gott sei ewig Lob und Dank für die segensreiche Witwenschaft der Königin des Himmels und der Erde.
6. Gott sei ewig Lob und Dank für den Heimgang und die Himmelfahrt der Königin des Himmels und der Erde.
7. Gott sei ewig Lob und Dank für die ruhmvolle Krönung unserer Miterlöserin, Mittlerin und Fürsprecherin, der Königin des Himmels und der Erde.

Loreto und die Lauretanische Litanei

Auf den Anhöhen oberhalb von Ancona, Italien, lebte einst die Frau Laura, die einen großen Lorbeergarten besaß. Dieser wurde Laureto, später Loreto, genannt.

Loreto und das Heilige Haus von Nazareth: Nach der Aufnahme Mariens in den Himmel wurde das Heilige Haus – Casa Sacra – in Nazareth, in dem der Engel Gabriel die Menschwerdung Christi verkündet hatte, in eine Kapelle umgewandelt. Darin feierten die Apostel die göttlichen Geheimnisse. – Als aber Palästina in die Hände der Türken kam, nahmen Engel das Heilige Haus im Jahre 1291 aus Nazareth fort und trugen es nach Tersatto bei Fiume.

Am 10. Dezember 1294 übertrugen es die Engel auf den Lorbeerhügel in der Provinz Ancona und stellten es in Loreto mitten auf die Straße. Vermutlich waren Streit und menschlicher Eigennutz die Ursache des zweiten Übertragens des Heiligen Hauses. Das Heilige Haus auf diesem auserkorenen Hügel genießt seit Jahrhunderten die größte Verehrung der ganzen katholischen Welt. Immer wieder, bis zum heutigen Tag, haben sich Forscher und Wissenschaftler für dieses Heiligtum interessiert. Loreto wurde das heißersehnte Ziel vieler Heiligen, die zum Heiligen Hause pilgerten.

Die älteste Marienlitanei, die «Lauretanische» von Loreto, ist eine Lobpreisung an die heiligste Jungfrau. Wer die mystische Sprache versteht, wird mit Liebe und Ehrfurcht die darin enthaltenen Anrufungen beten, wie zum Beispiel:

«Du elfenbeinerner Turm», Bezeichnung für ihr wertvolles und makelloses Mittleramt zwischen Himmel und Erde;

«Du goldenes Haus», Ausdruck unserer Bewunderung über ihre göttliche Mutterschaft;

«Du Arche des Bundes», was heißen will, dass wir in und mit und durch Maria Rettung finden in dieser mit Sünde überfluteten Welt.

Wenn auch teils neue Fassungen der Lauretanischen Litanei entstanden sind, so bleibt doch der Urtext weiterhin ein Lieblingsgebet jedes frommen Marienverehrers.

Lauretanische Litanei (Urtext)

Herr, erbarme dich unser
  Christus, erbarme dich unser
Herr, erbarme dich unser, Christus, höre uns
  Christus, erhöre uns
Gott Vater im Himmel – *erbarme dich unser*
Gott Sohn, Erlöser der Welt
Gott Heiliger Geist
Heilige Dreifaltigkeit, ein einziger Gott
Heilige Maria – *bitte für uns*

Heilige Gottesgebärerin
Heilige Jungfrau aller Jungfrauen
Mutter Christi
Mutter der göttlichen Gnade
Du reinste Mutter
Du keuscheste Mutter
Du unversehrte Mutter
Du Unbefleckte Mutter
Du liebliche Mutter
Du wunderbare Mutter
Du Mutter des guten Rates
Du Mutter des Schöpfers
Du Mutter des Erlösers
Du weiseste Jungfrau
Du ehrwürdige Jungfrau
Du lobwürdige Jungfrau
Du mächtige Jungfrau
Du gütige Jungfrau
Du getreue Jungfrau
Du Spiegel der Gerechtigkeit
Du Sitz der Weisheit
Du Ursache unserer Freude
Du geistliches Gefäß
Du ehrwürdiges Gefäß
Du vortreffliches Gefäß der Andacht
Du geistliche Rose
Du Turm Davids
Du elfenbeinerner Turm
Du goldenes Haus

Du Arche des Bundes
Du Pforte des Himmels
Du Morgenstern
Du Heil der Kranken
Du Zuflucht der Sünder
Du Trösterin der Betrübten
Du Helferin der Christen
Du Königin der Engel
Du Königin der Patriarchen
Du Königin der Propheten
Du Königin der Apostel
Du Königin der Märtyrer
Du Königin der Bekenner
Du Königin der Jungfrauen
Du Königin aller Heiligen
Du Königin ohne Makel der Erbsünde
empfangen
Du Königin des heiligen Rosenkranzes
Du Königin des Friedens
Lamm Gottes, du nimmst hinweg die Sünden der Welt – *verschone uns, o Herr*
Lamm Gottes, du nimmst hinweg die Sünden der Welt – *erhöre uns, o Herr*
Lamm Gottes, du nimmst hinweg die Sünden der Welt – *erbarme dich unser*
Bitte für uns, o heilige Gottesgebärerin,
auf dass wir würdig werden der Verheißungen Christi.

Lasset uns beten: Verleihe, wir bitten dich, o Herr und Gott, dass wir, deine Diener, des beständigen Wohles der Seele und des Leibes uns erfreuen durch die glorreiche Fürbitte der seligsten und allzeit jungfräulichen Mutter Maria, von der gegenwärtigen Trübsal befreit werden und die ewige Freude genießen mögen, durch Christus, unsern Herrn. Amen.

Papst Paul VI. zur Lauretanischen Litanei (auch Gebet von Loreto genannt):

«Das Gebet von Loreto ist wie der Rosenkranz ein kontemplatives Gebet des Lobes und der Bitte, welches das christliche Leben und den apostolischen Einsatz fördert.»

Lauretanische Litanei (Neue Fassung)

Herr, erbarme dich unser
Christus, erbarme dich unser
Herr, erbarme dich unser, Christus, höre uns
Christus, erhöre uns
Gott Vater im Himmel – *erbarme dich unser*
Gott Sohn, Erlöser der Welt
Gott Heiliger Geist
Heilige Dreifaltigkeit, ein einziger Gott
Heilige Maria – *bitte für uns*
Heilige Gottesmutter
Heilige Jungfrau über allen Jungfrauen
Mutter Christi

Mutter der göttlichen Gnade
Du reine Mutter
Du keusche Mutter
Du jungfräuliche Mutter
Du makellose Mutter
Du liebenswürdige Mutter
Du wunderbare Mutter
Du Mutter des guten Rates
Du Mutter des Schöpfers
Du Mutter des Erlösers
Du weise Jungfrau
Du ehrwürdige Jungfrau
Du lobwürdige Jungfrau
Du mächtige Jungfrau
Du gütige Jungfrau
Du getreue Jungfrau
Du Spiegel der Gerechtigkeit
Du Thron der Weisheit
Du Ursache unserer Freude
Du Kelch des Geistes
Du ehrwürdiger Kelch
Du erlesener Kelch der Hingabe
Du geheimnisvolle Rose
Du Turm Davids
Du elfenbeinerner Turm
Du goldenes Haus
Du Bundeslade
Du Pforte des Himmels
Du Morgenstern

Du Heil der Kranken
Du Zuflucht der Sünder
Du Trösterin der Betrübten
Du Helferin der Christen
Du Königin der Engel
Du Königin der Patriarchen
Du Königin der Propheten
Du Königin der Apostel
Du Königin der Märtyrer
Du Königin der Bekenner
Du Königin der Jungfrauen
Du Königin der Heiligen
Du Königin ohne Makel der Erbsünde empfangen
Du Königin in den Himmel aufgenommen
Du Königin des heiligen Rosenkranzes
Du Königin des Friedens
Lamm Gottes, du nimmst hinweg die Sünden der Welt – *verschone uns, o Herr*
Lamm Gottes, du nimmst hinweg die Sünden der Welt – *erhöre uns, o Herr*
Lamm Gottes, du nimmst hinweg die Sünden der Welt – *erbarme dich unser*
Bitte für uns, heilige Gottesmutter,
dass wir würdig werden der Verheißungen Christi.

Lasset uns beten: Herr und Gott, wir bitten dich: Gewähre uns, deinen Dienern, immerdar Gesundheit des Leibes und Heil der Seele; höre auf die himmlische Fürsprache der seligen, allzeit jungfräulichen Mutter Maria. Nimm von uns die Traurigkeit dieser Zeit, bei dir in der Herrlichkeit aber gib uns die ewige Freude durch Christus, unsern Herrn. Amen.

Immaculata-Rosenkranz *

1. Durch deine Unbefleckte Empfängnis,
   rette unser Vaterland.
2. Durch deine Unbefleckte Empfängnis,
   schütze unser Vaterland.
3. Durch deine Unbefleckte Empfängnis,
   leite unser Vaterland.
4. Durch deine Unbefleckte Empfängnis,
   heilige unser Vaterland.
5. Durch deine Unbefleckte Empfängnis,
   regiere unser Vaterland.

(Anmerkung: Anstatt «Vaterland» können auch andere Anliegen eingefügt werden.)

Aus: «Die Erscheinung in Marienfried», Miriam-Verlag

Wertvolle Bitte an die Immaculata

Heiligste Jungfrau, ich glaube an deine heilige und Unbefleckte Empfängnis und bekenne sie.

O reinste Jungfrau Maria, durch deine Unbefleckte Empfängnis und ruhmvolle Auszeichnung, Mutter Gottes zu sein, erlange mir von deinem geliebten Sohn Demut, Liebe, Gehorsam, Keuschheit an Leib und Seele, heilige Herzensreinheit, Beharrlichkeit in der Übung des Guten, ein gutes Leben und ein heiliges Sterben. Amen.

Immaculata-Rosenkranz für die Priester *

1. Durch deine Unbefleckte Empfängnis erleuchte, leite, stärke und heilige unsere Priester und Ordensleute.
2. Durch deine Unbefleckte Empfängnis erleuchte, leite, stärke und heilige unsere Bischöfe.
3. Durch deine Unbefleckte Empfängnis erleuchte, leite, stärke und heilige unsere Priester und Ordensleute.
4. Durch deine Unbefleckte Empfängnis hole die verirrten Priester wieder zurück zu Jesus, unserem ewigen Hohenpriester.
5. Durch deine Unbefleckte Empfängnis erlöse die ärmsten Priesterseelen aus den Qualen des Fegefeuers.

Unbefleckt Empfängnis-Rosenkränzlein

1 Ehre sei... 1 Vaterunser und 4 Ave Maria mit folgendem Lobspruch: Gepriesen sei die heilige und Unbefleckte Empfängnis der allerseligsten Jungfrau und Gottesmutter Maria.

Das Ganze dreimal beten.

Novene zu Ehren der Unbefleckten Empfängnis

Man verrichte an allen 9 Tagen folgende Gebete:

Vorbereitungsgebet

O Unbefleckte Empfängnis, Jungfrau und Mutter Maria, vertrauensvoll wende ich mich an dich. Ich will zu deiner Ehre diese neuntägige Andacht halten.

Mit allen Engeln und Heiligen des Himmels bewundere ich deine Reinheit und Herrlichkeit. Dank sei dem Herrn, der dich in dieser einzigartigen Schönheit erschaffen und mir zur Mutter gegeben hat. Dank sei auch dir, o Maria, für deine mütterliche Liebe und für alle Wohltaten, die du mir schon erwiesen hast.

Unbefleckt empfangene Jungfrau, lass mich in meiner jetzigen Bedrängnis nicht allein, und so es Gott gefällt, befreie mich von meinen Nöten. Steh mir bei in meinem Anliegen…

Litanei zu Ehren der Unbefleckten Empfängnis

Herr, erbarme dich unser
Christus, erbarme dich unser
Herr, erbarme dich unser, Christus, höre uns
Christus, erhöre uns
Gott Vater im Himmel – *erbarme dich unser*
Gott Sohn, Erlöser der Welt
Gott Heiliger Geist
Heiligste Dreifaltigkeit, ein einziger Gott
Heilige Maria, ohne Makel der Erbsünde empfangen – *bitte für uns*
Du unbefleckte Tochter des ewigen Vaters
Du unbefleckte Mutter des Sohnes Gottes
Du unbefleckte Braut des Heiligen Geistes
Du unbefleckter Tempel der Heiligsten Dreifaltigkeit
Du verschlossener und unentweihter Garten Gottes
Du Bundeslade der Herrlichkeit Gottes
Du unüberwindlicher Turm gegen jeden Angriff des Feindes
Du Haus, das die Weisheit sich selbst gebaut
Du Tabernakel, vom Heiligen Geiste gebildet und geschmückt
Du lichtvolles und angenehmes Paradies der Unschuld

Du Wunder aller Wunder Gottes
Du Lilie unter den Dornen
Du würdige Mutter Gottes
Du Meisterwerk der Allmacht, Weisheit und Liebe Gottes
Du herrliches Vorbild der Reinheit und Heiligkeit
Du Königin aller Engel und Heiligen
Du Ausspenderin der Gnaden Gottes
Du Schrecken und Besiegerin der bösen Geister
Lamm Gottes, du nimmst hinweg die Sünden der Welt – *verschone uns, o Herr*
Lamm Gottes, du nimmst hinweg die Sünden der Welt – *erhöre uns, o Herr*
Lamm Gottes, du nimmst hinweg die Sünden der Welt – *erbarme dich unser*
Christus, höre uns – *Christus, erhöre uns*
Vater unser… Ave Maria…

Lasset uns beten: O Gott, der du durch die Unbefleckte Empfängnis der seligsten Jungfrau deinem Sohn eine würdige Wohnung bereitet hast, gewähre uns auf ihre Fürbitte hin und um ihrer Vorerlösung und Auserwählung willen die Gnade, rein und heilig zu dir zu gelangen durch Christus, unseren Herrn. Amen.

Schlussgebet

Gedenke, o gütigste Jungfrau Maria, es ist noch nie gehört worden, dass jemand, der zu dir seine Zuflucht genommen, deine Hilfe angerufen, um deine Fürsprache gefleht, von dir verlassen worden sei! Von solchem Vertrauen beseelt, nehme ich meine Zuflucht zu dir, o Mutter, Jungfrau der Jungfrauen; zu dir komme ich, vor dir stehe ich, seufzend als Sünder. O Mutter des ewigen Wortes, verschmähe nicht meine Worte, sondern höre mich gnädig an und erhöre mich. Amen.

Novene zu Ehren der Freuden Mariens

1. Tag: O Maria, ich erinnere dich an die große Freude, die dich erfüllte, als dir der heilige Erzengel Gabriel den Gruß des Allerhöchsten überbrachte und den Plan Gottes offenbarte, du solltest Mutter des ewigen Wortes werden und so mitwirken an der Erlösung des Menschengeschlechtes.

Um dieser großen Freude willen komme mir zu Hilfe in meiner Betrübnis und Sorge.

10 Gegrüßt seist du, Maria... mit Einfügung: Den du, o Unbefleckte Jungfrau, mit Freuden vom Heiligen Geist empfangen hast.

2. Tag: O Maria, ich erinnere dich an die große Freude, die dein Herz in Dankbarkeit gegen Gott aufjubeln ließ im Magnifikatgesang, als Elisabeth, vom Heiligen Geist erfüllt, bei der Begrüßung das Geheimnis deiner Gottesmutterschaft staunend kündete mit den Worten: «Du bist gebenedeit unter den Frauen und gebenedeit ist die Frucht deines Leibes! Womit habe ich verdient, dass die Mutter meines Herrn zu mir kommt?» Du, o Maria, warst hilfebringend zur betagten, hoffenden Base geeilt, und nun brachte das göttliche Wort unter deinem Herzen dem werdenden Johannes die Begnadigung.

Um dieser großen Freude willen eile auch mir zu Hilfe.

10 Gegrüßt seist du, Maria… mit Einfügung: Den du, o Unbefleckte Jungfrau, mit Freuden zu Elisabeth getragen hast.

3. Tag: O Maria, ich erinnere dich an die Verzückung, die du bei der Geburt Jesu erfahren durftest. Wie groß war deine Freude, als du das holde göttliche Kind in Händen hieltest und es den demütigen Hirten zeigtest, die es besuchten, nachdem ihnen die frohe Kunde über seine Geburt durch den Engel gebracht worden war.

Um dieser Freude willen stehe mir bei und lasse mich, wie die Hirten, Jesus und dir stets kindlich und vertrauensvoll nahen in allen Nöten und Anliegen.

10 Gegrüßt seist du, Maria… mit Einfügung: Den du, o Unbefleckte Jungfrau, mit Freuden geboren hast.

4. Tag: O Maria, ich erinnere dich an die große Freude, die dich beglückte, als die drei Weisen aus dem Morgenland mit großem Gefolge kamen und dem Heiland der Welt huldigten. Sie beschenkten ihn mit Gold, Weihrauch und Myrrhe.

Um dieser großen Freude willen hilf mir, dass ich Jesus stets das Gold der Liebe, den Weihrauch des beharrlichen Gebetes und die Myrrhe der Opfer und der Abtötung bringe und heilig werde. Beglücke mit deiner Freude mein Herz und hilf mir in meiner jetzigen großen Not und Traurigkeit.

10 Gegrüßt seist du, Maria... mit Einfügung: Den du, o Unbefleckte Jungfrau, mit Freuden den Heiligen Drei Königen zur Anbetung dargereicht hast.

5. Tag: O Maria, ich erinnere dich an die große Freude, die dir widerfuhr, als du den verlorengegangenen Jesusknaben nach drei Tagen im Tempel wiederfandest, wo er durch seine weisen Fragen und Antworten die Schriftgelehrten in Staunen versetzte. Du verstandest damals das Geheimnis des Verlorengehens und Wiederfindens Jesu nicht; aber du bewahrtest alles in Liebe und Demut in deinem Herzen.

Lass mich nie klagen über die Fügungen Gottes und hilf mir, dass ich Jesus nie durch eine schwere Sünde verliere. Schenke den Sündern und Verirrten die Gnade, dass sie Ihn wie du, o Maria, im Hause Gottes wiederfinden. Führe die Sünder zur heiligen Beichte und nach reumütigem Bekenntnis zur liebenden Vereinigung mit Christus in der heiligen Eucharistie. – Hilf mir, o Mutter der Liebe, und tröste mich um deiner Freuden willen in meinem jetzigen Kummer.

10 Gegrüßt seist du, Maria... mit Einfügung: Den du, o Unbefleckte Jungfrau, mit Freuden im Tempel gefunden hast.

6. Tag: O Maria, ich erinnere dich an die unbeschreibliche Freude, die dich am Ostermorgen erfüllte, als dir der Auferstandene in seiner Herrlichkeit an der Stelle des Kreuzweges erschien, wo du ihn am Karfreitag während seiner Passion gesehen hattest.

Um dieser großen Freude willen lasse mir Hilfe zuteil werden in meinem jetzigen Leid und erwirke mir einst die gleiche Auferstehungsfreude und das ewige Himmelsglück.

10 Gegrüßt seist du, Maria... mit Einfügung: Den du, o Unbefleckte Jungfrau, mit Freuden nach der Auferstehung zuerst begrüßt hast.

7. Tag: O Maria, ich erinnere dich an die Freude, die deine Seele bewegte, als Jesus in den Himmel fuhr, um zum Vater zu gehen und für seine Getreuen eine Wohnung zu bereiten. Dein Abschiedsschmerz wurde versüßt durch den Gedanken an den Tröstergeist, den Jesus zu senden versprochen hatte.

Um dieser Freude willen entflamme in mir die Liebe zum göttlichen Meister und die Sehnsucht nach dem Himmel. Stehe mir bei in meiner Trübsal und bleibe immer an meiner Seite. Berate und führe mich. Hilf allezeit der heiligen Kirche, die du damals durch deine Opfer und Gebete so herrlich unterstützt hast.

10 Gegrüßt seist du, Maria... mit Einfügung: Der zu deiner Freude, o Unbefleckte Jungfrau, vor seiner Himmelfahrt den Heiligen Geist versprochen hat und im eucharistischen Sakrament gegenwärtig bleibt bis ans Ende der Welt.

8. Tag: O Maria, ich erinnere dich an die große Freude, die du empfandest, als am Pfingstfest der Heilige Geist in brausendem Sturm über dich, die Apostel und Jünger Jesu ausgegossen wurde. Wie mag dein Herz gejubelt haben, als du sahest, wie die Apostel plötzlich ohne Furcht und Zagen das Evangelium öffentlich kündeten und in fremden Sprachen redeten.

Um dieser Freude willen schenke den Dienern der Kirche neuen Pfingsteifer und erflehe ihnen den Heiligen Geist. Erwirke mir und allen Christgläubigen die sieben Gaben und die zwölf Früchte des göttlichen Tröstergeistes. Hilf mir, o immerwährende Braut des Heiligen Geistes, in meinem jetzigen Anliegen...

10 Gegrüßt seist du, Maria... mit Einfügung: Der zu deiner Freude, o Unbefleckte Jungfrau, am Pfingstfest den Heiligen Geist gesandt hat.

9. Tag: O Maria, ich erinnere dich an die unbeschreibliche Freude, die dich erfüllte, als nach deinem Heimgang dein göttlicher Sohn dich mit Leib und Seele in den Himmel aufnahm und dort zur Königin des Himmels und der Erde krönte. Diese wohlverdiente Freude kann dir in Ewigkeit nicht genommen werden.

Um deiner vielen heiligen Freuden willen erbitte mir und all deinen getreuen Kindern ein heiliges Sterben und die ewige Glückseligkeit. Erfülle mich mit deiner Freude, damit ich nie ohne Trost bleibe in diesem Tränental. Erhöre mich in meinem jetzigen Anliegen… Ich danke Gott für alle Wohltaten, Gnaden und Freuden, die er dir je erwiesen hat. Liebste Mutter, ich vertraue auf dich.

10 Gegrüßt seist du, Maria… mit Einfügung: Der dich, o Unbefleckte Jungfrau, mit Freuden in den Himmel aufgenommen und zur Königin des Himmels und der Erde gekrönt hat.

Ehrung der sieben besonderen Freuden Mariens im Himmel

Maria wird jene, die diese Freuden verehren, in ihrem Tode beschützen und Jesus empfehlen.

1. *Freue dich,* Maria, denn die Fülle deiner Glorie übertrifft die Glorie aller Engel und Heiligen.

2. *Freue dich,* Maria, denn wie die Sonne die ganze Welt erfreut, so wird der ganze Himmel durch deine liebliche Gegenwart erfreut.

3. *Freue dich,* Maria, denn das ganze himmlische Heer erkennt und verehrt dich als die Mutter des ewigen Königs.

4. *Freue dich,* Maria, denn der Wille Gottes ist mit dem deinigen so vereint, dass alles, was dir gefällt, die Heiligste Dreifaltigkeit mit unaussprechlicher Gnade gewährt.

5. *Freue dich,* Maria, denn du sitzest zunächst beim Throne der Allerheiligsten Dreieinigkeit.

6. *Freue dich,* Maria, denn alle, die dir in dieser Welt dienen, werden nach deinem Wohlgefallen belohnt werden.

7. *Freue dich,* Maria, denn du weißt, dass die Fülle deiner Glorie nie abnehmen wird in Ewigkeit. Amen.

Die Verehrung der sieben Schmerzen Mariens

Den Verehrern der Schmerzen Mariens verleiht Gott, der Herr, vier besondere Gnaden:

1. Wer Maria um ihrer Schmerzen willen anruft, erlangt die Gnade, vor seinem Tod wahre Buße für seine Sünden zu tun.
2. Jesus wird die Verehrer der Schmerzen Mariens in ihren Leiden, besonders aber in ihrer Todesstunde, trösten.
3. Jesus wird diesen Seelen die Erinnerung und die Andacht zu seinem Leiden einprägen.
4. Jesus hat seiner Mutter die Macht verliehen, den Verehrern ihrer Schmerzen alle Gnaden zu erlangen, um die sie ihn bitten.

Rosenkranz zu den sieben Schmerzen Mariens

Dieser Rosenkranz wurde dem heiligen Gabriel Possenti geoffenbart, der die Schmerzen Mariens tief verehrte.

Man betet jeweils 1 Ehre sei… 1 Vaterunser und 7 Ave Maria mit folgenden Einfügungen:

1. Dessen Leiden dir zu deinem großen Schmerz von Simeon geweissagt wurde.

2. Mit dem du zu deinem großen Schmerz nach Ägypten fliehen musstest.
3. Den du zu deinem großen Schmerz drei Tage lang gesucht hast.
4. Der dir zu deinem großen Schmerz mit dem schweren Kreuz begegnet ist.
5. Unter dessen Kreuz du schmerzdurchbohrt gestanden bist.
6. Dessen heiligster Leichnam zu deinem großen Schmerz in deinen mütterlichen Schoß gelegt wurde.
7. Den du zu deinem großen Schmerz zu Grabe geleitet hast.

Tränen-Rosenkranz

Eingangsgebet:

Gekreuzigter Jesus! Zu deinen Füßen niedergeworfen, opfern wir dir auf die Tränen Jener, die dich mit inniger, teilnehmender Liebe auf deinem so leidensvollen Kreuzweg begleitet hat. Gib, o guter Meister, dass wir die Lehren beherzigen, die uns die Tränen deiner hl. Mutter geben, damit wir deinen hl. Willen auf Erden so erfüllen, dass wir gewürdigt werden, dich im Himmel die ganze Ewigkeit hindurch zu loben und zu preisen.

Bei den großen Perlen je 1 mal:

O Jesus, schaue auf die Tränen Jener, die dich auf Erden am meisten geliebt und dich am innigsten liebt im Himmel.

Bei den kleinen Perlen je 7 mal:

O Jesus, erhöre unsere Bitten, um der Tränen deiner heiligsten Mutter willen.

Man betet dies 7 Gesätzchen lang ohne Vaterunser und Ave Maria. Am Schluss betet man 3 mal:

O Jesus, schaue auf die Tränen Jener, die dich auf Erden am meisten geliebt und dich am innigsten liebt im Himmel.

Schlussgebet:

O Maria, Mutter der Liebe, der Schmerzen und der Barmherzigkeit, wir bitten dich, vereinige deine Bitten mit den unsrigen, damit Jesus, dein göttlicher Sohn, an den wir uns wenden, im Namen deiner mütterlichen Tränen unser Flehen erhöre und uns mit den Gnaden, die wir erbitten, die Krone des ewigen Lebens gewähren möge. Amen.

(Schwester Amalia, Missionsorden vom gekreuzigten Jesus, Campina, Brasilien, mit bischöflicher Approbation)

Verheißungen der Gottesmutter an die heilige Brigitte

Die heilige Jungfrau verspricht jenen, die täglich 7 Ave Maria beten und dabei ihre Tränen und Schmerzen betrachten und ehren – und nach Möglichkeit diese Andacht verbreiten – folgende Gnaden:

Frieden für die Familie

Erleuchtung in göttlichen Geheimnissen

Trost im Leiden und Begleitung bei ihren Arbeiten, Erfüllung ihrer Bitten, so diese dem Willen Gottes entsprechen und dem Seelenheil nützlich sind

Verteidigung im Kampf gegen den bösen Feind und beständigen Schutz

Sichtbaren Beistand im Sterben und Anschauung des Angesichts Christi

Sofortigen Übergang vom irdischen Leben zur ewigen Seligkeit

Auslöschung aller Sünden

Ewigen Trost und ewige Freude in Jesus und Maria

Tägliche Verehrung der Tränen und der sieben großen Schmerzen Mariens

Mit meinem Schutzengel will ich nun die Tränen und die sieben großen Schmerzen der Mutter Jesu betrachten und ehren.

1. Schmerz: Simeons Weissagung
   Gegrüßt seist du, Maria…
2. Schmerz: Flucht nach Ägypten
   Gegrüßt seist du, Maria…
3. Schmerz: Verlust des 12-jährigen Jesusknaben in Jerusalem
   Gegrüßt seist du, Maria…
4. Schmerz: Begegnung auf dem Kreuzweg
   Gegrüßt seist du, Maria…
5. Schmerz: Kreuzigung, Tod, Lanzenstich und Kreuzabnahme Jesu
   Gegrüßt seist du, Maria…
6. Schmerz: Der entstellte Herr in den Armen der Mutter
   Gegrüßt seist du, Maria…
7. Schmerz: Grablegung Jesu; Tränen und Verlassenheit Mariens
   Gegrüßt seist du, Maria…

Sieben Ehren-Ave zur Schmerzensmutter

1. O Maria, du Schmerzensreiche, ich habe inniges Mitleid mit dir wegen der Traurigkeit, die dein zartes Herz empfand bei der Weissagung des greisen Simeon. Geliebte Mutter, um dieser tiefen Betrübnis willen erbitte mir die Tugend der Demut und die Gabe der heiligen Gottesfurcht.
   Gegrüßt seist du, Maria…
2. O Maria, du Schmerzensreiche, ich habe inniges Mitleid mit dir wegen der Angst und Not, die dein empfindsames Herz ausstehen musste auf der Flucht nach Ägypten und wegen des Aufenthaltes daselbst. Liebe Mutter, um dieser deiner Sorgen willen erbitte mir die Tugend der Freigebigkeit, vor allem gegen die Armen, und die Gabe der Frömmigkeit.
   Gegrüßt seist du, Maria…
3. O Maria, du Schmerzensreiche, ich habe inniges Mitleid mit dir wegen des Kummers, den dein treubesorgtes Herz leiden musste, als du deinen geliebten Jesus verloren hattest. Treue Mutter, um dieser großen Unruhe und Sorge willen erbitte mir die Tugend der Reinheit und die Gabe der Wissenschaft.
   Gegrüßt seist du, Maria…
4. O Maria, du Schmerzensreiche, ich habe inniges Mitleid mit dir wegen der Qual, die dein

Herz traf, als du Jesus auf dem Kreuzweg begegnetest. Liebste Mutter, um dieser unbeschreiblichen Pein willen erlange mir die Tugend der Geduld und die Gabe der Stärke.
Gegrüßt seist du, Maria…

5. O Maria, du Schmerzensreiche, ich habe inniges Mitleid mit dir wegen des Martyriums, das dein großmütiges Herz erlebte, als du den Todeskampf Jesu mitansehen musstest. Liebe Mutter, um dieser bitteren, tiefen Schmerzen willen erlange mir die Tugend der Mäßigkeit und die Gabe des Rates.
Gegrüßt seist du, Maria…

6. O Maria, du Schmerzensreiche, ich habe inniges Mitleid mit dir wegen der tiefen Wunde, die deinem liebevollen Herzen geschlagen wurde, als die Lanze die Seite Jesu durchbohrte und sein liebenswürdiges Herz zerriss. Gute Mutter, um dieser Durchbohrung deines Herzens willen erlange mir die Tugend der christlichen Liebe und die Gabe des Verstandes.
Gegrüßt seist du, Maria…

7. O Maria, du Schmerzensreiche, ich habe inniges Mitleid mit dir wegen der bitteren Schmerzen, die dein liebevolles Herz erduldete bei der Grablegung Jesu. Teure Mutter, um dieser äußersten Betrübnis deines Herzens willen erlange mir die Tugend des Eifers und die Gabe der Weisheit. *Gegrüßt seist du, Maria…*

Litanei zur schmerzhaften Mutter

(Verfasst von Pius VII. in seiner Gefangenschaft. Er wurde von Napoleon am 6. Juli 1809 um 2.30 Uhr festgenommen und in Savona, Frankreich, bis zum 25. März 1814 gefangen gehalten. Seine Heiligkeit verlieh für jeden Freitag des Jahres einen vollkommenen Ablass all denen, die mit reumütigem Herzen diese Litanei nebst Credo, Salve Regina und drei Ave Maria zu Ehren des betrübten Herzens Mariens beten.)

Herr, erbarme dich unser
Christus, erbarme dich unser
Herr, erbarme dich unser, Christus, höre uns
Christus, erhöre uns
Gott Vater im Himmel – *erbarme dich unser*
Gott Sohn, Erlöser der Welt
Gott Heiliger Geist
Heilige Dreifaltigkeit, ein einziger Gott
Heilige Maria – *bitte für uns*
Heilige Gottesgebärerin
Heilige Jungfrau aller Jungfrauen
Schmerzhafte Mutter
Tränenvolle Mutter
Betrübte Mutter
Verlassene Mutter
Trostlose Mutter
Deines Sohnes beraubte Mutter
Mit dem Schwert durchbohrte Mutter

Mit Angst erfüllte Mutter
Mit dem Herzen ans Kreuz geheftete Mutter
Du Quelle der Tränen
Du Inbegriff aller Leiden
Du Spiegel der Geduld
Du Fels der Standhaftigkeit
Du Anker des Vertrauens
Du Zuflucht der Verlassenen
Du Schild der Unterdrückten
Du Besiegerin der Ungläubigen
Du Trost der Elenden
Du Arznei der Kranken
Du Stärke der Schwachen
Du Helferin der Schiffbrüchigen
Du Rettung in Stürmen
Du Zuflucht der Trauernden
Du Schrecken der Nachstellenden
Du Schatz der Gläubigen
Du Auge der Propheten
Du Stab der Apostel
Du Krone der Märtyrer
Du Licht der Beichtväter
Du Perle der Jungfrauen
Du Trost der Witwen
Du Freude der Heiligen
Lamm Gottes, du nimmst hinweg die Sünden der Welt – *verschone uns, o Herr*
Lamm Gottes, du nimmst hinweg die Sünden der Welt – *erhöre uns, o Herr*

Lamm Gottes, du nimmst hinweg die Sünden der Welt – *erbarme dich unser, o Herr*

Sieh uns an, befreie uns, rette uns von allen Nöten, durch die Kraft Jesu Christi. Amen.

Andacht zu den sieben Schmerzen Mariens

1. Tag: Simeons Vorhersage

Heilige Maria, dir wurden mitten in deinen Mutterfreuden durch den Mund Simeons die künftigen Leiden vorhergesagt. Von da an hast du das Schwert der Schmerzen in deiner Seele empfunden. Du hast im Geiste das schmerzliche Opfer gebracht und dich gehorsam und willig dem Ratschluss Gottes unterworfen. So ist diese Weissagung für dich zur Quelle vieler Leiden, aber auch großer Verdienste geworden.

Darum erwirb mir die Gnade, in allen Prüfungen meinen Willen ganz mit dem heiligen Willen Gottes zu vereinen.

7 Gegrüßt seist du, Maria... mit Einfügung: Dessen Leiden dir zu deinem großen Schmerz von Simeon geweissagt wurde.

Mutter, lass die Schmerzen dein nicht für mich vergebens sein.

2. Tag: Flucht nach Ägypten

Heilige Maria, zu den Entbehrungen im Stall von Bethlehem, die du liebevoll ertrugst, kamen die Gefahren und Beschwerden der eiligen Flucht in fremdes Land. Du aber, Maria, bist in Glauben und Gehorsam den Weg gegangen, den Gott dich führen wollte. Du hast dich mit kindlichem Vertrauen seiner Führung überlassen und bist so die Mutter der heiligen Hoffnung geworden.

Erlange mir um dieser deiner Verdienste willen die Gnade, im Leiden voll Glauben zu Gott aufzuschauen und in Gehorsam und Vertrauen auszuharren.

7 Gegrüßt seist du, Maria… mit Einfügung: Mit dem du zu deinem großen Schmerz nach Ägypten fliehen musstest.

Mutter, lass die Schmerzen dein nicht für mich vergebens sein.

3. Tag: Verlust des 12-jährigen Jesusknaben

Heilige Maria, von allen Sorgen eines Mutterherzens ist dir nur eine erspart geblieben, nämlich jene, die von den Fehlern der Kinder herrührt. Als Mutter des göttlichen Sohnes hast du drei Tage lang um ihn gebangt und große Angst ausgestanden.

In innigem Mitgefühl mit dem Kummer deines liebreichen Herzens und um der Verdienste willen, die du dabei erworben hast, bitte ich dich: Sei mir stets Helferin und Fürsprecherin. Dir übergebe ich meine Verantwortung. Stehe den Eltern und Kindern in allen Lebenssituationen gütig bei.

Gegrüßt seist du, Maria… mit Einfügung: Den du zu deinem großen Schmerz drei Tage lang gesucht hast.

Mutter, lass die Schmerzen dein nicht für mich vergebens sein.

4. Tag: Begegnung auf dem Kreuzweg

Heilige Maria, du Mutter des Erlösers, welch ein Schmerz war es für dich, den geliebten Sohn Jesus auf seinem Leidensweg zu sehen, inmitten der rohen Menge und fast erliegend unter der Last des Kreuzes!

Heilige Mutter, um der Bitterkeit deines Schmerzes willen erflehe mir die Gnade, in Kreuz und Leid mich mit jener Gesinnung Gott anheimzugeben, mit der dein Sohn das schwere Kreuz getragen hat und du selbst mit seinem Leiden dich vereinigt hast.

7 Gegrüßt seist du, Maria… mit Einfügung: Der dir zu deinem großen Schmerz mit dem schweren Kreuz begegnet ist.

Mutter, lass die Schmerzen dein nicht für mich vergebens sein.

5. Tag: Maria unter dem Kreuz

Der Kreuzestod Jesu ist der teure Preis, um den wir erlöst wurden. Alle Schmerzen Christi littest du in deinem Herzen mit. Auf Kaivaria bist du die Königin der Märtyrer, die Mutter des ganzen Menschengeschlechtes geworden. Wie groß war dein Schmerz!

Um deiner gemarterten Liebe willen erflehe mir eine innige Liebe zum Erlöser, deinem göttlichen Sohn, auf dass ich dankbar seines Leidens gedenke, meine Sünden tief bereue und in seiner Gnade lebe und sterbe.

7 Gegrüßt seist du, Maria… mit Einfügung: Unter dessen Kreuz du schmerzdurchbohrt gestanden bist.

Mutter, lass die Schmerzen dein nicht für mich vergebens sein.

6. Tag: Jesus tot im Schoße seiner Mutter

Heilige Maria, was für ein Schmerz war das für dich, den toten, mit Blut und Wunden bedeckten, heiligen Leichnam deines Sohnes nach der Kreuzabnahme in deinen jungfräulichen Schoß zu nehmen! Schmerzensmutter, du kennst die Not und die Leiden des menschlichen Herzens.

Sei mir in jeder Trübsal und Not liebreiche Helferin. Weiche nicht von meiner Seite in der schwersten Stunde, in der Sterbestunde.

7 Gegrüßt seist du, Maria… mit Einfügung: Dessen heiligster Leichnam dir zu deinem großen Schmerz in deinen mütterlichen Schoß gelegt wurde.

Mutter, lass die Schmerzen dein nicht für mich vergebens sein.

7. Tag: Grablegung Jesu

Heilige Maria, du hast deinem lieben Sohn noch die letzte Liebesehrung erwiesen und ihn zu Grabe geleitet. Voll inniger Zuversicht dachtest du an sein Versprechen, dass er auferstehen werde.

Erbitte mir, du starke Frau, die Kraft des Glaubens, dass ich im Leid um einen lieben Verstorbenen nicht ohne Hoffnung sei. Schenke mir die heilige Sehnsucht nach dem Himmel.

7 Gegrüßt seist du, Maria… mit Einfügung: Den du zu deinem großen Schmerz zu Grabe geleitet hast.

Mutter, lass die Schmerzen dein nicht für mich vergebens sein.

Novene zur Mutter vom guten Rat

Tägliches Novenengebet

O Maria, Mutter vom guten Rat, du Ausspenderin aller Gnaden, du Zuflucht aller Armen! Dein Rat kann das Schlimmste zum Guten wenden und deine erbarmende Liebe stößt keinen Sünder zurück. Blicke auf unsere Ratlosigkeit und erbitte uns in Fülle die Gabe des Rates vom göttlichen Tröstergeist. Habe Mitleid mit unserer Hilflosigkeit und wende alles zum Besten. Denn du, o Mutter vom guten Rat, hast noch keinen ohne Hilfe gelassen, der voll Vertrauen zu dir gerufen hat.

Gegrüßt seist du, Maria… mit Einfügung: Maria, Mutter vom guten Rat, erteile uns in allem deinen Rat.

Heilige Maria…

Gegrüßt seist du, Maria… mit Einfügung: Maria, Mutter vom guten Rat, zu jedem Werk, zu jeder Tat, gib uns deinen Rat.

Heilige Maria…

Gegrüßt seist du, Maria… mit Einfügung: Maria, Mutter vom guten Rat, in Krankheit, Angst und Not, gib uns deinen Trost und Rat.

Heilige Maria…

Litanei zu Unserer Lieben Frau vom guten Rat

Herr, erbarme dich unser
Christus, erbarme dich unser
Herr, erbarme dich unser, Christus, höre uns
Christus, erhöre uns
Gott Vater im Himmel – *erbarme dich unser*
Gott Sohn, Erlöser der Welt
Gott Heiliger Geist
Heiligste Dreifaltigkeit, ein einziger Gott
Heilige Maria – *bitte für uns*
Heilige Gottesmutter
Heilige Jungfrau über allen Jungfrauen
Mutter Christi
Mutter des guten Rates
Du Tochter des himmlischen Vaters
Du Mutter des göttlichen Sohnes
Du Braut des Heiligen Geistes
Du Tempel der Heiligsten Dreifaltigkeit
Du Sitz der Weisheit
Du Arche des Bundes
Du Königin der Engel
Du Zierde der Propheten
Du Ratgeberin der Apostel
Du Ratgeberin der Märtyrer
Du Ratgeberin der Bekenner
Du Ratgeberin der Jungfrauen
Du Ratgeberin aller Heiligen

Du Ratgeberin der Bedrängten
Du Ratgeberin der Betrübten
Du Ratgeberin der Kranken
Du Ratgeberin der Armen
Du Ratgeberin der Witwen und Waisen
Du Ratgeberin aller Notleidenden
Du Ratgeberin in allen Gefahren
Du Ratgeberin in allen Versuchungen
Du Ratgeberin in allen Ängsten und Zweifeln
Du Ratgeberin der Sterbenden
In allen Nöten und Anliegen
erteile uns guten Rat
In allen Zweifeln und Verwirrungen
In allen Betrübnissen und Widerwärtigkeiten
In allen Gefahren und Unglücksfällen
In allen Unternehmungen und Geschäften
In allen unseren Bedürfnissen
Du Ratgeberin der sich bekehrenden Sünder
In jeder Ungewissheit und Unsicherheit
In allen Versuchungen und Nachstellungen
In Kreuz und Leiden
In allen Gefahren des Leibes und der Seele
In allen Vorfällen dieses Lebens
In der Stunde unseres Todes
Heilige Maria, du Mutter des guten Rates
Lamm Gottes, du nimmst hinweg die Sünden der Welt – *verschone uns, o Herr*
Lamm Gottes, du nimmst hinweg die Sünden der Welt – *erhöre uns, o Herr*

Lamm Gottes, du nimmst hinweg die Sünden der Welt – *erbarme dich unser*

Bitte für uns, o Mutter des guten Rates
auf dass wir würdig werden der Verheißungen Christi.

Lasset uns beten: Gott, du hast die Mutter deines geliebten Sohnes auch uns zur Mutter gegeben. Wir bitten dich, gewähre, dass wir in treuer Befolgung ihrer mütterlichen Ermahnungen nach deinem Herzen leben und glücklich zum himmlischen Vaterland gelangen, durch Christus, unsern Herrn. Amen.

Gebet zur Mutter vom guten Rat

Mutter mit dem Jesuskinde,
Mutter du vom guten Rat,
wenn ich keinen Ausweg finde,
zeig du mir den rechten Pfad.

Und in den verschied'nen Lagen
meines Lebens steh mir bei,
dann vermag ich stets zu sagen,
dass ich gut beraten sei.

Doch vernimm jetzt meinen Willen,
den ich zeige durch die Tat,
immer werde ich erfüllen,
Mutter, deinen guten Rat.

Akt der Ganzhingabe an die Liebe Mutter Gottes und Vertrag mit Ihr

O liebe Mutter Gottes, du hast unserer Sünden wegen mit Jesus, deinem göttlichen Sohn, so viel gelitten, wie noch nie jemand gelitten hat. Hilf mir, ich bitte dich, nicht mehr bei denen zu sein, die den Heiland beleidigen. O liebe Mutter, dem Heiland zulieb hilf mir, besser zu werden. Nimm mir die Fähigkeit zu sündigen. Löse mich vom Zwang der Eigenliebe, dem Heiland zulieb. Ihm zulieb bringe mich auf bessere Wege. Hilf mir, nicht mehr schmerzlos an meinen täglichen Fehlern vorbeizugehen ohne die Erkenntnis, dass es nicht recht ist. Hilf mir, dass ich es nicht mehr so leicht nehme mit meiner Seele, dass ich immer mit Ernst daran denke: Es geht um Gott und die Ewigkeit! O Mutter, mit großem Vertrauen übergebe ich dir meine Gedanken, damit du sie auf Gott richtest. Ich übergebe dir meine Sinne. Binde sie an Gott. Ich übergebe dir mein Herz. Bewahre du es immer rein für Jesus. Besonders in den Stunden der Gefahr halte mich fest. Du weißt es ja, ich selbst kann es nicht. Ohne dich, ohne deine feste Hand lasse ich mich durch jeden Sturm fortreißen. Darum habe ich dich ja zur Mutter, dass du mich festhältst. O sei mir immer Mutter! Schon jetzt bitte ich dich darum für jene Stunden, wo ich vergessen sollte, zu beten und zu dir zu rufen. Es ist jetzt mein freier und überlegter Wille, für alle Zeiten durch dich Gott anzugehören. Schreibe du mich so in Jesu Herz, dass ich nie mehr daraus gestrichen werden kann. Nimm, o liebste Mutter, diese meine Ganzhingabe an dich als Vertrag zwischen dir und mir entgegen, als Vertrag, durch welchen du die Pflichten meiner Seele übernimmst und erfüllst, durch welchen du mich zu Gott drängen, bekehren und für mich sorgen musst, dass ich nie, nie mehr sündige. O Mutter, sage JA, Jesus zuliebe. Ich weiß, o Mutter, dass du es tust. IHM zuliebe tust du ja alles, was ihm Freude macht. Amen.

Novene zu Unserer Lieben Frau von der wunderbaren Medaille

Ursprung der Medaille

In der Nacht zum Sankt Vinzenzfest vom 18. auf den 19. Juli 1830 erschien die Mutter Gottes zum ersten Mal der jungen Novizin Katharina Labouré in der Kapelle des Schwesternhauses in der Rue du Bac in Paris. Die junge Vinzentinerin wurde vom Schutzengel um 23.30 Uhr dreimal gerufen und in die Kapelle begleitet. Dort kniete sich Schw. Katharina an der Kommunionbank nieder und bereitete sich auf den Besuch vor.

Gegen Mitternacht kam Maria, weiß gekleidet, mit blauem Schleier, und setzte sich auf einen Stuhl, der sich in der Nähe der Altarstufen befand. Katharina kniete sich an ihrer Seite nieder und legte ihre gefalteten Hände in den Schoß Mariens. Die heiligste Jungfrau sprach mit Schw. Katharina über einen großen Auftrag, den sie ihr übertragen wolle. Die Gottesmutter wies unter Tränen auf die großen Leidenszeiten hin, die über Paris und ganz Frankreich und über die Welt kommen würden. Katharina solle aber Vertrauen haben und oft zum Fuße des Altares kommen; da würde sie den notwendigen Trost finden. Vom Altar her werde allen Gnade zuteil, die darum bitten.

Am 27. November 1830 betete Katharina Labouré abends um 17.30 Uhr allein in der Hauskapelle. Wieder erschien Maria, diesmal lächelnd. Sie stand auf einer Halbkugel und unter ihren Füßen wand sich eine Schlange. In den Händen hielt Maria eine kleinere Kugel, die sie dem Herrn aufopferte. Katharina vernahm die Worte: «Diese Kugel stellt die ganze Welt dar und jeden einzelnen Menschen.» Plötzlich bedeckten sich Mariens Finger mit drei Ringen, die herrliche Edelsteine zierten, von denen leuchtende Strahlen ausgingen und die hehre Himmelskönigin in Licht hüllten. Während die kleine Kugel zwischen ihren Händen verschwand, senkte Maria ihre strahlenden Hände und sagte: «Die Strahlen sind das Sinnbild der Gnaden, die ich über die ausgieße, die mich darum bitten.» Schw. Katharina wunderte sich aber auch über einige Edelsteine, die keine Strahlen aussandten. Maria antwortete: «Die Edelsteine, die keine Strahlen aussenden, versinnbilden jene Gnaden, die man von mir zu erbitten versäumt.» Die demütige Novizin durfte dann noch mehr sehen. Um die seligste Jungfrau formte sich ein ovaler Rahmen, auf dem in Goldbuchstaben die Worte zu lesen waren: «O Maria, ohne Sünde empfangen, bitte für uns, die wir zu dir unsere Zuflucht nehmen.» Katharina hörte: «Lass nach diesem Muster eine Medaille prägen. Alle Personen, die sie tragen, werden große Gnaden erlangen, besonders wenn sie diese mit Vertrauen am Halse tragen.» Auch die Rückseite der Medaille wurde der Schwester gezeigt. Da stand ein großes M, von einem Kreuz überragt, das auf einem Querbalken ruhte. Darunter konnte sie das Herz Jesu, von einer Dornenkrone umgeben, und das Herz Mariens, von einem Schwert durchbohrt, wahrnehmen. Das Ganze war von 12 Sternen umrahmt.

Nach zwei Jahren wurden die ersten Medaillen mit Gutheißung des Erzbischofs von Paris geprägt. Die Gnadenerweise waren so vielfältig, dass die Medaille den Namen «Wunderbare» oder «Wundertätige» erhielt.

Tägliche Novenengebete

I.

3 mal: O Maria, ohne Sünde empfangen, bitte für uns, die wir zu dir unsere Zuflucht nehmen.

9 mal: Unsere Liebe Frau von der Wunderbaren Medaille, *segne* und *belehre* uns.

1 mal: Heilige Katharina Labouré, du demütiges Werkzeug der Immaculata, bitte für uns.

II.

3 mal: O Maria, ohne Sünde empfangen, bitte für uns, die wir zu dir unsere Zuflucht nehmen.

9 mal: Unsere Liebe Frau von der Wunderbaren Medaille, *schirme* und *verteidige* uns.

1 mal: Heilige Katharina Labouré, du demütiges Werkzeug der Immaculata, bitte für uns.

III.

3 mal: O Maria, ohne Sünde empfangen, bitte für uns, die wir zu dir unsere Zuflucht nehmen.

9 mal: Unsere Liebe Frau von der Wunderbaren Medaille, *heilige* und *vollende* uns.

1 mal: Heilige Katharina Labouré, du demütiges Werkzeug der Immaculata, bitte für uns.

O Maria, du unbefleckt Empfangene, du Allergnadenvermittlerin, du hast durch die heilige Katharina Labouré all denen, die vertrauensvoll zu dir rufen und deine «Wunderbare» Medaille tragen, Gnaden über Gnaden versprochen. Schon so viele durften deine auffallende Hilfe erfahren in geistigen und leiblichen Sorgen und Nöten. Gieße deine Gnaden auch in unser Herz und stehe uns bei in unseren Bedrängnissen und Ängsten.

Maria, du Siegerin über Satan und Sünde, hilf uns ganz besonders in unserem jetzigen schweren Anliegen...

Gegrüßt seist du, Maria... mit Einfügung: Unsere Liebe Frau von der Wunderbaren Medaille, wir danken dir für deinen mütterlichen Beistand. *Heilige Maria...*

Novene zu Unserer Lieben Frau von La Salette

Mit strahlendem Diadem um das Haupt und von leuchtendem Glorienschein umgeben, erschien Maria im September 1846 auf dem Berg

La Salette, um den Menschen durch zwei Hirtenkinder eine Botschaft des Himmels zu bringen.

An allen neun Tagen bete man:

Erhabene Mutter Gottes! Mitleidsvolle Mutter der Menschen! Deine Liebe zu uns hat dich bewogen, auf diese mit Sünden und Lastern bedeckte Erde herabzusteigen. Da hast du deine Klagen, deine Mahnungen, deine mütterlichen Versprechungen hören lassen.

Aber so viele Sünder bekehren sich nicht, sondern verharren in ihrer Unbußfertigkeit.

Gute Mutter, höre nicht auf, bei Jesus Fürbitte einzulegen. Halte seinen strafenden Arm zurück und erlange von seiner unendlichen Barmherzigkeit Gnade und Verzeihung für die Sünder und Heiligung der Gerechten.

Schmerzhafte Mutter Maria, schaue auf unsere Sorgen und hilf uns!

Vater unser… Gegrüßt seist du, Maria… mit Einschaltbitte:

Unsere Liebe Frau von La Salette, Versöhnerin der Sünder, bitte für uns ohne Unterlass, die wir zu dir unsere Zuflucht nehmen. Heilige Maria…

Lourdes-Novene

An allen neun Tagen bete man:

O Maria, du «Unbefleckte Empfängnis», Mutter Jesu und meine Mutter!

Vom 11. Februar bis zum 16. Juli 1858 erschienst du der heiligen Bernadette Soubirous in der Grotte von Massabielle bei Lourdes achtzehnmal. Durch deine Erscheinungen wurde das Dogma deiner «Unbefleckten Empfängnis» bestätigt. Ungezählten gewährtest du seither an dieser Stätte in reicher Fülle geistige und leibliche Hilfe. Viele Sünder empfingen durch deine Fürbitte die große Gnade der Bekehrung.

Du gute Mutter von Lourdes, siehe auf meine Not. Mit der heiligen Bernadette bitte ich dich, hilf mir!

Heilige Bernadette, du auserwähltes Werkzeug Gottes und der Immaculata, erlange mir, nach deinem Beispiel Maria zu lieben und ihr zu dienen. Durch die Fürbitte jener, die dir einst sagte: «*Ich bin die Unbefleckte Empfängnis!*» erflehe mir die Gnade, heilig zu leben und zu sterben. Ich erwähle dich zu meiner liebevollen Patronin.

Nun folgt dreimal:

1 Ehre sei, 1 Vaterunser, 4 Ave Maria mit Einfügung:

Gepriesen sei die heilige und Unbefleckte Empfängnis der allerseligsten Jungfrau und Gottesmutter Maria. Heilige Maria…

Schlussgebet für jeden Novenentag

Reinste Jungfrau Maria, in tiefer Ehrfurcht und Liebe danke ich dir für die große Gnade, die du der heiligen Bernadette und der ganzen Welt durch deine Erscheinungen in Lourdes gewährt hast. Hilf mir, Bernadette Soubirous nachzuahmen und ihre besonderen Tugenden: Demut, Einfachheit, Liebe zum verborgenen Leben und Geduld im Leiden zu erwerben.

Durch ihre Fürbitte schenke mir die Gnade…

Litanei zur Trösterin der Betrübten

Herr, erbarme dich unser
Christus, erbarme dich unser
Herr, erbarme dich unser, Christus, höre uns
Christus, erhöre uns
Gott Vater im Himmel – *erbarme dich unser*
Gott Sohn, Erlöser der Welt
Gott Heiliger Geist
Heiligste Dreifaltigkeit, ein einziger Gott
Heilige Maria – *bitte für uns*
Du auserwählte Tochter des Vaters allen Trostes
Du Mutter des Herrn, des Trostes Israels
Du Braut des Heiligen Geistes, des Trösters

Du Mittlerin zwischen Gott und den Menschen
Du Ausspenderin der göttlichen Gnaden
Du huldvolle Mutter des Trostes
Du Quelle des Friedens und der Ruhe
Du Freude der Kleinen
Du Trösterin der Weinenden
Du Stärke der Schwachen
Du Labsal der Kranken
Du Stütze der Lahmen
Du Licht der Blinden
Du Schild der Unterdrückten
Du Schutz der Verfolgten
Du Mutter der Verwaisten
Du Hilfe der Verlassenen
Du Zuflucht der Sünder
Du Trost der Verzagten
Du Stab der Büßenden
Du Ratgeberin der Zweifelnden
Du Kraft der Versuchten
Du Schutz der Jugend
Du Stütze des Alters
Du Hoffnung der Sterbenden
Du treue Trösterin aller Betrübten
Du Pforte unseres Heiles
Du wonnevolle Lust der Heiligen
Du selige Freude der Engel
Du Trost der armen Seelen
In allen Gefahren
In Krankheit und Schwachheit

In Armut und Not
In Verfolgung und Verlassenheit
In Zeiten allgemeiner Plagen und
 Heimsuchungen
In den Versuchungen
In der Todesstunde
Maria, Trösterin der Betrübten
Lamm Gottes, du nimmst hinweg die Sünden der
 Welt – *verschone uns, o Herr*
Lamm Gottes, du nimmst hinweg die Sünden der
 Welt – *erhöre uns, o Herr*
Lamm Gottes, du nimmst hinweg die Sünden der
 Welt – *erbarme dich unser, o Herr*
In aller Trübsal, Angst und Not,
 bitte für uns, o Trösterin der Betrübten.

Lasset uns beten: O Gott, du Urquell allen Trostes, der du in deiner Barmherzigkeit die Mutter deines eingeborenen Sohnes uns zur Trösterin gegeben hast, lasse uns, so bitten wir, in aller Trübsal mit Vertrauen zu ihr fliehen und durch ihre Fürsprache getröstet und gerettet werden.

Amen.

Fatima-Novene

Einleitung

In der «Geheimen Offenbarung» des heiligen Apostels Johannes ist die Rede vom großen Zeichen: von der Frau, mit der Sonne umkleidet, zu ihren Füßen der Mond, auf ihrem Haupte ein Kranz von zwölf Sternen. Im weiteren wird das Auftreten des großen, roten Drachens geschildert. Dieser bekämpft die Frau und «ihre Kinder», also jene, welche die Gebote Gottes befolgen und am Zeugnis Jesu festhalten.

Im Mai 1917 begann Lenin, aus seiner Verbannung in der Schweiz nach Russland zurückgekehrt, seine gottesfeindliche Propaganda. Er beabsichtigte die Errichtung der kommunistischen Weltherrschaft. Seine umstürzlerische Tätigkeit endete mit dem Sieg des Bolschewismus in der berüchtigten Oktoberrevolution. Im selben Monat Mai 1917 erschien die Gottesmutter, die Königin des heiligen Rosenkranzes, zum ersten Mal in Fatima drei Kindern: Lucia Santos, damals zehnjährig, ihrem Vetter Francisco Marto, neunjährig, und dessen Schwester Jacinta, siebenjährig. Alle drei wohnten im Weiler Aljustrel bei Fatima, einem Dorf mit 3000 Einwohnern, etwa 150 Kilometer nördlich von Lissabon, Portugal.

Maria, die hehre Himmelskönigin, begann dort die «Propaganda» zur Errichtung des Friedensreiches Christi und ihres Unbefleckten Herzens. Die Erscheinungen Mariens in Fatima dauerten sechs Monate und fanden ihren Abschluss im berühmten Sonnenwunder am 13. Oktober 1917.

Um die Botschaft Mariens vorzubereiten, sandte Gott den Engel des Friedens, den Engel Portugals.

Bitte an die Rosenkranzkönigin von Fatima

Unsere Liebe Frau von Fatima, hehre Königin des Friedens, ich wende mich an dich in einem schweren Anliegen. Komm mir in deiner Güte zu Hilfe, dem dreieinigen Gott zur Ehre, dir zur Freude und mir zum Nutzen. Ich will nun eine Novene beginnen und deine Botschaft des Friedens betrachten. Du hast so vielen geholfen, die dich im Rosenkranzgebet verehrt haben. Ich baue fest auf deinen Beistand. Wenn du mir hilfst, werde ich mich vermehrt einsetzen, deine Botschaft von Fatima bekannt zu machen, und andere dafür begeistern, dein Unbeflecktes Herz zu verehren und den heiligen Rosenkranz zu beten. Amen.

1. Tag: Im Frühjahr 1916

Als Lucia, Francisco und Jacinta die Schafherden der Eltern hüteten, erschien der Engel des Friedens und betete mit ihnen. Er sagte: «Habt keine Angst! Ich bin der Engel des Friedens. Betet mit mir.» Er kniete nieder, neigte das Haupt bis zur Erde und sprach dreimal: «Mein Gott, ich glaube, ich bete an, ich hoffe und ich liebe dich. Ich bitte dich um Verzeihung für alle jene, die nicht glauben, nicht anbeten, nicht hoffen und dich nicht lieben.» Die Kleinen ahmten, wie von einer übernatürlichen Kraft gedrängt, die Bewegungen des Engels nach und wiederholten mit ihm das Gebet. Hierauf erhob sich der Bote des Himmels und sagte zu den Kindern: «Betet so! Die heiligsten Herzen Jesu und Mariä werden auf eure Bitten hören.» Und er verschwand. – Im Hochsommer desselben Jahres, als die drei Kinder nach dem Mittagessen beim Ziehbrunnen im Garten nahe bei Lucias Elternhaus spielten, stand plötzlich derselbe Engel neben ihnen und sprach: «Was tut ihr? Betet viel! Die heiligsten Herzen Jesu und Mariä wollen sich euer für die Pläne ihrer Barmherzigkeit bedienen.

Bringt dem Herrn immerwährend Gebete und Opfer dar als Sühne für die vielen Sünden, durch die er beleidigt wird, und Bitten um die Bekehrung der Sünder. So werdet ihr den Frieden auf euer Vaterland herabziehen. Ich bin der Schutzengel Portugals. Nehmt vor allem die Leiden, die euch der Herr senden wird, mit Ergebung an und ertragt sie geduldig.» Diese Worte prägten sich tief in den Geist der Kinder ein und wirkten wie ein Licht, in dem sie erkannten, wie sehr Gott sie liebt und wie sehr er geliebt sein will. Sie erkannten auch den Wert des Opfers, und dass der Herr um der Opfer willen die Sünder bekehrt. – Im Herbst 1916 erschien der Engel in der Grotte Cabeo den drei Kindern, die dort den Rosenkranz beteten, wiederum. Plötzlich sahen die Kleinen sich von einem außerordentlichen Glanz umgeben. Sie erblickten den Engel, der einen Kelch in der Hand trug, über dem eine Hostie schwebte, von der Blutstropfen in den Kelch rannen. Kelch und Hostie blieben in der Luft schweben, während der Engel neben den Kindern niederkniete und sie aufforderte, dreimal zu sprechen: «Allerheiligste Dreifaltigkeit, Vater, Sohn und Heiliger Geist, ich bete dich in tiefer Ehrfurcht an und opfere dir auf den kostbaren Leib, das Blut, die Seele und die Gottheit Jesu Christi, der in allen Tabernakeln der Welt gegenwärtig ist, zur Sühne für die Schmähungen, Entweihungen und die Gleichgültigkeit, durch die er selbst beleidigt wird. Durch die unendlichen Verdienste seines heiligsten Herzens und des Unbefleckten Herzens

Mariä bitte ich dich um die Bekehrung der armen Sünder.»

Sodann erhob sich der Himmelsbote, nahm die Hostie und reichte sie Lucia und teilte den Kelchinhalt zwischen Jacinta und Francisco und sprach: «Nehmt hin den Leib und das Blut Jesu Christi, die von den undankbaren Menschen furchtbar beleidigt werden.» Und er warf sich aufs neue zur Erde nieder und betete dreimal wie vorher. Dann verschwand er. Die Kinder verharrten in der Gebetshaltung und sprachen immer wieder die Worte, die der Engel sie gelehrt hatte.

Gebet: Heiliger Schutzengel, hilf mir, in ständiger Anbetung zu sein vor meinem Herrn und Gott. Bitte für mich bei Maria, der Himmelskönigin.

Um Unsere Liebe Frau von Fatima zu ehren und Erhörung in meinem Anliegen zu erlangen, will ich nun den folgenden Rosenkranz verrichten.

(Fünf Gesätze wie beim gewöhnlichen Rosenkranz)

1. Gesätz:

Königin des heiligen Rosenkranzes,
beschirme uns.

2. Gesätz:

Königin des heiligen Rosenkranzes, führe uns.

3. Gesätz:

Königin des heiligen Rosenkranzes,
tröste uns.

4. Gesätz:

Königin des heiligen Rosenkranzes,
segne uns.

5. Gesätz:

Königin des heiligen Rosenkranzes,
erhöre uns.

Nach jedem Ehre sei dem Vater…:

Mein Gott, ich glaube, ich bete an, ich hoffe und ich liebe dich. Ich bitte dich um Verzeihung für alle jene, die nicht glauben, nicht anbeten, nicht hoffen und dich nicht lieben.

Allerheiligste Dreifaltigkeit, Vater, Sohn und Heiliger Geist, ich bete dich in tiefster Ehrfurcht an und opfere dir auf den kostbaren Leib, das Blut, die Seele und die Gottheit Jesu Christi, der in allen Tabernakeln der Welt gegenwärtig ist, zur Sühne für die Schmähungen, Entweihungen und die Gleichgültigkeit, durch die er selbst beleidigt wird. Durch die unendlichen Verdienste seines heiligsten Herzens und des Unbefleckten Herzens Mariä bitte ich dich um die Bekehrung der armen Sünder.

2. Tag: 13. Mai 1917, Sonntag vor Christi Himmelfahrt

Zur selben Stunde, in der der spätere Papst Pius XII. in der Sixtinischen Kapelle im Vatikan zum Bischof geweiht wurde, erschien in der Cova da Iria die Königin des Himmels den drei Kindern: Lucia, Francisco und Jacinta. Nachdem die Kleinen den Rosenkranz gebetet hatten, spielten sie am Abhang der Cova da Iria. Ein Blitz leuchtete am wolkenlosen Himmel bei hellem Sonnenschein. Durch den Blitz erschreckt, wollten die drei Hirtenkinder mit den Schafen, die dort weideten, nach Hause gehen. Da blitzte es ein zweites Mal. Auf einer kleinen Steineiche erschien eine wunderschöne Dame in hellem Lichtglanz. Sie sprach zu den Kindern: «Habt keine Angst, ich tue euch nichts zuleide.» Lucia fragte: «Woher kommt ihr?» Die weiße Gestalt erwiderte: «Ich komme vom Himmel!» Die kleine Hirtin stellte die Frage: «Was wollt ihr von uns?» – «Ich bin gekommen, euch zu bitten, dass ihr sechsmal nacheinander zur gleichen Stunde wie heute, am dreizehnten jeden Monats, hierher kommt, bis Oktober», entgegnete die Dame. «Im Oktober werde ich euch sagen, wer ich bin und was ich von euch will. Ich werde dann wiederkommen.» (Hinweis auf die Erscheinungen vom 10. Dezember 1925 zu Pontevedra und 1929 zu

Tuy, Spanien.) Lucia fragte: «Ihr kommt vom Himmel? Werde ich auch in den Himmel kommen?» Die Dame entgegnete: «Ja, du wirst dorthin kommen.» – «Und Jacinta?» – «Sie auch.» – «Und Francisco?» – Und die Muttergottes: «Ja, auch er… Aber er muss viele Rosenkränze beten.» Lucia erkundigte sich über zwei verstorbene Töchter aus Aljustrel. Die Dame sagte, dass die eine im Himmel, die andere jedoch noch im Fegefeuer sei. Die heiligste Jungfrau stellte an die Kinder die Frage: «Wollt ihr euch Gott schenken, um alle Leiden zu ertragen, die Er euch schicken wird, zur Sühne für die Sünden, durch die Er beleidigt wird und als Bitte um die Bekehrung der Sünder?» Lucia, die als Älteste das Gespräch mit der Dame führte, bejahte es auch stellvertretend für die beiden Kleineren. (Jacinta sah und hörte die Dame; Francisco sah sie nur.) Maria fuhr fort: «Ihr werdet viel leiden müssen. Aber die Gnade Gottes wird eure Stärke sein.» Bei den letzten Worten öffnete Maria ihre gefalteten Hände und ließ ein geheimnisvolles Licht über die Kinder ausstrahlen, das ihnen bis ins Herz drang. «In diesem Licht sahen wir uns selbst in Gott, klarer, als man sich im hellsten Spiegel sieht!», erzählte später Lucia. Die Dame empfahl dann den Kindern, alle Tage andächtig den Rosenkranz zu beten, wie sie es eben getan hatten, um der Welt den Frieden zu erbitten.

Gebet: O Herr, durch Unsere Liebe Frau von Fatima bitte ich dich demütig, lass auch mich einst in den Himmel kommen. Ich nehme mir fest vor, täglich den Rosenkranz zu beten (im Notfall ein Gesätzchen). Die Opfer und Leiden, die du mir schickst, will ich geduldig ertragen als Sühne für die Beleidigungen der göttlichen Majestät, um die Bekehrung der Sünder zu erlangen und zur Genugtuung für die Beleidigungen, die dem Unbefleckten Herzen Mariens zugefügt werden.

Um Maria, die hehre Himmelskönigin, zu erfreuen, den Frieden für die Welt und die Herzen zu erbitten und Erhörung in meinem Anliegen zu erlangen, will ich nun den *freudenreichen* Rosenkranz beten.

3. Tag: 13. Juni 1917, Fest des heiligen Antonius, des Patrons der Pfarrei Fatima

Lucia, Francisco und Jacinta knieten mit einigen Begleitern zur Mittagszeit in der Cova da Iria und beteten den Rosenkranz. Hierauf sahen die drei Kinder den Lichtstrahl, der sich näherte und den sie «Blitz» nannten. Und wieder erschien die weiße Dame über einer kleinen Steineiche wie im Mai. Auf die Frage Lucias, was die Dame wünschte, sagte Maria: «Ich möchte, dass ihr am Dreizehnten des kommenden Monats hierher kommt, dass ihr alle Tage den Rosenkranz betet und lesen lernt. Später werde ich euch sagen, was ich noch weiter wünsche.» Lucia bat um die Heilung eines Kranken. Die heiligste Jungfrau erwiderte: «Wenn er sich bekehrt, wird er in diesem Jahr gesund werden.» Und Lucia fuhr fort: «Ich möchte sie bitten, uns in den Himmel mitzunehmen.» Die Muttergottes entgegnete: «Ja! Jacinta und Francisco werde ich bald holen. Du aber bleibst noch einige Zeit hier. Jesus möchte sich deiner bedienen, damit die Menschen mich erkennen und lieben. Er möchte auf Erden die Andacht zu meinem Unbefleckten Herzen begründen. Wer sie übt, dem verspreche ich das Heil, und die Seelen werden von Gott geliebt sein wie Blumen, die von mir hingestellt sind, um seinen Thron zu schmücken.» – «Bleibe ich allein hier?», fragte Lucia traurig. «Nein, meine Tochter; leidest du sehr? Lasse dich nicht entmutigen. Niemals werde ich dich verlassen. Mein Unbeflecktes Herz wird deine Zuflucht sein und der Weg, der dich zu Gott führen wird.» Während Maria diese Worte an Lucia richtete, öffnete sie die Hände und ließ wie beim ersten Mal Licht auf die Kinder strömen. Jacinta und Francisco schienen in dem Teil des Lichtes zu stehen, der sich zum Himmel erhob und Lucia in dem Teil, der sich über die Erde ergoss. Über der rechten Hand Mariens sahen die Kinder ein Herz, umgeben von Dornen, die es zu durchbohren schienen. Die Kleinen erkannten, dass dies das Unbefleckte Herz Mariä sei, verletzt durch die Sünden der Menschheit, das Sühne wünscht.

Gebet: O Herr Jesus Christus, vom Kreuze herab gabst du der Menschheit deine Mutter mit den Worten: «Siehe da, deine Mutter!» Wie sehr leidet eine Mutter, wenn ihr eigenes Kind in Sünde und Verirrung lebt! Noch viel mehr leidet das jungfräuliche, makellose Herz Mariens, weil so viele Erdenkinder Gott beleidigen und sich nicht bekehren wollen. O Jesus, lass mich und die vielen, die auf Erden sind, wie die Kinder Lucia, Francisco und Jacinta, nach dem Himmel verlangen und auf die Bitten Mariens hören! Um dem Unbefleckten Herzen Mariens Genugtuung zu leisten, die Sünden der Menschen zu sühnen und Hilfe in meinem jetzigen schweren Anliegen zu erlangen, will ich nun den schmerzhaften Rosenkranz beten.

4. Tag: 13. Juli 1917, zur Mittagszeit

Rund 5000 Personen waren in die Cova da Iria gekommen. Die Dame zeigte sich wiederum den drei Kindern. Lucia, die in den verflossenen Tagen und Wochen durch vielerlei Bedrängnis eingeschüchtert worden war, wurde von Jacinta angespornt, mit der Dame zu sprechen. Auf Lucias Frage: «Was wollt Ihr von mir?», entgegnete Maria: «Ich möchte, dass ihr am Dreizehnten des kommenden Monats wieder hierher kommt und weiterhin jeden Tag den Rosenkranz betet.» Das Kind bat die Dame, ihren Namen zu nennen und ein Zeichen zu tun. Die heiligste Jungfrau sprach: «Im Oktober werde ich euch sagen, wer ich bin und was ich wünsche. Ich werde ein Wunder tun, damit alle glauben.» Auf einige Bitten, die Lucia noch anfügte, erwiderte Maria, man müsse den Rosenkranz beten, um diese Gnaden während des Jahres zu erlangen. Dann fuhr sie fort: «Opfert euch für die Sünder und sagt oft, besonders wenn ihr ein Opfer bringt: O Jesus, alles aus Liebe zu dir, für die Bekehrung der Sünder und zur Genugtuung für die Beleidigungen, die dem Unbefleckten Herzen zugefügt werden.» (Von Jacinta angeregt, fügten die drei Kinder später immer hinzu: und für den Heiligen Vater.) Bei diesen Worten öffnete die Dame aufs Neue die Hände wie in den zwei früheren Erscheinungen. Licht floß aus ihren Händen und schien die Erde zu durchdringen, und die drei Kleinen sahen eine Art Feuermeer und eingetaucht in dieses Feuer die gefallenen Engel und die Seelen der Verdammten. Lucia, Francisco und Jacinta hörten die Schmerzensschreie und Verzweiflungsrufe der Verworfenen.

Hierauf sagte Maria traurig: «Ihr habt die Hölle gesehen, auf welche die armen Sünder zugehen. Um sie zu retten, will der Herr die Andacht zu meinem Unbefleckten Herzen in der Welt einführen. Wenn man das tut, was ich euch sage, werden viele Seelen gerettet und der Friede wird kommen. Der Krieg geht seinem Ende entgegen. Aber wenn man nicht aufhört, den Herrn zu beleidigen, wird nicht lange Zeit vergehen, bis ein neuer, noch schlimmerer Krieg beginnen wird. (Hungersnot, Verfolgung der Kirche und des Heiligen Vaters!) Um das zu verhüten, werde ich kommen, um die Weihe Rußlands an mein Unbeflecktes Herz (durch den Papst in Gemeinschaft mit allen Bischöfen der Welt! Botschaft an Schw. Lucia im Jahre 1929 zu Tuy, Spanien!) und die Sühne-Kommunion an den ersten Samstagen des Monats (Botschaft vom 10. Dezember 1925 an Schw. Lucia in Pontevedra!) zu fordern. Wenn man auf meine Wünsche hört, wird Russland sich bekehren und es wird Friede sein. Wenn nicht, wird es seine Irrlehren über die Welt verbreiten und Krieg und Verfolgung der Kirche heraufbeschwören. Die Guten werden gemartert werden, und der Heilige Vater wird viel zu leiden haben. Verschiedene Nationen werden vernichtet werden. Am Ende wird mein Unbeflecktes Herz triumphieren.

Wenn ihr den Rosenkranz betet, sagt nach jedem Gesätz: O mein Jesus, verzeih uns unsere Sünden. Bewahre uns vor dem Feuer der Hölle. Führe alle Seelen in den Himmel, besonders jene, die deiner Barmherzigkeit am meisten bedürfen.» Die Kinder erhielten die Weisung, über verschiedene Mitteilungen Mariens zu schweigen.

Gebet: O Gott, bei der ersten Erscheinung Unserer Lieben Frau von Fatima ließest du Maria vom Himmel und vom Fegefeuer sprechen. Nun sollten Lucia, Francisco und Jacinta auch die Hölle kennenlernen. So wichtig ist die Entscheidung eines jeden Einzelnen hier auf Erden, denn ewiges Glück oder Unglück hängt davon ab! Viele lassen sich verführen und von der Welt und dem Teufel blenden. Sie glauben nicht mehr an die ewigen Wahrheiten. Erbarme dich ihrer und auch jener, die dein heiliges Evangelium noch nicht kennen. Herr, lass deine Auferstehung und Himmelfahrt, die Aussendung des Heiligen Geistes und die Aufnahme und Krönung Mariens im Himmel immer mehr geglaubt, geliebt und verehrt werden. Für die Rettung der Seelen und um Erhörung in meinem Anliegen zu erlangen, will ich nun den *glorreichen* Rosenkranz verrichten.

Persönliche Weihe an das Unbefleckte Herz Mariens

O Maria, unsere Mutter und Königin! Du bist in Fatima erschienen und hast versprochen, Russland zu bekehren und der Welt den Frieden zu geben, wenn die Menschen auf dich hören. Freudig weihe ich mich deinem Unbefleckten Herzen. Gern will ich dein Eigen sein und durch dich ganz Jesus gehören. Lehre mich, Jesus immer mehr zu lieben, für ihn zu leben und zu wirken! Ich verspreche dir, täglich den Rosenkranz (oder wenigstens ein Gesätz) zu beten und dabei die Geheimnisse des Lebens Jesu zu betrachten. Auch will ich all die Opfer, die zur christlichen Erfüllung meiner täglichen Pflichten notwendig sind, im Geiste der Sühne auf mich nehmen.

Hilf mir, dieses Versprechen treu zu halten.

5. Tag: Montag, 13. August 1917, Fest Maria «Zuflucht der Sünder»

Die glaubensfeindliche Presse, die in boshafter Weise über Fatima berichtete, machte zugleich die Ereignisse von der Cova da Iria in ganz Portugal bekannt. Am 13. August pilgerten ungefähr 20 000 Personen in die Cova da Iria. Sie sahen zur Mittagszeit die Naturphänomene, die jeweils mit der Erscheinung Mariens zusammenhingen, wie Blitze, Farben und kleine Wolken. Lucia, Francisco und Jacinta kamen aber nicht. Sie mussten schon am Vormittag in den Pfarrhof von Fatima gehen. Dort verhörte der Pfarrer die drei Kinder in Anwesenheit des Bezirksvorstehers. Hierauf gab dieser vor, er wolle die Kleinen in seinem Wagen an die Erscheinungsstätte bringen. Der Weg aber führte ins Gefängnis von Vila Nova de Ourem (15 Kilometer von Fatima entfernt). – Der Bezirksvorsteher, der Logenführer war, wollte anfänglich mit Schmeicheleien den Kindern das Geheimnis entlocken, das ihnen Maria am 13. Juli anvertraut hatte. Da seine Versuche vergeblich waren, drohte er und sagte, er werde sie in siedendes Öl werfen. Auch dies half nichts. Zwei Tage dauerten die strengen Verhöre. Die Kinder opferten ihre Ängste und Leiden, Jacinta vor allem ihr Heimweh, für die Bekehrung der Sünder auf. Jacinta nahm ihre Medaille vom Hals und ließ sie durch einen Gefangenen an der Wand befestigen. Lucia, Francisco und seine Schwester knieten davor nieder und beteten in Anwesenheit der Gefangenen den Rosenkranz.

Gebet: O Herr, gepriesen sei dein Erbarmen und deine göttliche Vorsehung! Durch den Engel Portugals nahmst du die Hirtenkinder Lucia, Francisco und Jacinta in die Glaubensschule. Sie sollten die Wichtigkeit des Hauptgebotes, die Anbetung des dreieinigen Gottes und der Eucharistie, den Wert des Opfers und der Sühne kennenlernen. Hierauf sandtest du deine eigene liebe Mutter als Lehrmeisterin nach Fatima. Maria, die hehre Himmelskönigin, sollte deinen göttlichen Wunsch – die Verehrung des Unbefleckten Herzens – kundtun und zum täglichen Rosenkranzgebet aufrufen. Dreimal war Maria schon gekommen. Nun brach eine Stunde der Prüfung an. – Herr, lass mich nie allein in der Stunde der Versuchung. Sende mir deine Mutter und die heiligen Engel, damit ich auch in schwerer Prüfung standhalte. O Jesus, du hast selbst gesagt, dass im Himmel mehr Freude ist über einen Sünder, der Buße tut, als über 99 Gerechte. Deshalb will ich nun für die Bekehrung der Sünder und um in meinem schweren Anliegen erhört zu werden, den *freudenreichen* Rosenkranz beten.

6. Tag: Die Marienerscheinung in Valinhos

Am Feste «Maria Himmelfahrt» (15. August) kehrten die drei Seherkinder aus ihrer Gefangenschaft nach Aljustrel bei Fatima zurück. Lucia, Francisco und dessen Bruder Joäo (Johannes) gingen mit den Schafen in den Nachmittagsstunden auf die Weide, die Valinhos heißt. (Es könnte auch der 9. August gewesen sein, doch glaubte Lucia später, dass es gleich nach der Heimkehr aus dem Gefängnis war.) Plötzlich verspürte Lucia etwas Übernatürliches, das sich näherte und sie umhüllte. Sie bat deshalb Joäo, die daheimgebliebene Jacinta zu holen, der es nur widerwillig tat. Es blitzte, und kurz nachdem Jacinta eintraf, erschien die Dame auf einer Steineiche. Maria sprach: «Ich will, dass ihr am Dreizehnten zur Cova da Iria kommt und dass ihr weiterhin den Rosenkranz betet. Ich werde im letzten Monat (Oktober) ein Wunder wirken, damit alle glauben können. Hätte man euch nicht nach Vila de Ourem gebracht, würde das Wunder viel eindrucksvoller sein.» Auf Lucias Bitten für anempfohlene Kranke erwiderte Maria: «Ja, ich werde im Laufe des Jahres einige gesund machen. Betet, betet viel und bringt Opfer für die Sünder, denn viele Seelen kommen in die Hölle, weil niemand für sie Opfer bringt, für sie betet.» Und wieder erhob sie sich und verschwand gegen Osten. Francisco brach den Eichenast ab, auf dem die Muttergottes sich gezeigt hatte und brachte ihn nach Hause. Von diesem Ast ging ein köstlicher, fremdartiger Duft aus. Lucias Mutter, die bis zu diesem Tage an den Erscheinungen zweifelte, fing an zu glauben.

Gebet: Herr, wie muss es dich beleidigen, wenn die Menschen in ihrer Verblendung versuchen, deine Pläne für unser Heil zu vereiteln! Verzeihe ihnen, denn sie wissen nicht, was sie tun! O Jesus, verzeihe auch mir, dass ich schon so viele Gnaden abgelehnt oder schlecht genutzt habe. Ich bitte dich um Verzeihung für jene, die nicht an die Erscheinungen deiner liebsten Mutter in Fatima glauben und ihre Bitten nicht befolgen, ja sogar verachten. Zur Sühne für die Beleidigungen, die Gott und dem Unbefleckten Herzen Mariens zugefügt werden, und um Erhörung in meinem großen Anliegen zu erlangen, will ich nun den *schmerzhaften* Rosenkranz beten.

7. Tag: Donnerstag, 13. September 1917

Um die Mittagszeit gingen die drei Hirtenkinder in die Cova da Iria. Dort hatten sich bereits gegen 30000 Personen eingefunden. Die Kinder kamen nur mühsam und mit Hilfe einiger Männer voran. Es war ein großes Gedränge. Leidbeladene aus allen Schichten Portugals baten die Kinder, Maria ihre Anliegen vorzutragen. Einige riefen von den Bäumen und Mauern herab, auf die sie gestiegen waren. Endlich in der Cova da Iria angelangt, begannen die Kinder mit dem Volk den Rosenkranz zu beten. Bei wolkenlosem Himmel verlor die Sonne ihren Glanz, so dass die Sterne sichtbar wurden. Eine Lichtkugel schwebte zum Erscheinungsort. Maria erschien wiederum und sprach: «Die Leute mögen fortfahren, den Rosenkranz zu beten, um das Ende des Krieges zu erlangen. Im Oktober wird auch der Heiland erscheinen. Unsere Liebe Frau von den Schmerzen und vom Karmel und der heilige Josef mit dem Jesuskind, um die Welt zu segnen.» Und als Lob für die Kinder fügte sie bei: «Gott ist mit euren Bußwerken zufrieden; doch will er nicht, dass ihr mit dem Strick (um die Hüften) schlaft. Tragt ihn nur während des Tages.» Weiter trug sie ihnen auf, am 13. Oktober unbedingt in die Cova da Iria zu kommen. Lucia brachte vielerlei Bitten des Volkes vor, die von Maria huldvoll beantwortet wurden. Dann erhob sie sich und verschwand.

Das Rosenkranzgebet leuchtet bei jeder Erscheinung in anderen und neuen Farben auf; es ist das Bittgebet für den Frieden in der Welt und in den Herzen, ein Sühnegebet für die Sünden, ein wirkungsvolles Rettungsmittel für die Seelen, ein heilsames Werkzeug für die Bekehrung der Sünder, das Gebet, das das schmerzvolle Herz Mariens tröstet. Kurz gesagt: Das Rosenkranzgebet ist das Sturmgebet der katholischen Kirche, vor dem die Hölle zittert.

Gebet: Herr, lass die Menschen immer mehr den Wert des heiligen Rosenkranzes erkennen. Um deines Namens willen bitte ich dich: Gib Klerus und Volk große Einsicht für das päpstliche Mahnwort des heiligen Pius X., der gesagt hat, dass für den Priester nach der heiligen Messe und dem Brevier das Rosenkranzgebet von höchster Bedeutung sei; für den Laien soll der Rosenkranz nach der heiligen Messe den ersten Platz unter den christlichen Andachtsübungen einnehmen. Um für alle diese Einsicht zu erbitten und Erhörung in meinem Anliegen zu erlangen, will ich nun den *glorreichen* Rosenkranz verrichten.

8. Tag: Samstag, 13. Oktober 1917

Gegen 70000 Personen aus ganz Portugal strömten an diesem Tage in die Cova da Iria. Auch die drei Hirtenkinder begaben sich frühzeitig in Begleitung ihrer Eltern dorthin. Frau Santos bangte für das Leben ihrer Lucia. Es regnete in Strömen. Bei der Erscheinungsstelle angelangt bat Lucia, einer inneren Eingebung folgend, das Volk, die Schirme zu schließen und den Rosenkranz zu beten. Kurz darauf sahen die drei Kinder den Lichtschein und dann die weiße Dame über der Steineiche. Lucia fragte wiederholt: «Wer seid Ihr und was wollt Ihr von mir?» Maria antwortete, sie sei die Rosenkranzkönigin und wolle, dass man an diesem Ort eine Kapelle zu ihrer Ehre errichte. Wiederum empfahl sie, man solle fortfahren, alle Tage den Rosenkranz zu beten. Sie fügte hinzu: «Der Krieg geht dem Ende entgegen und die Soldaten werden bald heimkehren.» Und weiter sagte die Muttergottes: «Die Menschen sollen sich bessern und um Verzeihung ihrer Sünden bitten. Sie sollen den Herrn nicht mehr beleidigen, der schon zu viel beleidigt wurde!» Es war das letzte Wort, der Kern der Botschaft von Fatima.

Plötzlich hörte der Regen auf. Die Wolken zerrissen und die Sonnenscheibe wurde sichtbar. Sie war silbern wie der Mond. Mit einem Mal begann die Sonne, mit ungeheurer Geschwindigkeit wie ein Feuerrad um sich selbst zu kreisen, gelbe, grüne, rote, blaue und violette Strahlenbündel werfend; die Wolken, Bäume, Felsen, Erde und die ungeheure Menge wurden in phantastische Farben getaucht. Einen Augenblick hielt sie inne, um ein zweites und drittes Mal den wunderbaren Anblick zu bieten, noch farbenprächtiger und glänzender als vorher. Hierauf hatten alle Anwesenden den Eindruck, die Sonne löse sich vom Firmament und stürze auf sie nieder. Die Leute warfen sich im Schlamm auf die Knie und verrichteten Stoßgebete und Reueakte. Lucia, Francisco und Jacinta schauten neben der Sonne die Heilige Familie, der heilige Josef segnete mit einem Kreuzzeichen die Welt. Hierauf sah Lucia den Heiland, der ebenfalls das Volk segnete und nacheinander die Schmerzensmutter und Maria vom Berge Karmel.

Gebet: Göttlicher Heiland und Erlöser, einst ließest du Paulus, von deinem Lichtstrahl getroffen, niederstürzen, um befähigt zu werden, dir nachzufolgen. In Fatima machtest du die Herzen durch das Sonnenwunder und deinen Segen fähig für deinen Gnadenanruf. Auf die Fürbitte der hehren Rosenkranzkönigin und des heiligen Josef gib uns viele heilige Familien, eifrige Diener der Kirche und viele stille Opferseelen. Lass die Kranken und Leidenden durch Unsere Liebe Frau von den Schmerzen und vom Karmel getröstet werden. Ich will nun zu Ehren Unserer Lieben Frau von Fatima den *glorreichen* Rosenkranz beten und die Priester, Ordensleute und christlichen Familien, die Kranken und Leidenden, alle, die das heilige Skapulier (Skapuliermedaille) tragen in mein Anliegen einschließen.

Am Schluss dreimal:

Königin des heiligen Rosenkranzes, erbitte uns den Frieden.

9. Tag: Pontevedra und die Herz-Marien-Samstage

Lucia, die in späteren Jahren in den Karmel zu Coimbra kam, wurde nach dem Tod von Francisco und Jacinta einige Zeit in einer Schule zu Porto ausgebildet. Hierauf trat sie als Postulantin bei den spanischen Dorotheerinnen von Tuy ein, die damals vorübergehend (infolge Bauarbeiten) in Pontevedra wohnten.

Am 10. Dezember 1925 (Fest Unserer Lieben Frau von Loreto) erschien die seligste Jungfrau der Seherin Lucia in ihrer Zelle und seitlich, in einer leuchtenden Wolke, das Jesuskind. Maria legte Lucia die Hand auf die Schulter und zeigte ihr ein von Dornen umgebenes Herz, das sie in der anderen Hand hielt. Maria sagte: «Habe Mitleid mit dem Herzen der heiligsten Mutter, umgeben von Dornen, mit denen die undankbaren

Menschen es ständig durchbohren, ohne dass jemand einen Sühneakt machen würde, um sie herauszuziehen. Suche wenigstens du mich zu trösten und teile mit, dass ich verspreche, all jenen in der Todesstunde mit allen Gnaden, die für das Heil dieser Seelen notwendig sind, beizustehen, die fünf Monate lang jeweils am ersten Samstag beichten, die heilige Kommunion empfangen, einen Rosenkranz beten und mir während fünfzehn Minuten durch Betrachtung der fünfzehn Rosenkranzgeheimnisse Gesellschaft leisten in der Absicht, mir dadurch Sühne darzubringen.»

Gebet: O Maria, ich will durch die Übung der fünf ersten Monats-Samstage die fünf Arten von Beleidigungen und Lästerungen gegen dein Unbeflecktes Herz sühnen. Nimm an meine Sühne für die Lästerungen gegen deine Unbefleckte Empfängnis, deine Jungfräulichkeit und deine Gottesmutterschaft. Ich biete dir meine Sühne an und bitte dich um Verzeihung für jene, die dich nicht als Mutter der Menschheit anerkennen und die den Kinderherzen die Gleichgültigkeit, die Verachtung, ja sogar den Hass gegen dich einflößen. Schließlich will ich auch die Schmähungen sühnen, die dir jene zufügen, die deine heiligen Bilder verunehren.

Um dein Unbeflecktes Herz zu erfreuen und Erhörung in meinem Anliegen zu erlangen, will ich nun den folgenden Rosenkranz beten.

5 Gesätze wie beim gewöhnlichen Rosenkranz.

1. Erhalte und vermehre in uns den Glauben an deine Unbefleckte Empfängnis.
2. Erhalte und vermehre in uns den Glauben an deine immerwährende Jungfräulichkeit.
3. Erhalte und vermehre in uns den Glauben an deine Würde als wahre Mutter Gottes.
4. Erhalte und vermehre in uns die Ehrfurcht und Liebe zu deinen Bildern.
5. Entzünde in allen eine große Andacht und Liebe zu dir.

Schlussgebet

Königin des heiligen Rosenkranzes, Unsere Liebe Frau von Fatima, ich danke dir für deine Hilfe. Deine Botschaft in Fatima ist der Ausdruck deiner mütterlichen Liebe. Du willst alle retten, alle in den Himmel führen.

Ehre und Dank sei dem Vater und dem Sohn und dem Heiligen Geist für die hehre Himmelskönigin, ihre Botschaft von Fatima und für die Erhörung meiner Bitten. Amen.

Sühnekommunion-Novene für den Herz-Marien-Samstag

von Jesus Schw. Nathalie in Ungarn am 15. August 1942 geoffenbart und vom ungarischen Bischof Stephanus Häsz empfohlen und in die Schweiz gebracht.

Der Herr wünscht Sühnebeichte und Sühnekommunion an neun aufeinanderfolgenden ersten Monats-Samstagen.

Die Gläubigen sollen die empfangene heilige Hostie durch das makellose Herz Mariens dem göttlichen Herzen im Geiste der Sühne aufopfern.

Christus versprach den Verehrern des makellosen Herzens Mariä, die diese Novene eifrig pflegen u.a.

«Sie werden in allen Lebensumständen die besondere Unterstützung und den Segen meiner Mutter spüren.

Friede, Einverständnis und Liebe werden in den Seelen und in den Familien herrschen.

Sie werden bis ans Ende im wahren Glauben ausharren.

Die gesegneten Mütter werden den besonderen Schutz meiner Mutter fühlen.

Die Seelen werden das Gebet und das Leiden lieb gewinnen. Sie werden Gott, den Nächsten und den Feind lieben lernen.

Die Sünder werden sich bekehren, auch wenn die Novene für sie von einem anderen gehalten wird.

Wenn die Eltern oder irgendein Familienmitglied diese Novene verrichten, wird niemand von den Kindern bzw. aus der Familie verdammt werden.

Von den Jugendlichen werden viele den Priester- oder Ordensberuf erhalten.

Die nach Vollkommenheit Trachtenden werden als Auszeichnung die Haupttugenden meiner Mutter, nämlich Demut, Keuschheit und Liebe erhalten.

Die geistlichen Seelen werden in den Übungen des Glaubens und des tugendhaften Lebens leicht vorankommen.

Die Sterbenden werden ein so großes Verlangen nach dem ewigen Leben bekommen, dass sie, meinem Willen ergeben, still in den Armen meiner Mutter hinscheiden.

Beim Gericht werden sie den besonderen Schutz meiner Mutter erfahren.

Jene Seelen, die diese Novene verrichten, werden die ganze Ewigkeit wie reine Lilien um das makellose Herz meiner Mutter glänzen. Ich, das göttliche Lamm, in meinem Vater mit dem Heiligen Geiste, werde mich an diesen Seelen ewig freuen, die am makellosen Herzen meiner Mutter als Lilien glänzen und durch mein heiliges Herz zur Glorie gelangen.»

Nachbemerkung der Schwester Nathalie:

Als der Heiland von diesen neun Samstagen sprach, wusste ich noch nicht, dass die seligste Jungfrau von Fatima fünf erste Samstage wünscht. Als ich nun das der Kirche mitteilte, wurde ich aufgefordert, den Heiland zu fragen, warum er neun, die seligste Jungfrau aber fünf Samstage wünsche.

Der Heiland hat so geantwortet: «Die Bitte um die ersten fünf Samstage ist ein Zeichen der Demut meiner Mutter, die sie auch im Himmel noch hat und eben darum hält sie sich nicht für würdig, dass sie eines gleichen Kultes teilhaftig sei. Meine Bitte hingegen ist das Zeichen meiner Liebe, die es nicht ertragen kann, dass ich mehr bekomme als sie, mit der ich in Liebe vereint bin.»

Fatima-Gebet

Jesus, alles aus Liebe zu dir, für die Bekehrung der Sünder und zur Genugtuung für die Beleidigungen, die dem Unbefleckten Herzen zugefügt werden.

Fatima-Rosenkranz

Man nennt heute den gewöhnlichen Rosenkranz allgemein «Fatima-Rosenkranz», wenn nach jedem Gesätz das folgende Gebet eingefügt wird, das Maria am 13. Juli 1917 in Fatima den drei Kindern vorgesprochen hat. Es lautet:

O mein Jesus, verzeih uns unsere Sünden. Bewahre uns vor dem Feuer der Hölle. Führe alle Seelen in den Himmel, besonders jene, die deiner Barmherzigkeit am meisten bedürfen.

Das tägliche Rosenkranzgebet heiligt die Familien, die Gemeinschaften und Völker.

«Der Rosenkranz wird in den Tagen der Bedrängnis Wunder wirken, wie sie die Welt noch nicht gesehen und gehört hat.»

Gräfin Franziska M. Beliante

Kleiner Fatima-Rosenkranz

(ohne Vaterunser und Ave Maria)

1. Mein Gott, ich glaube, ich bete an, ich hoffe und ich liebe dich. Ich bitte dich um Verzeihung für alle jene, die nicht glauben, nicht anbeten, nicht hoffen und dich nicht lieben.

3 mal

Allerheiligste Dreifaltigkeit, Vater, Sohn und Heiliger Geist, ich bete dich in tiefster

Ehrfurcht an und opfere dir auf den kostbaren Leib, das Blut, die Seele und die Gottheit Jesu Christi, der in allen Tabernakeln der Welt gegenwärtig ist, zur Sühne für die Schmähungen, Entweihungen und die Gleichgültigkeit, durch die er selbst beleidigt wird. Durch die unendlichen Verdienste seines heiligsten Herzens und des unbefleckten Herzens Mariens bitte ich dich um die Bekehrung der armen Sünder. 1 mal

Königin des heiligen Rosenkranzes, erbitt' der Welt und Kirche: Gnade, Erbarmen und Frieden. *10 mal*

2. Mein Gott, ich glaube… *3 mal*
   Allerheiligste Dreifaltigkeit… *1 mal*
   Königin des heiligen Rosenkranzes, erbitt' den Familien: Gnade, Erbarmen und Frieden. *10 mal*

3. Mein Gott, ich glaube… *3 mal*
   Allerheiligste Dreifaltigkeit… *1 mal*
   Königin des heiligen Rosenkranzes, erbitt' den Irrenden und Suchenden: Gnade, Erbarmen und Frieden. *10 mal*

4. Mein Gott, ich glaube… *3 mal*
   Allerheiligste Dreifaltigkeit… *1 mal*
   Königin des hl. Rosenkranzes, erbitt' den Sündern: Gnade, Erbarmen und Frieden. *10 mal*

5. Mein Gott, ich glaube... *3 mal*
Allerheiligste Dreifaltigkeit... *1 mal*
Königin des heiligen Rosenkranzes,
erbitt' den Leidenden und Sterbenden:
Gnade, Erbarmen und Frieden. *10 mal*

Kreuzweg der Anbetung, Bitte und Sühne

Bevorzugte Kreuzwegandacht des Pater Pio von San Giovanni Rotondo

Neufassung

Vorbereitungsgebet

Herr Jesus Christus, du bist für uns am Kreuz gestorben. In Dankbarkeit und Liebe kommen wir, um dir im Geiste auf deinem Leidensweg zu folgen. Gib uns tiefes Mitgefühl für deine Leiden, wahre Reue über unsere Sünden und die Gnade, dich nie mehr zu beleidigen.

1. Station: Jesus wird zum Tode verurteilt

Heiland und Erlöser, wir beten dich an. Wir danken dir, dass du aus Liebe zu uns das Todesurteil angenommen hast. Durch deine Verdienste befreie uns von der Verurteilung zum ewigen Tode.

Ewiger Vater, wir opfern dir in der Liebe des Heiligen Geistes durch Maria Jesu Todesangst und Blutschweiß von Gethsemane auf sowie seine unschuldig ertragene Gefangennahme, Geißelung, Dornenkrönung und sein heldenmütiges Schweigen bei der Verurteilung durch Pilatus.

Nimm an diese Leiden unseres Herrn Jesus Christus als immerwährende Sühne und Genugtuung für die vielfältigen Ausrufe der Menschen auf Erden: «Wir dienen nicht!»

Vater unser… Gegrüßt seist du, Maria… Ehre sei…

2. Station: Jesus umfasst liebend das Kreuz

Heiland und Erlöser, wir beten dich an. Wir danken dir, dass du aus Liebe zu uns das schwere Kreuz auf dich genommen hast. Erhalte in uns die Gnade, damit wir aus Liebe zu dir unser Kreuz geduldig tragen.

Ewiger Vater, wir opfern dir in der Liebe des Heiligen Geistes durch Maria Jesu Erlöserliebe, seine Kreuzes- und Leidensliebe im Gehorsam gegen dich auf.

Nimm an seine Liebe und Leidensbereitschaft zur Sühne für allen menschlichen Ungehorsam, alle Angst und Flucht vor Kreuz und Leid und zur Genugtuung für alle Geringschätzung, Verunehrung und hasserfüllte Verachtung des heiligen Kreuzes.

Vater unser… Gegrüßt seist du, Maria… Ehre sei…

3. Station: Jesus fällt zum ersten Mal unter dem Kreuz

Heiland und Erlöser, wir beten dich an. Wir sind tief betrübt, dass dich die Last unserer Sünden zu Boden gedrückt hat. Hilf uns, damit wir aus Liebe zu dir nicht mehr sündigen.

Ewiger Vater, wir opfern dir in der Liebe des Heiligen Geistes durch Maria Jesu große Kreuzeslast, seine Schwäche und den ersten schmerzlichen Fall auf.

Nimm an diese Leiden unseres Herrn zur Sühne für alle Sünden der Kinder und Jugendlichen. Um seiner Wunden willen bewahre sie vor dem Fall in die schwere Sünde.

Vater unser… Gegrüßt seist du, Maria… Ehre sei…

4. Station: Jesus begegnet seiner heiligen Mutter

Heiland und Erlöser, wir beten dich an. Wir betrachten deine tiefe Trauer über die Schmerzen deiner liebsten Mutter auf dem Weg nach Kaivaria. Gib, dass wir in jeder Not und Betrübnis voll Vertrauen zu dir und deiner Mutter kommen.

Ewiger Vater, wir opfern dir in der Liebe des Heiligen Geistes durch die himmlischen Heerscharen Jesu und Mariens Herzeleid auf.

Nimm an Jesu und seiner Mutter Schmerz zur Sühne für alle Sünden gegen die Gottes- und Nächstenliebe.

Vater unser… Gegrüßt seist du, Maria… Ehre sei…

5. Station: Simon von Cyrene hilft Jesus das Kreuz tragen

Heiland und Erlöser, wir beten dich an. Wir erwägen deine Demut, mit der du die Hilfe Simons angenommen hast. Gib uns die Gnade, die Verdemütigungen zu lieben.

Ewiger Vater, wir opfern dir in der Liebe des Heiligen Geistes durch Maria Jesu heilige Schulterwunde auf.

Nimm an die großen Schmerzen dieser Wunde zur Sühne für alles Ärgernis in der Welt und in der Kirche. Lass alle erzwungenen Liebesdienste, alle Amtshandlungen der hohen Geistlichkeit fruchtbar werden für das Heil der Seelen in Vereinigung mit Jesu Kreuzwegleiden.

Schmerzensmutter Maria, du hast Jesus einen Helfer vom Vater erfleht: Simon von Cyrene. Mutter des guten Hirten, rufe viele edle Seelen zur Nachfolge Christi.

Vater unser… Gegrüßt seist du, Maria… Ehre sei…

6. Station: Veronika reicht Jesus das Schweißtuch dar

Heiland und Erlöser, wir beten dich an. Wir danken dir, dass du die Züge deines Antlitzes in das Schweißtuch der Veronika eingeprägt hast. Lass dich herab und präge das Andenken deines Leidens tief in unsere Seele ein.

Ewiger Vater, wir opfern dir in der Liebe des Heiligen Geistes durch Maria die Verdienste des heiligsten Antlitzes Jesu auf.

Nimm an Jesu Tränen, Blutstropfen und Wunden zur Sühne für alle Gotteslästerungen. Schenke unserer Zeit viele Veronika Seelen, die in Liebe den Leidenden dienen und helfen.

Vater unser... Gegrüßt seist du, Maria... Ehre sei...

7. Station: Jesus fällt zum zweiten Mal unter dem Kreuz

Heiland und Erlöser, wir beten dich an. Wir betrachten voll Mitleid deinen zweiten schmerzlichen Fall auf dem Weg nach Golgotha. Lass nicht zu, dass wir dich je wieder beleidigen.

Ewiger Vater, wir opfern dir in der Liebe des Heiligen Geistes durch Maria das zweite schmerzliche Niederfallen Jesu auf.

Nimm an dieses Leiden unseres Herrn Jesus Christus zur Sühne für alle Gewohnheitssünden.

Vater unser... Gegrüßt seist du, Maria... Ehre sei...

8. Station: Jesus tröstet die weinenden Frauen

Heiland und Erlöser, wir beten dich an. Wir bitten dich, gewähre uns die wahre Reue über unsere Sünden, die dir so viel Leid verursacht haben.

Ewiger Vater, wir opfern dir in der Liebe des Heiligen Geistes durch Maria das große Mitleid auf, das Jesus den weinenden Frauen zeigte.

Nimm an Jesu Schmerz und Trauer zur Sühne für alle Sünden der Mütter und Erzieher.

Vater unser… Gegrüßt seist du, Maria… Ehre sei…

9. Station: Jesus fällt zum dritten Mal unter dem Kreuz

Heiland und Erlöser, wir beten dich an. Wie furchtbar war dein dritter Fall unter der Last des Kreuzes! Gib, dass wir uns in jeder Niederlage in die Arme deiner Liebe werfen, um uns so wieder zu erheben.

Ewiger Vater, wir opfern dir in der Liebe des Heiligen Geistes durch Maria den dritten Fall Jesu unter dem Kreuz auf.

Nimm an die Verdienste des kreuztragenden Heilands, seine völlige Ermattung und die Liebe, mit der er seinen Weg fortsetzte, zur Sühne für die Unbußfertigkeit der in Leidenschaften verstrickten Sünder.

Vater unser… Gegrüßt seist du, Maria… Ehre sei…

10. Station: Jesus wird seiner Kleider beraubt

Heiland und Erlöser, wir beten dich an. Tief bewegt verehren wir dich in deiner Verdemütigung und deinem unermesslichen Schmerz. Verleihe uns die Gnade, die Abtötung zu lieben.

Ewiger Vater, wir opfern dir in der Liebe des Heiligen Geistes durch Maria Jesu schmerzhafte und schmachvolle Entkleidung auf.

Nimm an die Leiden, die Jesus bei dieser Station erduldet hat, zur Sühne für die unanständige Mode, die Unsittlichkeit und heimlichen Sünden.

Vater unser… Gegrüßt seist du, Maria… Ehre sei…

11. Station: Jesus wird ans Kreuz genagelt

Heiland und Erlöser, wir beten dich an. Wir danken dir, dass du aus Liebe zu uns die Schmerzen der Kreuzigung ertragen hast. Gib, dass wir unsere Leidenschaften aus Liebe zu dir kreuzigen.

Ewiger Vater, wir opfern dir in der Liebe des Heiligen Geistes durch Maria Jesu heilige Demut, seine Wunden und die Schmerzen der Kreuzigung auf.

Nimm an die unermesslichen Verdienste seiner Leiden zur Sühne für allen Krieg, alle Folterung und Grausamkeit.

Vater unser… Gegrüßt seist du, Maria… Ehre sei…

12. Station: Jesus stirbt am Kreuz

Heiland und Erlöser, wir beten dich an. Wir danken dir, dass du für uns gestorben bist. Lass dein Blut und deine Pein an uns und den heute Sterbenden nicht verloren sein.

Ewiger Vater, wir opfern dir in der Liebe des Heiligen Geistes durch Maria Jesu Elend, Leiden und Sterben am Kreuze auf.

Nimm an Christi heiligen Kreuzestod zur Sühne für alle Sünden der ganzen Menschheit.

Vater unser… Gegrüßt seist du, Maria… Ehre sei…

13. Station: Jesus wird in den Schoß seiner Mutter gelegt

Heiland und Erlöser, wir beten dich mit deiner schmerzerfüllten Mutter an. Maria, ganz durchbohrt von Schmerz und Weh, bitte für uns bei deinem Sohn. Setze dein unbeflecktes Herz an die Stelle unserer sündigen Herzen, damit wir Jesus in der heiligen Kommunion immer würdig empfangen.

Ewiger Vater, wir opfern dir in der Liebe des Heiligen Geistes durch Maria Jesus, deinen vielgeliebten Sohn, auf.

Nimm an alle Verdienste deines Sohnes und die Schmerzen und Tränen Mariens zur Sühne für

alle Unbußfertigkeit, Verstocktheit und Gleichgültigkeit.
Vater unser... Gegrüßt seist du, Maria... Ehre sei...

14. Station: Der Leichnam Jesu wird ins Grab gelegt

Heiland und Erlöser, wir beten dich an. Wir bitten dich demütig, verzeihe uns alle unsere Sünden und lass uns einst mit dir zum ewigen Leben auferstehen.

Ewiger Vater, wir opfern dir in der Liebe des Heiligen Geistes durch Maria Jesus in der heiligen Hostie auf.

Nimm an alle Verdienste der Passion Christi zur Sühne für alle Armen Seelen des Fegefeuers.
Vater unser... Gegrüßt seist du, Maria... Ehre sei...

Ewiger Vater, wir opfern dir die Wunde der rechten Hand deines Sohnes auf, um die Wunden unserer Seelen zu heilen: *Vater unser... Gegrüßt seist du, Maria...*

Ewiger Vater, wir opfern dir die Wunde der linken Hand deines Sohnes auf, um die Wunden unserer Seelen zu heilen: *Vater unser... Gegrüßt seist du, Maria...*

Ewiger Vater, wir opfern dir die Wunde des rechten Fußes deines Sohnes auf, um die Wunden unserer Seelen zu heilen: *Vater unser... Gegrüßt seist du, Maria...*

Ewiger Vater, wir opfern dir die Wunde des linken Fußes deines Sohnes auf, um die Wunden unserer Seelen zu heilen: *Vater unser… Gegrüßt seist du, Maria…*

Ewiger Vater, wir opfern dir die Wunde der Seite deines Sohnes auf, um die Wunden unserer Seelen zu heilen: *Vater unser… Gegrüßt seist du, Maria…*

Vater unser… Gegrüßt seist du, Maria… Ehre sei… nach der Meinung des Heiligen Vaters.

Sühnegebet zum schmerzvollen, Unbefleckten Herzen Mariens

Schmerzvolles, Unbeflecktes Herz Mariens, in Demut und Reue über unsere eigene Schuld wollen wir Sühne und Abbitte leisten für alle Sünden, durch die das anbetungswürdigste Herz deines göttlichen Sohnes so sehr verwundet und auch dein eigenes Herz gemartert wurde.

Wir bitten dich um Verzeihung für unser eigenes Vergehen, für unsere Undankbarkeit und Kälte. Wir bitten dich um Verzeihung für alle armen Sünder, die durch Unwissenheit, Leidenschaft oder Bosheit verblendet sind.

Schmerzvolles, Unbeflecktes Herz Mariens, wir bitten dich, vermehre unsern Glauben und bitte Jesus, ihn als Ersatz für den Unglauben so vieler

Menschen anzunehmen. Vermehre unsere Liebe und unsere Dankbarkeit zum heiligsten und verwundeten Herzen Jesu und zu deinem schmerzvollen und unbefleckten Herzen und bitte Jesus, sie als Ersatz für den Undank aller Sünder anzunehmen. Unbeflecktes Herz Mariens, wir vertrauen auf dich und rufen zu dir auch für alle jene, die dich nicht lieben, nicht auf deine mütterliche Liebe und Güte vertrauen und dich nicht anrufen. Die Flüche wandle in Lob, die Gleichgültigkeit in Gebet und den Hass in Liebe. Gib uns Reinheit des Gewissens, Demut und Opfergeist.

Betrachtungsviertelstunde für den Herz-Marien-Samstag

1. Verkündigung Christi: Maria wird vom Engel im Auftrag Gottes gegrüßt. Der Allmächtige lässt sie, die doch nur ein Geschöpf ist, sehr höflich anreden: «Gegrüßt seist du, Maria, voll der Gnade! Der Herr ist mit dir.» Maria ist voll Gnade, d.h. alles an ihr ist Gnade. Der Herr, der dreieinige Gott, der Vater, der Sohn und der Heilige Geist, ist mit Maria. Sie soll nach dem Ratschluss Gottes Mutter Jesu werden. Die allerreinste Jungfrau ist, was den Glaubensgehorsam betrifft, größer als Abraham, das Vorbild aller Gläubigen, weil sie dem Wort Gottes glaubt, das der Engel

Gabriel ihr überbringt. Sie unterwirft sich dem Willen Gottes ohne Vorbehalt mit den Worten: «Ich bin die Magd des Herrn. Mir geschehe nach deinem Wort.» Maria wird Mutter des Erlösers durch Überschattung des Heiligen Geistes.

2. *Heimsuchung Mariens:* Johannes, der Sohn Elisabeths und des Zacharias, sollte Vorläufer des Messias werden. Die Gnade der Wiedergeburt zur Gotteskindschaft wurde dem heiligen Johannes nach der Lehre der Väter schon im Mutterschoß zuteil durch das Kommen Christi in Maria zu ihrer Verwandten Elisabeth, der Mutter des künftigen Täufers. – Hier begegnet uns Maria als «Vermittlerin der Gnade» an Johannes. Durch die heilige Taufe sind auch wir Kinder Gottes und Erben des Himmels geworden. Das Magnifikat, das Maria damals sang, mahnt uns, Gott auch zu verherrlichen durch demütige Anerkennung der Barmherzigkeit Gottes und entsprechende Danksagung für die Gnade der Erlösung.

3. *Geburt Christi:* Der Sohn Gottes wird Menschensohn und erhält durch Maria die menschliche Natur. Christus wird wahrer Mensch und ist dadurch leidensfähig. Er kann als Vertreter der Menschheit dem ewigen Vater Sühne leisten für die Sünden der Welt. Sein Sühnewerk hat unendlichen Wert, weil er zugleich wahrer Gott ist. Wir wollen die Hirten von Betlehem und die Weisen aus dem Morgenland nachahmen durch

demütiges Horchen auf Gottes Anruf und treue Folgsamkeit dem Willen Gottes gegenüber. Wir wollen versuchen, den Weg der geistigen Kindheit zu gehen, den uns die heilige Theresia vom Kinde Jesu durch Wort und Beispiel gelehrt hat.

4. Aufopferung Christi: Das ganze Leben Jesu wird zu einem Sühneopfer, das sichtbar zu werden beginnt bei seiner Darstellung und Aufopferung im Tempel. Gleichzeitig beginnt Maria, mit Christus vereint, als Gehilfin des Erlösers ihr Opfer, das mit dem «Schwertstich» auf Golgotha zur Vollendung kommt. Christus selbst ist der wahre «Hohepriester» für die ganze Menschheit. Er ist Brückenbauer (Pontifex) und Brücke zum Vater. Jeder bedarf dieser Brücke. Die Opfertat Jesu enthält Akte der Anbetung, der Danksagung, der Verherrlichung des Vaters und der Liebe zu ihm, ferner Akte der Fürbitte, die im hohepriesterlichen Gebet vor seinem Leiden und Sterben ihren Höhepunkt erreichen. Unsere Aufgabe ist es, uns Christus anzuschließen. In Fatima forderte die Gottesmutter die Seherkinder zu zahlreichen Opfern für die Bekehrung der Sünder auf.

5. Jesus im Tempel und in Nazareth: Der zwölfjährige Jesus im Kreise der Schriftgelehrten in der Tempelschule zu Jerusalem lenkt unsere Blicke auch auf die spätere Lehrtätigkeit des göttlichen Meisters. Die Bergpredigt mit ihren acht Seligkeiten bildet darin einen Höhepunkt.

Vorerst aber heiligt Jesus das Alltagsleben im Hause zu Nazareth. Papst Paul VI. schrieb darüber: Es ist ein Leben des Schweigens und der Stille, es ist eine Lehre für das häusliche und soziale Leben, zu dem alle berufen sind. – Im fünften Rosenkranzgeheimnis erscheint Jesus als Vorbild und Lehrer im täglichen Leben der Kinder Gottes. Er unterwirft sich den Gesetzen der religiösen Gemeinschaft und des Familienlebens. Wir wollen uns bemühen, die heilige Messe nach Möglichkeit auch werktags zu besuchen, den Rosenkranz im Kreise der Familie zu beten und die Alltagsarbeit durch die «gute Meinung» am Morgen zu heiligen.

6. Jesus in Todesangst: Christus wollte uns erlösen. Er versöhnte den Vater mit der gefallenen Menschheit durch sein Leiden und Sterben. Vor seinem Geistesauge stand die ganze Undankbarkeit und Sündhaftigkeit des Menschengeschlechtes und zugleich die Größe der göttlichen Majestät, die Sühne forderte. Der Herr suchte Trost im Gebet. – Gottesfurcht und Gottesliebe bilden den fruchtbaren Boden für den Geist der Zerknirschung. Sie öffnen das Auge zur Selbsterkenntnis und für das Unheil der Sünde. Die Früchte dieser Geisteshaltung sind: Reuegesinnung, Sühnebereitschaft, Mißtrauen gegen sich selbst, Hingabe an Gottes Willen, Verständnis für die Fehler der Mitmenschen, Vertrauen auf

Gottes Hilfe, besonders zur Zeit der Versuchung. Die Heiligen haben großes Gewicht auf solche Geisteshaltung gelegt. Die Betrachtung des blutschwitzenden, betenden Heilands am Ölberg verhilft uns dazu.

7. *Christus an der Geißelsäule:* Er sinkt zerschlagen und blutüberströmt an der Geißelsäule nieder. Wer hat ihn so zugerichtet? Die Schergen? Die Juden? Nicht auch die ganze Menschheit? Warum hat der himmlische Vater an seinem Sohn diese grausame Geißelung zugelassen? Jesus hat den Mißbrauch des Leibes gesühnt und uns dadurch ein mahnendes Vorbild zur Abtötung und Beherrschung des Fleisches gegeben. Der Herr sagt: «Wer mir nachfolgen will, der verleugne sich selbst.» Es gibt verschiedene Arten der Abtötung und Selbstverleugnung: Jene, die Gott selber schickt: Armut, Krankheit, Hunger, Hitze, Kälte usw.; jene, die uns von der Kirche auferlegt werden als Glieder des mystischen Leibes Christi: Besuch des sonntäglichen Gottesdienstes, Fastengebot usw. Jedem Christen bleiben zahlreiche Möglichkeiten zur Übung vollkommener Selbstbeherrschung. Die Seherkinder von Fatima wurden von der Gottesmutter zur sühnenden Abtötung erzogen, zum Opfern für die Rettung der Sünder.

8. *Die Dornenkrönung Jesu:* Der Herr wird Pilatus überliefert durch die Leidenschaft seiner

Feinde: die Eifersucht und den Neid der jüdischen Priester, den Hochmut und Geistesstolz der Pharisäer, den Undank, die Furchtsamkeit und Blindheit des Volkes. Die Leidenschaft verwirrt, berauscht, verblendet die Vernunft. Der verhöhnte und mit Dornen gekrönte Heiland sühnt die Unbotmäßigkeit des Geistes, der sich auflehnt gegen den König der Wahrheit und Liebe. Die Betrachtung der Dornenkrönung Jesu führt zur Abtötung der Leidenschaften. Es ist wichtig, dass wir unsere Leidenschaften kennen. Deshalb fragen wir uns, was den inneren Frieden stört und unsere Phantasie beschäftigt, womit wir uns im Leiden trösten. Sakramentenempfang, Gebet (wie z. B. Rosenkranz), Wandel in der Gegenwart Gottes, Übung der unserer Leidenschaft entgegengesetzten Tugend, Betrachtung des dornengekrönten Jesus können uns besonders helfen, die Leidenschaften zu überwinden.

9. *Jesus auf dem Kreuzweg:* Der Erlöser zeigte auf dem Weg nach Golgotha seine grenzenlose Liebe allen, die ihn umgaben und begleiteten: den neugierigen und gleichgültigen Zuschauern, den feindlichen, boshaften Menschen, den gutgesinnten und befreundeten Seelen. Allen schenkte er seine Liebe; die einen ertrug er, die anderen belohnte er. Der kreuztragende Heiland hilft uns, die rechte Liebe zu üben, wenn wir ihn darum bitten. Unser Lebensweg ist dem Kreuzweg

Christi ähnlich. Sein Kreuzweg begann mit einem ungerechten Urteil. So beginnen meistens die Sünden gegen die Nächstenliebe mit einem fehlerhaften, leidenschaftlichen oder wenigstens lieblosen Urteil. Unser eigener Lebensweg führt uns vorbei an solchen, die uns teilnahmslos oder feindlich oder wohlgesinnt gegenüberstehen. Jesus sagt: «Wer mir nachfolgen will, nehme sein Kreuz auf sich.» Und der Apostel mahnt: «Ein jeder trage des andern Last, so werdet ihr das Gesetz Christi erfüllen.» Unser Kreuz ist nicht zuletzt die Last des Nächsten. Unfruchtbarkeit im geistlichen Leben liegt vielfach im Mangel an christlicher Nächstenliebe begründet. Die Kinder von Fatima wurden von der Gottesmutter belehrt, in Liebe Opfer zu bringen für die Bekehrung der Sünder.

10. Christus am Kreuz: Die Erlösung der Welt geschah durch den freiwilligen Opfertod des Gottmenschen am Kreuz, zur Sühne für die Sünden der Welt. Maria stand vor dem Kreuz ihres Sohnes und litt mit ihm. Auf Golgotha wurde sie Miterlöserin, Mittlerin, Fürsprecherin, Mutter der Kirche und der Völker. Bei jeder heiligen Messe setzt Christus unblutigerweise sein Kreuzesopfer gegenwärtig. In jeder hl. Kommunion gibt er sein Fleisch und Blut als Opferspeise und Opfertrank für das Leben der Seelen. Die Durchbohrung des Herzens Jesu und der Seele Mariens gaben Anlass zur Verehrung des göttlichen Herzens Jesu und des unbefleckten, schmerzhaften Herzens Mariä.

11. Auferstehung Jesu: Die vier Evangelisten und der Völkerapostel Paulus schildern eindrücklich und unmißverständlich die leibliche Auferstehung Christi. Die Auferweckung Jesu am Ostertag ist der Beweis für die Annahme seines Opfers vonseiten des Vaters. Für Jesus Christus selbst bedeutete die Auferstehung Umwandlung seines irdischen Leibes in den verklärten Zustand des Auferstehungsleibes. Für die Apostel bedeutete die Auferstehung Versöhnung mit ihrem Meister, den sie alleingelassen hatten, und Wiederherstellung der Tischgemeinschaft mit ihm. Daher sind die Auferstehungsberichte meist verbunden mit einem Versöhnungsmahl. Für uns bedeuten Tod und Auferstehung Christi seelische Neugeburt im Bad der Taufe und Wandel in einem neuen Leben der Gerechtigkeit und Wahrheit. Die Versöhnungsgnade wird uns mitgeteilt im Sakrament der Sündenvergebung, eingesetzt am Ostertag und gewährleistet durch das Opfermahl der heiligen Messe. Die heilige Kommunion nährt in uns die übernatürliche Lebenskraft der göttlichen Gnade. Zugleich ist sie uns ein Unterpfand unserer eigenen künftigen Auferstehung und Verklärung.

12. Himmelfahrt Christi: Wer sich erniedrigt, wird erhöht. Der Sohn Gottes stieg einst vom Himmel in den Schoß der Jungfrau, wurde Mensch, lag in einer Krippe, starb am Kreuz und sein Leib wurde ins Grab gelegt; seine Seele stieg hinab in die Unterwelt. Durch seine Auferstehung hat Jesus den Tod überwunden und ist nach vierzig Tagen in den Himmel aufgefahren, um sich zur Rechten des Vaters zu setzen und für die Getreuen eine Wohnung zu bereiten. Als Hoherpriester und König des Weltalls besitzt er die Gewalt, uns durch seine Verdienste und die heiligen Sakramente der Kirche in das himmlische Reich der Seligkeit einzuführen. Bitten wir immer wieder um die wahre Sehnsucht nach dem Himmel!

13. Aussendung des Geistes: Nach der Himmelfahrt Christi betete Maria mit den Aposteln und Jüngern des Herrn neun Tage lang um die Herabkunft des Heiligen Geistes. In brausendem Sturm und in feurigen Zungen stieg der Tröstergeist, den Jesus versprochen hatte, auf die im Abendmahlssaal versammelte Gemeinde herab. Der Heilige Geist ist der eigentliche Vollzieher aller göttlichen Tätigkeit nach außen, denn alles wird durch die Liebe Gottes gewirkt. Als Schöpfergeist atmete er bei der Gestaltung der Welt; beim Werk der Erlösung überschattete er die allerreinste Jungfrau Maria und das Wort Gottes wurde Mensch; im Werk der Heiligung der Erlösten zeigt sich ganz besonders die Tätigkeit des Schöpfergeistes. Die Erleuchtung der Seelen begann sichtbar zu werden am ersten Pfingstfest bei der Herabkunft feuriger Zungen auf die Apostel und wirkt sich im kirchlichen Lehramt weiter aus. Die Gestaltung und Belebung der Kirche geschieht durch die heiligen Sakramente und durch die Austeilung der Gaben des Heiligen Geistes. Beten wir immer im Verein mit Maria zu Jesus um den Heiligen Geist!

14. Heimgang Mariens: Das Leben und Sterben der Gottesmutter verlief nach dem Grundsatz ihrer Gleichförmigkeit mit Christus. In einzigartiger Weise zur Miterlöserin berufen, blieb sie vor der Erbsünde bewahrt. Das ganze Leben Jesu spielte sich ab in Verbindung mit Maria. Auch im Sterben wollte Maria Jesus ähnlich werden. Als unbefleckt Empfangene der Strafe des Todes enthoben, wünschte sie ihn dennoch um der Gleichförmigkeit mit Christi willen. Bei der leiblichen Aufnahme in den Himmel wurde sie in besonderer Weise Christus ähnlich. (Dogma der leiblichen Aufnahme Mariens in den Himmel am 1. November 1950 durch Papst Pius XII.) Der Glaube an die leibliche Aufnahme Mariens in den Himmel ist nach Pius XII. eine lebendige Mahnung und Erinnerung an das erhabene Ziel des Menschen. Es stärkt uns im Glauben an unsere eigene Auferstehung und Verklärung im Jenseits.

Krönung Mariens: Nach der Heiligen Schrift erhält jeder Diener Gottes eine himmlische Krone, die «Krone des Lebens und der Herrlichkeit». Maria, die Mutter des Herrn, und unsere Mutter, ist die Königin des Himmels und der Erde. Die Ereignisse in Fatima sind nach Pius XII. die «Botschaft vom Königtum Mariens». Derselbe Papst verkündete am 11. Oktober 1954 das Königtum Mariens und setzte für den 31. Mai (jetzt am 22. August gefeiert) das Fest ihres Königtums ein. Als besonders wertvollen Akt der Verehrung der Himmelskönigin empfahl der Heilige Vater die Nachahmung der Tugenden Mariens und die Weihe an ihr unbeflecktes Herz.

Kleine Krone Mariens

Eingangsgebet

Lob und Dank sei der hochheiligen Dreifaltigkeit, die uns die Jungfrau Maria zeigte, mit der Sonne umkleidet, den Mond zu ihren Füßen und über ihrem Haupt einen geheimnisvollen Kranz von zwölf Sternen. Lob und Dank sei ihr in alle Ewigkeit! Amen.

I.

Lob und Dank sei Gott dem Vater, der sie zur Tochter auserwählte. Amen. *Vater unser...* (ohne Ave Maria)

1. Gelobt sei Gott der Vater, der sie vorherbestimmte zur Mutter seines göttlichen Sohnes. Amen. *Gegrüßt seist du, Maria...*

   Jesus, der in uns den Glauben vermehre. *Heilige Maria...*

2. Gelobt sei Gott der Vater, der sie bei ihrer Empfängnis vor jeder Sünde bewahrte. Amen. *Gegrüßt seist du, Maria...*

   Jesus, der in uns die Hoffnung stärke. *Heilige Maria...*

3. Gelobt sei Gott der Vater, der sie bei ihrer Geburt mit höchsten Vorzügen schmückte. Amen. *Gegrüßt seist du, Maria...*

   Jesus, der in uns die Liebe entzünde. *Heilige Maria...*

4. Gelobt sei Gott der Vater, der ihr als Gefährten und reinsten Bräutigam den heiligen Josef gab. Amen. *Gegrüßt seist du, Maria...*

   Jesus, der uns die wahre Andacht verleihe. *Heilige Maria...*

Ehre sei dem Vater und dem Sohn und dem Heiligen Geist, wie im Anfang, so auch jetzt und allezeit und in Ewigkeit. Amen.

II.

Lob und Dank sei Gott dem Sohn, der sie zur Mutter erwählte. Amen. *Vater unser…* (ohne Ave Maria)

1. Gelobt sei Gott der Sohn, der in ihrem Schoß die Menschennatur annahm und neun Monate darin wohnte. Amen. *Gegrüßt seist du, Maria…* *Jesus,* der uns den Geist der wahren Abtötung verleihe. *Heilige Maria…*
2. Gelobt sei Gott der Sohn, der von ihr geboren wurde und an ihrer Brust sich nährte. Amen. *Gegrüßt seist du, Maria…*

   Jesus, der uns die wahre Demut verleihe. *Heilige Maria…*
3. Gelobt sei Gott der Sohn, der als Kind von ihr erzogen werden wollte. Amen.

   Gegrüßt seist du, Maria…

   Jesus, der uns die heilige Keuschheit verleihe. *Heilige Maria…*
4. Gelobt sei Gott der Sohn, der ihr den geheimnisvollen Ratschluss der Welterlösung offenbarte. Amen. *Gegrüßt seist du, Maria…*

   Jesus, der uns die göttliche Weisheit verleihe. *Heilige Maria…*

Ehre sei dem Vater und dem Sohn und dem Heiligen Geist, wie im Anfang, so auch jetzt und allezeit und in Ewigkeit. Amen.

III.

Lob und Dank sei dem Heiligen Geist, der sie als Braut erwählte. Amen. *Vater unser…* (ohne Ave Maria)

1. Gelobt sei der Heilige Geist, der ihr seinen Namen offenbarte. Amen.

   Gegrüßt seist du, Maria…

   Jesus, der uns die Tugend des Gehorsams schenke. *Heilige Maria…*

2. Gelobt sei der Heilige Geist, durch dessen Wirken sie Jungfrau und Mutter zugleich war. Amen. *Gegrüßt seist du, Maria…*

   Jesus, der uns die Tugend der wahren Geduld schenke. *Heilige Maria…*

3. Gelobt sei der Heilige Geist, durch dessen Kraft sie ein lebendiger Tempel der heiligsten Dreifaltigkeit wurde. Amen.

Gegrüßt seist du, Maria…

   Jesus, der uns die Tugend wahrer Sanftmut schenke. *Heilige Maria…*

4. Gelobt sei der Heilige Geist, durch den sie im Himmel über alle Geschöpfe erhoben wurde. Amen. *Gegrüßt seist du, Maria…*

   Jesus, der uns die Tugend der Beharrlichkeit im Guten bis ans Ende schenke. *Heilige Maria…*

Ehre sei dem Vater und dem Sohn und dem Heiligen Geist, wie im Anfang, so auch jetzt und allezeit und in Ewigkeit. Amen.

Herz-Marien-Weihe

Maria, Königin des Himmels und der Erde, wir weihen uns deinem makellosen Herzen für immer. Dir sei geweiht unser Sein und Leben, unsere Familie, unser Heim und unser Vaterland.

Familienweihe und persönliche Weihe an das Unbefleckte Herz Mariens sind Zeichen der kindlichen Huldigung und Hingabe an die himmlische Mutter. Sie wird sich als liebende Beschützerin erkenntlich zeigen und uns im Leben und Sterben vor Satan schützen.

Familienweihe an das Unbefleckte Herz Mariens

Unbeflecktes Herz Mariä, unsere Familie weiht sich dir heute ganz und gar für Zeit und Ewigkeit. Wir weihen dir unsere Vergangenheit, Gegenwart und Zukunft und ganz besonders die Stunde unseres Todes, ja den Tod selbst. Sei Hüterin und Verwalterin unserer Zeit, unserer Gnaden, unserer Arbeit. Wir weihen dir unseren Leib, unsere Seele, unsere Fähigkeiten. Dir übergeben wir unsere Freiheit, unser Wollen, unsere Verantwortung und auch unsere Sündenschuld.

Erbitte uns in allem den Heiligen Geist, damit er uns heilige und vollende. Möge unser Heim ein zweites Nazareth werden! Heilige uns durch das tägliche Rosenkranzgebet und den häufigen Sakramentenempfang. Segne uns alle und gib uns deinen wundersamen Frieden. Bleibe immer in unserer Mitte mit Jesus, Sankt Josef und den heiligen Engeln. Sei du die «Arche der Rettung» für diese deine Familie, die dir nun auf ewig angehört, zum Lobe und Ruhme des Allerhöchsten. Amen.

Persönliche Weihe an das Unbefleckte Herz Mariens

O Maria, unsere Mutter und Königin! Du bist in Fatima erschienen und hast versprochen, Russland zu bekehren und der Welt den Frieden zu geben, wenn die Menschen auf dich hören. Freudig weihe ich mich deinem Unbefleckten Herzen. Gern will ich dein Eigen sein und durch dich ganz Jesus gehören. Lehre mich, Jesus immer mehr zu lieben, für ihn zu leben und zu wirken! Ich verspreche dir, täglich den Rosenkranz (oder wenigstens ein Gesätz) zu beten und dabei die Geheimnisse des Lebens Jesu zu betrachten. Auch will ich all die Opfer, die zur christlichen Erfüllung meiner täglichen Pflichten notwendig sind, im Geiste der Sühne auf mich nehmen.

Hilf mir, dieses Versprechen treu zu halten. Amen.

Rosenkranz für den Herz-Marien-Sühnesamstag *

1. Erhalte und vermehre in uns den Glauben an deine Unbefleckte Empfängnis.
2. Erhalte und vermehre in uns den Glauben an deine immerwährende Jungfräulichkeit.
3. Erhalte und vermehre in uns den Glauben an deine Würde als wahre Mutter Gottes.
4. Erhalte und vermehre in uns die Ehrfurcht und Liebe zu deinen Bildern.
5. Entzünde in allen eine große Andacht und Liebe zu dir.

Herz-Marien-Rosenkranz

Am Anfang fünf Kreuzzeichen zu Ehren der hl. fünf Wunden.

Nun folgt einen Rosenkranz lang ohne Vaterunser und Ave Maria:

Bei den großen Perlen je 1 mal

Schmerzvolles und unbeflecktes Herz Mariens, bitte für uns, die wir unsere Zuflucht zu dir nehmen.

Bei den kleinen Perlen je 10 mal:

Mutter, rette uns durch die Liebesflamme deines Unbefleckten Herzens.

Am Schluss 3 mal:

Ehre sei dem Vater und dem Sohn und dem Heiligen Geist, wie im Anfang, so auch jetzt und allezeit und in Ewigkeit. Amen.

Mutter Gottes, überflute die ganze Menschheit mit dem Gnadenwirken deiner Liebesflamme, jetzt und in der Stunde unseres Todes. Amen.

Erste Litanei zum Unbefleckten Herzen Mariens

Herr, erbarme dich unser
Christus, erbarme dich unser
Herr, erbarme dich unser, Christus, höre uns
Christus, erhöre uns
Gott Vater im Himmel – *erbarme dich unser*
Gott Sohn, Erlöser der Welt
Gott Heiliger Geist
Heiligste Dreifaltigkeit, ein einziger Gott
Heiliges Herz Mariä – *bitte für uns*
Du vielgeliebtes Herz der Tochter des himmlischen Vaters
Du hochgebenedeites Herz der Mutter des göttlichen Sohnes

Du auserwähltes Herz der Braut des Heiligen Geistes
Du Wohnsitz der allerheiligsten Dreifaltigkeit
Du Herz nach dem Herzen Jesu
Herz Mariä, ohne Makel der Erbsünde
Herz Mariä, mit Gnaden erfüllt
Herz Mariä, allzeit in Gott versenkt
Herz Mariä, du Abgrund der Demut
Herz Mariä, du Sitz der Barmherzigkeit
Herz Mariä, du Wunder der Reinheit und Unschuld
Herz Mariä, du Spiegel der göttlichen Vollkommenheit
Herz Mariä, vom Feuer der göttlichen Liebe entzündet
Herz Mariä, mit allen Tugenden geziert
Herz Mariä, du Ursache unserer Freude
Herz Mariä, bei Jesu Geburt mit Freude erfüllt
Herz Mariä, bei Simeons Weissagung vom Schwert des Schmerzes durchdrungen
Herz Mariä, während Christi Passion in ein Meer von Bitterkeit versenkt
Herz Mariä, bei Jesu Tod vom Schwert der Schmerzen durchbohrt
Herz Mariä, bei der Auferstehung Jesu mit Wonne überströmt
Herz Mariä, bei der Himmelfahrt Jesu mit unaussprechlicher Freude erfüllt

Herz Mariä, du Freude aller Engel und Heiligen des Himmels
Lamm Gottes, du nimmst hinweg die Sünden der Welt – *verschone uns, o Herr*
Lamm Gottes, du nimmst hinweg die Sünden der Welt – *erhöre uns, o Herr*
Lamm Gottes, du nimmst hinweg die Sünden der Welt – *erbarme dich unser, o Herr*
Bitte für uns, o reinstes Herz Mariä,
dass unsere Herzen nach dem deinigen gestaltet werden.

Zweite Litanei zum Unbefleckten Herzen Mariens

Herr, erbarme dich unser
Christus, erbarme dich unser
Herr, erbarme dich unser, Christus, höre uns
Christus, erhöre uns
Gott Vater im Himmel – *erbarme dich unser*
Gott Sohn, Erlöser der Welt
Gott Heiliger Geist
Heiligste Dreifaltigkeit, ein einziger Gott
Herz Mariä – *bitte für uns*
Herz Mariä, geschaffen nach dem Herzen Gottes
Herz Mariä, du Herz der unbefleckt Empfangenen
Herz Mariä, du würdige Wohnung des Heiligen Geistes

Herz Mariä, du Herz der Mutter der ewigen Weisheit
Herz Mariä, du Herz der Mutter des göttlichen Wortes
Herz Mariä, du Herz der Mutter der schönen Liebe
Herz Mariä, in deiner Liebe stärker als der Tod
Herz Mariä, vom Schwert der Schmerzen durchbohrt
Herz Mariä, mitgeopfert unter dem Kreuze Christi
Herz Mariä, du Abbild des Herzens Jesu
Herz Mariä, du Wonne des Herzens Jesu
Herz Mariä, du Schatzkammer der Heiligkeit
Herz Mariä, du Herz der Mittlerin aller Gnaden
Herz Mariä, du Heil der Sünder
Herz Mariä, du Stärke der Trauernden
Herz Mariä, du Trost der Verlassenen
Herz Mariä, du Stätte der Verzagten
Herz Mariä, du Zuflucht der Verfolgten und Geängstigten
Herz Mariä, du Hoffnung der Sterbenden
Herz Mariä, du Hort der Völker in ihren Nöten und Bedrängnissen
Herz Mariä, du Schutz der Kirche im Kampf mit den Gewalten der Finsternis
Herz Mariä, du Herz der Siegerin über alle Irrlehren in der ganzen Welt

Herz Mariä, du Herz der hehren Königin des Weltalls
Herz Mariä, du Herz unserer Mutter
Herz Mariä, du hochgepriesenes Herz
Lamm Gottes, du nimmst hinweg die Sünden der Welt – *verschone uns, o Herr*
Lamm Gottes, du nimmst hinweg die Sünden der Welt – *erhöre uns, o Herr*
Lamm Gottes, du nimmst hinweg die Sünden der Welt – *erbarme dich unser, o Herr*
Bitte für uns, o heilige Gottesmutter
dass das göttliche Feuer unsere Herzen entzünde, von dem dein Herz unaussprechlich erfüllt war.

Gebet

Allmächtiger, ewiger Gott, du hast im Herzen der seligsten Jungfrau Maria eine würdige Wohnung des Heiligen Geistes gebildet. Verleihe uns und allen Verehrern ihres unbefleckten Herzens die Gnade, ihr immer ähnlicher zu werden. Dies bitten wir durch Christus, unseren Herrn. Amen.

Gebet um Herzenstausch mit Maria

Setze, o wunderbare Mutter, an die Stelle meines sündigen Herzens dein unbeflecktes Herz, damit der Heilige Geist in mir wirken und dein göttlicher Sohn in mir wachsen kann.

Erfülle meine Bitte, du große, du getreue, du aller Gnaden Vermittlerin. Amen.

Novene zum Unbefleckten Herzen Mariens

Einleitungsgebet für jeden Novenentag

Unsere himmlische Königin und Mutter! Mit kindlichem Vertrauen und liebender Seele nahen wir uns deinem unbefleckten, mütterlichen Herzen, um es nach Kräften zu loben, zu verherrlichen und seine mächtige Fürsprache anzurufen.

Unsere geringe Huldigung vereinigen wir mit jenem Lobpreis, den die seligen Chöre der Engel, die Heiligen des Himmels und deine treuen Diener auf Erden mit unermüdlichem Eifer dir darbringen und vor allem mit jener einzigartigen Verherrlichung, die dir die Heiligste Dreifaltigkeit selbst erweist, dir, der auserkorenen Tochter, Braut und Mutter Gottes. Vergiss uns nicht, o Maria, die wir im Tal der Tränen seufzen und voll Vertrauen zu dir rufen. Erwirke uns von Gott jene Gnaden, die wir in dieser Novene erbitten.

1. Tag: O unbeflecktes, in Reinheit erstrahlendes Herz Mariens!

Du bist die schönste Blume im Garten Gottes. Du bist jenes wunderbare Paradies, das nie durch eine Sünde entweiht wurde.

Erwirke uns die Gnade, dass wir wie du, jede Beleidigung Gottes – auch die geringste – nach Kräften meiden und Gott mit reinem, schuldlosem Herzen dienen.

Gegrüßt seist du, Maria...

Und nun bete man noch die 1. oder 2. *Litanei zum unbefleckten Herzen Mariens.* (Siehe am Schluss der Novene!)

2. Tag: O unbeflecktes, dem Allerhöchsten in ewiger Jungfräulichkeit hingegebenes Herz Mariens!

Du bist die unberührte Lilie, die blühende Oase in der «Wüste» der Welt, die das Auge Gottes entzückt hat.

Ziehe viele Seelen in den Bann deiner Jungfräulichkeit, damit sie den Lockungen der Erde widerstehen und sich Gott mit ungeteiltem Herzen schenken.

Gegrüßt seist du, Maria...

Litanei zum unbefleckten Herzen Mariens

3. Tag: O unbeflecktes, in göttlicher Liebe erglühendes Herz Mariens!

Du bist die brennende Lampe, die der Heilige Geist selbst angezündet und mit dem Öl seiner Liebe genährt hat. In deinem Herzen ist diese heilige Glut nie erloschen.

Entzünde unsere lauen Herzen mit jenem Feuer göttlicher Liebe, von dem du ganz entflammt bist.

Gegrüßt seist du, Maria...

Litanei zum unbefleckten Herzen Mariens

4. Tag: O unbeflecktes, in beschaulicher Andacht versunkenes Herz Mariens!

Deine Gedanken und dein Sinn weilten ununterbrochen bei Gott. In heiligem Schweigen hast du die Worte deines Sohnes und die Geheimnisse der Erlösung in deinem Herzen erwogen.

Banne die unruhigen Gedanken, die uns die Sammlung so schwer machen, und lenke unseren Geist auf Gott hin.

Gegrüßt seist du, Maria...

Litanei zum unbefleckten Herzen Mariens

5. Tag: O unbeflecktes, wahrhaft demütiges Herz Mariens!

Der Reichtum deiner Gnaden und Tugenden hat dich immer tiefer in das Tal der Demut hinabsteigen lassen. Dein bescheidener, demütiger Sinn hat das besondere Wohlgefallen Gottes gefunden und den Sohn Gottes bewogen, seine Wohnung in deinem Herzen aufzuschlagen.

Lehre uns solche Demut, die sich in allem dem Willen Gottes unterwirft.

Gegrüßt seist du, Maria...

Litanei zum unbefleckten Herzen Mariens

6. Tag: O unbeflecktes, durch vielfaches Leid geprüftes Herz Mariens!

Als Mutter Christi und Gehilfin im Erlösungswerk deines Sohnes hast du den Kelch des Leidens bis zur Neige geleert.

Hilf uns, mutig jenes Maß von Leiden tragen, das die göttliche Güte und Weisheit uns als kostbaren Teil unserer Lebensaufgabe zugedacht hat.

Gegrüßt seist du, Maria…

Litanei zum unbefleckten Herzen Mariens

7. Tag: O unbeflecktes, um das ewige Heil der Seelen tief bekümmertes Herz Mariens!

Gedenke der armen Sünder, die, verstrickt in den Banden ihrer Leidenschaft, getrennt von Gott dahinleben.

Hilf ihnen, die Fesseln zu sprengen, durch die sie der Freiheit der Kinder Gottes beraubt und zu Sklaven der Hölle gemacht worden sind.

Gegrüßt seist du, Maria…

Litanei zum unbefleckten Herzen Mariens

8. Tag: O unbeflecktes, für Christi Kirche liebevoll besorgtes Herz Mariens!

Unter dem Kreuz bist du die Mutter der Menschen und der heiligen Kirche geworden.

Bitte und flehe ohne Unterlass bei Jesus für die geliebte «Braut», seine Kirche auf Erden, und behüte den Papst, die Bischöfe und Priester und das ganze Volk Gottes vor Sünde und dämonischem Einfluss.

Gegrüßt seist du, Maria…

Litanei zum unbefleckten Herzen Mariens

9. Tag: O unbeflecktes, königliches Herz Mariens! Am Ende deines Erdenleidens holte dich der Herr in seine unübertreffbare Freude. Du wurdest mit Leib und Seele in den Himmel aufgenommen und zur Königin gekrönt.

Bediene dich der Macht, die der Herr dir verliehen hat und eile uns allezeit zu Hilfe. Lass uns durch deine liebevolle Fürbitte gewürdigt werden, einst die ewige Krone zu empfangen.

Gegrüßt seist du, Maria…

Litanei zum unbefleckten Herzen Mariens

Am Schluss der Novene verrichte man:

Vertrauensvolle Aufopferung durch das unbefleckte Herz Mariens für das Heil der Welt

Vater im Himmel! Durch das unbefleckte Herz Mariens opfere ich dir Jesus, deinen vielgeliebten Sohn, auf, wie er sich einst am Kreuz für das Heil der Welt hingegeben hat und sich jetzt ohne Unterlass auf den Altären darbringt.

Nimm durch das unbefleckte Herz Mariens diese reine, heilige, makellose Opfergabe huldvoll an und erbarme dich unser.

Lass das kostbare Blut deines Sohnes nicht umsonst auf den Altären verströmen. Lass das Flehen des Herzens Mariens für das Heil der Welt nicht ungehört verhallen. Durch dieses Opfer und durch diese Fürbitte rufen wir deine Vatergüte an.

Gib den Sündern Verzeihung, den Sterbenden die letzten heilsnötigen Gnaden, den Völkern den Frieden und der ganzen Kirche Einheit und Wohlfahrt. Amen.

Die drei Ringe der Engelchöre

1. Ring der Engel besteht aus:
1. Chor: Seraphim; 2. Chor: Cherubim; 3. Chor: Thronen;

2. Ring der Engel besteht aus:
4. Chor: Herrschaften; 5. Chor: Gewalten;
6. Chor: Fürsten oder Fürstentümer;

3. Ring der Engel besteht aus:
7. Chor: Mächte; 8. Chor: Erzengel; 9. Chor: Engel und Schutzengel

Rosenkranz zur Königin der Engel

Hehre Königin des Himmels, höchste Herrin der Engel, die du von Anbeginn von Gott die Macht und die Sendung erhalten hast, den Kopf Satans zu zertreten; wir bitten dich demütig, sende deine heiligen Legionen, damit sie unter deinem Befehl und durch deine Macht die höllischen Geister verfolgen, überall bekämpfen, ihre Verwegenheit zuschanden machen und sie in den Abgrund zurückstoßen.

Wer ist wie Gott?

Heilige Engel und Erzengel, verteidigt uns, beschützt uns! O gute und treue Mutter, du wirst immer unsere Liebe und Hoffnung bleiben. Amen.

Bei den großen Perlen 1 mal:

Ihr neun Chöre der seligen Geister, steht uns bei im Kampfe gegen Satan und seine Macht. Ehre sei…

Bei den kleinen Perlen 10 mal (5 Gesätzchen):

Seligste Jungfrau Maria, du Siegerin im Kampfe gegen Satan und seine Macht, ich beschwöre dich im Namen dessen, den du vom Heiligen Geist empfangen und in Bethlehem geboren hast; befreie uns von seiner Gewalt.

Schlussgebet:

So sei denn durch deine Macht, ewiger Vater, und durch die Gewalt deines eingebornen Sohnes, des Sohnes Davids, und durch die Kraft des Heiligen Geistes jegliche Macht und Gewalt und Kraft Satans vernichtet. Amen.

Kleiner Rosenkranz zu Maria, zu den Engeln, sankt Josef und Pater Pio

1. Lobpreis und Dank sei dem Vater und dem Sohn und dem Heiligen Geist für Maria, ihre Gnadenvorzüge, Tugenden und Verdienste und für die heiligen Engel. *1 mal*

   Gegrüßt seist du, Maria… mit Einschaltbitte:

   Maria, komm mit deinen Engeln, sankt Josef und Pater Pio dem Heiligen Vater und uns zu Hilfe. *7 mal*

2. Lobpreis und Dank sei dem Vater und dem Sohn und dem Heiligen Geist für sankt Josef, seine Erwählung, Gnaden und Verdienste. *1 mal*

   Gegrüßt seist du, Maria… mit Einschaltbitte:

   Maria, behüte mit deinen Engeln, sankt Josef und Pater Pio, unsern Leib und unsere Seele und die ganze heilige Kirche. *7 mal*

3. Lobpreis und Dank sei dem Vater und dem Sohn und dem Heiligen Geist für Pater Pio, seine Gnaden und Verdienste. *1 mal*

Gegrüßt seist du, Maria… mit Einschaltbitte:

Maria, schütze mit deinen Engeln, sankt Josef und Pater Pio, Heimat und Familie, Priester- und Ordensstand. *7 mal*

Königin der Engel, der Patriarchen, Apostel und aller Heiligen, bitte für uns. *3 mal*

Versprechen des heiligen Erzengels Michael

für die treuen Beter des «Rosenkranzes von den neun Chören der heiligen Engel»:

Wer diesen Rosenkranz vor der heiligen Kommunion andächtig betet, wird von neun heiligen Engeln, aus jedem Chor einem, zur heiligen Kommunion begleitet; seine Seele soll mit dem kostbaren Blut abgewaschen und geziert werden, um würdig zu kommunizieren. Wer diesen Rosenkranz täglich betet, wird in seiner Sterbestunde von genannter Anzahl heiliger Engel besucht, getröstet, gestärkt und von den höllischen Feinden und Peinen befreit und beschützt werden.

Pius IX. verlieh am 8. August 1851 verschiedene Ablässe für die treuen Beter des folgenden Rosenkranzes von den 9 Chören der heiligen Engel.

Rosenkranz von den neun Chören der heiligen Engel

Heiliger Erzengel Michael! Ich empfehle dir die Stunde meines Todes; halte in derselben den bösen Feind gefangen, dass er mich nicht anfechten und meiner Seele nicht schaden kann.

1 Vaterunser, 1 Ave Maria.

Heiliger Erzengel Gabriel! Erlange mir von Gott einen lebendigen Glauben, eine starke Hoffnung, inbrünstige Liebe und große Andacht zum Allerheiligsten Altarsakrament.

1 Vaterunser, 1 Ave Maria.

Heiliger Erzengel Raphael! Führe mich allezeit den Weg der Tugend und Vollkommenheit.

1 Vaterunser, 1 Ave Maria.

Heiliger Schutzengel! Erlange mir göttliche Einsprechungen und die besondere Gnade, diese treu zu befolgen.

1 Vaterunser, 1 Ave Maria.

O ihr flammenden Seraphim! Erlangt mir eine brennende Liebe zu Gott.

1 Vaterunser, 3 Ave Maria.

O ihr hocherleuchteten Cherubim! Erlangt mir die wahre Erkenntnis Gottes und die Wissenschaft der Heiligen.

1 Vaterunser, 3 Ave Maria.

O ihr vortrefflichen Throne! Erlangt mir den Frieden und die Ruhe des Herzens.

1 Vaterunser, 3 Ave Maria.

O ihr edlen Herrschaften! Erlangt mir den Sieg über alle bösen Neigungen und Begierden.

1 Vaterunser, 3 Ave Maria.

O ihr unüberwindlichen Gewalten! Erlangt mir Stärke wider alle bösen Geister.

1 Vaterunser, 3 Ave Maria.

O ihr durchlauchtesten Fürstentümer! Erlangt mir vollkommenen Gehorsam und Gerechtigkeit.

1 Vaterunser, 3 Ave Maria.

O ihr wundertätigen Mächte! Erlangt mir die Fülle aller Tugenden und Vollkommenheit.

1 Vaterunser, 3 Ave Maria.

O ihr heiligen Erzengel! Erlangt mir Gleichförmigkeit mit dem Willen Gottes.

1 Vaterunser, 3 Ave Maria.

O ihr heiligen Engel! Treue Schutzgeister! Erlangt mir wahre Demut und großes Vertrauen auf Gottes Barmherzigkeit.

1 Vaterunser, 3 Ave Maria.

Aufopferung

Liebster Jesus! Diesen Rosenkranz übergebe ich deinem göttlichen Herzen. Gib, dass deine heiligen Engel mich in der Todesstunde besonders beschützen, damit ich durch ihre Gegenwart gestärkt, den Tod mit Freude erwarte und vor den höllischen Nachstellungen beschützt werde. – Ich bitte euch, ihr lieben heiligen Engel, besucht die Armen Seelen im Fegefeuer, besonders meine Verwandten, Freunde und Wohltäter. Verhelft ihnen zur baldigen Erlösung und vergesst auch meiner nicht nach dem Tode. Dies bitte ich euch durch die heiligsten Herzen Jesu und Mariens. Amen.

Litanei zur Verehrung des heiligen Erzengels Michael

Herr, erbarme dich unser
  Christus, erbarme dich unser
Herr, erbarme dich unser, Christus, höre uns
  Christus, erhöre uns
Gott Vater im Himmel – *erbarme dich unser*
Gott Sohn, Erlöser der Welt
Gott Heiliger Geist
Heilige Dreifaltigkeit, ein einziger Gott
Heilige Maria – *bitte für uns*

Heilige Maria, ohne Makel der Erbsünde empfangen

Heilige Maria, Königin der Engel

Heiliger Erzengel Michael

Heiliger Erzengel Michael, der du stets das Angesicht Gottes schaust

Heiliger Erzengel Michael, der du Gott unser Gebet vorträgst

Heiliger Erzengel Michael, du heldenmütiger Überwinder des Teufels

Heiliger Erzengel Michael, du mächtiger Beschirmer des auserwählten Volkes

Heiliger Erzengel Michael, du glorreicher Schutzpatron der katholischen Kirche

Heiliger Erzengel Michael, ausgesandt zum Dienste derer, welche die Erbschaft des Heiles erlangen sollen

Heiliger Erzengel Michael, der du dich freust über die Buße der Sünder

Heiliger Erzengel Michael, der du die Seelen der Gerechten dem Throne Gottes vorstellst

Heiliger Erzengel Michael, der du am Jüngsten Tage die Gerechten von den Gottlosen absondern wirst

Vor allem Übel
bewahre uns, heiliger Erzengel Michael

Vor aller Sünde

Vor Unglauben, Irrglauben und Spaltung

Vor der Fleischeslust, Augenlust und Hoffart des Lebens

Vor vermessenem Vertrauen auf die Barmherzigkeit Gottes

Vor Kleinmut und Verzweiflung

Vor allen Gefahren der Seele und des Leibes

Vor allen Nachstellungen des bösen Feindes

Vor Pest, Hunger und Krieg

Vor Blitz und Ungewitter

Vor einem jähen und unvorhergesehenen Tode

Vor der ewigen Verdammnis

Heiliger Erzengel Michael,
wir bitten dich, erhöre uns

Dass du die heilige katholische Kirche beschützen wollest

Dass du unsern Heiligen Vater, den Papst N. N., und alle katholischen Stände beschirmen wollest

Dass du unter den christlichen Fürsten Frieden und Eintracht erhalten wollest

Dass du dem christlichen Volke Frieden und Einigkeit erflehen wollest

Dass du die Früchte des Feldes vor allem Schaden bewahren wollest

Dass du uns in Krankheiten und Widerwärtigkeiten Hilfe und Trost bringen wollest

Dass du uns im Leben und im Tode beistehen wollest

Dass du die Seelen der Verstorbenen zur
ewigen Ruhe führen wollest
Lamm Gottes, du nimmst hinweg die Sünden
der Welt – *verschone uns, o Herr*
Lamm Gottes, du nimmst hinweg die Sünden
der Welt – *erhöre uns, o Herr*
Lamm Gottes, du nimmst hinweg die Sünden
der Welt – *erbarme dich unser, o Herr*
Christus, höre uns – *Christus, erhöre uns*
Herr, erbarme dich unser
Christus, erbarme dich unser
Herr, erbarme dich unser – *Vater unser… Gegrüßt seist du, Maria…*
Bitte für uns, heiliger Erzengel Michael – *auf dass wir würdig werden der Verheißungen Christi.*

Erzengel-Michael-Weihe

Erhabener Fürst der himmlischen Heerscharen, mächtiger Streiter des Allerhöchsten, eifriger Beschützer des Ruhmes des Herrn, Schrecken der aufrührerischen Engel, Liebe und Wonne aller gerechten Engel, mein geliebtester Erzengel Michael, da ich wünsche, zu deinen ergebenen Dienern zu gehören, opfere ich mich heute dafür auf, schenke ich mich und stelle mich, meine Familie und alles, was mir gehört, unter deinen mächtigen Schutz. Klein ist das Anerbieten meines Dienstes, bin ich doch ein armer

Sünder; aber nimm an die Zuneigung meines Herzens und erinnere dich, dass, wenn ich von heute an unter deiner Schirmherrschaft bin, du verpflichtet bist, mir in meinem ganzen Leben beizustehen, mir die Verzeihung meiner vielen und schweren Sünden zu erlangen und die Gnade, von Herzen meinen geliebten Erlöser Jesus und meine süße Mutter zu lieben und mir jene Hilfen zu erflehen, die notwendig sind, um zur Krone der Herrlichkeit zu gelangen. Verteidige mich immer gegen die Feinde meiner Seele, besonders im letzten Augenblick meines Lebens. Komme dann, glorreicher Fürst, und stehe mir bei im letzten Kampfe, und mit deiner mächtigen Waffe stoße weg von mir, hinab in die Abgründe der Hölle, jenen untreuen und stolzen Engel, den du einstens im Kampfe im Himmel niederwarfst.

Amen.

Rosenkranz zum heiligen Erzengel Gabriel *

1. Heiliger Gabriel, du großer Erzengel und Bote des Himmels, erbitte mir die Gabe der Weisheit.

2. Heiliger Gabriel, lehre mich, die göttlichen Pläne und Ratschlüsse zu bejahen wie Maria.

3. Heiliger Gabriel, du Engel der Menschwerdung, lass mich mit dir und der Himmelskönigin dieses Geheimnis dankbar verehren und lieben.
4. Heiliger Gabriel, du Engel der Freude, vermittle mir und den Trauernden der ganzen Welt den Trost und die Freude des Heiligen Geistes.
5. Heiliger Gabriel, du Engel der Eucharistie, lass mich glühen und brennen aus Liebe zu Jesus im Sakrament.

Gebet zum heiligen Erzengel Gabriel

Heiliger Gabriel, du seligster Engel, du bist ganz besonders von Gott erwählt worden, seine Befehle zu verkünden. Ich grüße dich mit demütiger Liebe im Namen Jesu und deiner himmlischen Königin. Du heiliger Patron der Priester, bitte für die Seelenhirten und für die Einheit der Kirche.

Du Abgesandter des Heiligen Geistes, du Diener Mariens, du Schutzengel des göttlichen Kindes und der heiligen Familie, führe mich liebevoll auf dem täglichen Kreuzweg. Tröste mich in allen schweren Stunden. Stärke meinen Eifer im Wächterdienste vor dem Tabernakel und empfiehl mich der Heiligsten Dreifaltigkeit und der Heiligen Familie. Erwirke durch Maria, dass ich eine lebendige Monstranz werden darf. Gieße das kostbare Erlöserblut unablässig über Himmel, Erde und Fegefeuer aus. Ich weihe mich dir auf ewig. Zum Dank für deine ständige Fürsorge schenke ich dir immerfort die heiligsten Herzen Jesu und Mariens zur Vermehrung deiner Seligkeit und Kraft. Verkünde mir in meiner Todesstunde, dass ich Gnade gefunden habe vor den Augen Gottes. Ich freue mich auf den Augenblick, wo ich im Himmel deine Vorzüge und deine Schönheit sehen werde. Amen.

Rosenkranz zum heiligen Erzengel Raphael *

1. *Heiliger Erzengel Raphael,* begleite uns wie einst den jungen Tobias.

2. *Heiliger Erzengel Raphael,* erbitte der Jugend Licht und Klarsicht für die Berufs- und Standeswahl.

3. *Heiliger Erzengel Raphael,* erflehe den Beichtvätern in Fülle den Heiligen Geist und den verstockten Sündern die Gnade der sakramentalen Versöhnung.

4. *Heiliger Erzengel Raphael,* du «Arznei Gottes», erleuchte die Ärzte und tröste die Kranken.

5. *Heiliger Erzengel Raphael,* du Freund der Menschen, hilf den leiblich und seelisch Blinden in der ganzen Welt.

Rosenkranz zu den heiligen Engeln um eine gute Fahrt

Man betet 5 Zehner, wie beim gewöhnlichen Rosenkranz, und fügt die folgenden Gesätzchen ein:

1. Maria, Königin der Engel, segne und beschirme uns.
2. Heiliger Erzengel Michael, verteidige und beschütze uns.
3. Heiliger Erzengel Gabriel, sorge und bitte für uns.
4. Heiliger Erzengel Raphael, erleuchte und führe uns.
5. Ihr heiligen Schutzengel, unsere getreuen Ermahner, bittet für uns.

Engel-Litanei

Herr, erbarme dich unser
Christus, erbarme dich unser
Herr, erbarme dich unser, Christus, höre uns
Christus, erhöre uns

Gott Vater, du Schöpfer der Engel
erbarme dich unser
Gott Sohn, du Herr der Engel
Gott Heiliger Geist, du Leben der Engel
Heilige Dreifaltigkeit, du Wonne aller Engel
Heilige Maria – *bitte für uns*
Du Königin der Engel
Alle heiligen Chöre der seligen Geister
bittet für uns
Ihr heiligen Seraphim, Engel der Liebe
Ihr heiligen Cherubim, Engel des Wortes
Ihr heiligen Throne, Engel des Lebens
Ihr heiligen Engel der Anbetung
Ihr heiligen Herrschaften
Ihr heiligen Gewalten
Ihr heiligen Fürsten des Himmels
Ihr heiligen Mächte
Heiliger Erzengel Michael – *bitte für uns*
Du Besieger Luzifers
Du Engel des Glaubens und der Demut
Du Patron der Sterbenden
Du Fürst der himmlischen Heerscharen
Du Weggeleiter der abgeschiedenen Seelen
Heiliger Erzengel Gabriel
Du Engel der Menschwerdung
Du getreuer Bote Gottes
Du Engel der Hoffnung und des Friedens
Du Schirmherr aller Knechte und Mägde Gottes
Du Hüter der heiligen Taufe

Du Patron der Priester
Heiliger Erzengel Raphael
Du Engel der göttlichen Liebe
Du Bezwinger des bösen Feindes
Du Helfer in großer Not
Du Engel des Schmerzes und der Heilung
Du Patron der Ärzte, Reisenden, Blinden,
Beichtväter und Beichtkinder
Ihr großen heiligen Erzengel – *bittet für uns*
Ihr Engel des Dienstes vor Gottes Thron
Ihr Engel des Dienstes an uns Menschen
Ihr heiligen Schutzengel
Ihr Helfer in unseren Nöten
Ihr «Licht» in unserer Dunkelheit
Ihr «Stütze» in jeder Gefahr
Ihr Mahner in unserem Gewissen
Ihr Fürbitter an Gottes Thron
Ihr «Schild» der Abwehr des bösen Feindes
Ihr unsere beständigen Begleiter
Ihr unsere sichersten Führer
Ihr unsere treuesten Freunde
Ihr unsere klugen Ratgeber
Ihr unser Vorbild im Gehorsam
Ihr Tröster in Verlassenheit
Ihr Spiegel der Demut und Lauterkeit
Ihr Engel unserer Familien
Ihr Engel unserer Priester und Seelsorger
Ihr Engel unserer Kinder
Ihr Engel unserer Heimat und des Vaterlandes

Ihr Engel der heiligen Kirche
Alle heiligen Engel
Im Leben, steht uns bei, im Tode steht uns bei, im Himmel wollen wir es euch danken.
Lamm Gottes, du nimmst hinweg die Sünden der Welt – *verschone uns, o Herr*
Lamm Gottes, du nimmst hinweg die Sünden der Welt – *erhöre uns, o Herr*
Lamm Gottes, du nimmst hinweg die Sünden der Welt – *erbarme dich unser*
Christus, höre uns – *Christus, erhöre uns, Herr, erbarme dich unser*

Seinen Engeln hat Gott deinetwegen befohlen, sie sollen dich behüten auf allen deinen Wegen.

Lasset uns beten: Allmächtiger, ewiger Gott, verleihe uns die Hilfe deiner himmlischen Heerscharen, damit wir durch sie vor den fürchterlichen Angriffen des bösen Feindes bewahrt bleiben und durch das kostbare Blut unseres Herrn Jesus Christus und die Fürbitte der allerseligsten und unbefleckten Jungfrau Maria von jeglicher Not befreit, dir im Frieden dienen mögen. Durch ihn, unsern Herrn Jesus Christus, deinen Sohn, der mit dir und dem Heiligen Geiste als Gott lebt und herrscht in alle Ewigkeit. Amen.

Wirkungsvolle Bitt-Litanei zu unseren Heiligen Engeln

Herr, erbarme dich unser
Christus, erbarme dich unser
Herr, erbarme dich unser
Heiligste Dreifaltigkeit – *erbarme dich unser*
Königin der Engel – *bitte für uns*
Alle Engel und Erzengel
seid uns Boten der göttlichen Liebe
Alle Chöre der seligen Geister
lasst uns einstimmen in euren Lobgesang
Du, mein heiliger Engel
lass dir danken für deine Liebe
Ihr Engel meiner Verwandten und Freunde
beschirmt sie
Ihr Engel der uns Anvertrauten
helft uns, ihnen sichtbare Schutzengel zu sein
Ihr Engel der Gläubigen
befestigt ihre Treue im Glauben
Ihr Engel der Irrgläubigen
ruft sie auf den rechten Weg
Ihr Engel der Ungläubigen
lasst ihnen das Glaubenslicht aufstrahlen
Ihr Engel der Suchenden
helft ihnen heimfinden
Ihr Engel der Sünder – *rettet sie*
Ihr Engel der Kranken und Betrübten
tröstet sie

Ihr Engel der Sterbenden
geleitet sie heim zum Vater
Ihr Engel der Mutlosen und Verzagten
richtet sie auf
Ihr Engel der Verbitterten und Einsamen
führt sie zum Quell der Freude
Ihr Engel der Armen und Notleidenden
bringt ihnen Hilfe und Kraft
Ihr Engel der Reichen
bewegt sie zur Güte und Freigebigkeit
Ihr Engel unserer Wohltäter – *lohnt ihre Liebe*
All ihr heiligen Schutzengel
behütet uns und führt uns immer näher zu Gott.

O ihr himmlischen Geister, die ihr unsere Tabernakel behütet, in denen das anbetungswürdige Unterpfand der göttlichen Liebe ruht, verteidigt es gegen die Entheiligungen und bewahrt es unserer Liebe.

Litanei zu den heiligen Schutzengeln

Herr, erbarme dich unser
Christus, erbarme dich unser
Herr, erbarme dich unser, Christus, höre uns
Christus, erhöre uns
Gott Vater im Himmel – *erbarme dich unser*
Gott Sohn, Erlöser der Welt

Gott Heiliger Geist
Heilige Dreifaltigkeit, ein einziger Gott
Heilige Maria – *bitte für uns*
Heilige Gottesgebärerin
Königin der Engel
Heiliger Michael
Heiliger Gabriel
Heiliger Raphael
Alle heiligen Engel und Erzengel – *bittet für uns*
Ihr heiligen Schutzengel, die ihr immerdar das Angesicht des himmlischen Vaters schaut
Ihr heiligen Schutzengel, die ihr niemals von unserer Seite weicht
Ihr heiligen Schutzengel, die ihr uns in himmlischer Freundschaft zugetan seid
Ihr heiligen Schutzengel, unsere getreuen Ermahner
Ihr heiligen Schutzengel, unsere weisen Berater
Ihr heiligen Schutzengel, die ihr uns vor vielen Übeln des Leibes und der Seele bewahrt
Ihr heiligen Schutzengel, unsere mächtigen Verteidiger gegen die Anschläge des bösen Feindes
Ihr heiligen Schutzengel, unsere Stütze zur Zeit der Versuchungen
Ihr heiligen Schutzengel, die ihr uns helft, wenn wir straucheln und fallen
Ihr heiligen Schutzengel, die ihr uns in Not und Leiden tröstet

Ihr heiligen Schutzengel, die ihr unsere Gebete vor den Thron Gottes tragt und unterstützt
Ihr heiligen Schutzengel, die ihr uns durch eure Erleuchtungen und Anregungen zum Fortschritt im Guten helft
Ihr heiligen Schutzengel, die ihr trotz unserer Fehler nicht von uns weicht
Ihr heiligen Schutzengel, die ihr euch über unsere Besserung freut
Ihr heiligen Schutzengel, die ihr zur Zeit, da wir ruhen, bei uns wacht und betet
Ihr heiligen Schutzengel, die ihr uns im Todeskampfe nicht verlasst
Ihr heiligen Schutzengel, die ihr die Seelen im Fegefeuer tröstet
Ihr heiligen Schutzengel, die ihr die Gerechten in den Himmel führt
Ihr heiligen Schutzengel, mit denen wir einst Gott schauen und ewig preisen werden
Ihr erhabenen Fürsten des Himmels
Lamm Gottes, du nimmst hinweg die Sünden der Welt – *verschone uns, o Herr*
Lamm Gottes, du nimmst hinweg die Sünden der Welt – *erhöre uns, o Herr*
Lamm Gottes, du nimmst hinweg die Sünden der Welt – *erbarme dich unser, o Herr*
Herr, erbarme dich unser
Christus, erbarme dich unser
Herr, erbarme dich unser – *Vater unser…*

Lobet den Herrn, all seine Engel, die ihr mächtig an Kraft – seinen Willen vollzieht.

Er hat seinen Engeln deinetwegen befohlen, dass sie dich bewahren auf allen deinen Wegen.

Im Angesicht der Engel will ich dich preisen, mein Gott!

Ich will dich anbeten und deinen heiligen Namen loben.

Herr, erhöre mein Gebet
und lass mein Rufen zu dir dringen.

Lasset uns beten: Allmächtiger, ewiger Gott, der du in deiner unaussprechlichen Güte allen Menschen vom Mutterschoße an zum Schutze des Leibes und der Seele einen besonderen Engel gegeben hast, verleihe mir gnädig, meinem heiligen Engel so treu zu folgen und ihn so zu lieben, dass ich durch deine Gnade und unter seinem Schutz einst zum himmlischen Vaterland gelange und dort mit ihm und allen heiligen Engeln dein göttliches Angesicht zu schauen verdiene, durch Christus, unsern Herrn. Amen.

Novene zum heiligen Schutzengel

Von allen Gefährten, die mich begleiten, ist mir keiner so treu geblieben wie der Schutzengel. (Cl. Brentano)

An allen neun Tagen bete man:

Heiliger Schutzengel, du Diener des Herrn, du reiner Geist, gewaltig an Kraft, mehr wissend als alle Gelehrten, in ständiger Verbindung mit Gott, du bist mein getreuer Begleiter und Beschützer von Kindheit an. Du weißt um meine jetzige große Sorge und siehst meine Ratlosigkeit. Bitte den Allerhöchsten um seine Hilfe in meinem Anliegen.

Als Dank für deinen liebevollen Einsatz und deinen ständigen Schutz opfere ich dir immerfort die heiligsten Herzen Jesu und Mariens und das kostbare Blut auf, zur Vermehrung deiner Seligkeit.

Ehre und Dank sei dem Vater und dem Sohn und dem Heiligen Geist für meinen Schutzengel. Amen.

Schlussgebet für den letzten Novenentag

O Gott, ich knie vor deiner Majestät und danke dir, dass du mir einen himmlischen Begleiter zur Seite gestellt hast, der mich nach deinem Willen führt, zu dir hinleitet und mir deine Liebe offenbart.

Ich verspreche dir, diesen meinen heiligen Begleiter wie einen Bruder zu lieben und auf ihn zu hören, wenn er in der Stimme des Gewissens zu mir spricht.

Lass mich hier auf Erden und einst im Himmel mit ihm dir zujubeln:

Heilig, heilig, heilig, bist du, Herr, Gott der Heerscharen. Himmel und Erde sind erfüllt von deiner Herrlichkeit. Amen.

Gebet der heiligen Gertrud

Heiliger Engel Gottes, von Gott mit meinem Schutz betraut, ich sage dir Dank für alle Wohltaten, die du mir an Leib und Seele jemals erwiesen hast. Ich lobe und verherrliche dich, weil du mir Armen so getreu beistehst und mich gegen alle Anfälle der Feinde beschützest.

Gebenedeit sei jene Stunde, in der du mir zum Schutz gegeben und zu meinem Verteidiger und Patron bestimmt wurdest. Gebenedeit sei deine Liebe zu mir und all deine Fürsorge, mit der du nicht aufhörst, mein Heil zu fördern. Ich bitte dich, mir zu verzeihen, dass ich so oft deinen Einsprechungen widerstrebt und dadurch dich, meinen liebevollsten Freund, betrübt habe. Ich nehme mir für die Zukunft fest vor, dir zu gehorchen und meinem Gott treu zu dienen. Amen.

Gebet in großer Bedrängnis zum heiligen Engel

Du, mein heiliger Engel, weißt, in welcher Not ich mich befinde. Du fühlst mit mir, was ich leide. Ich weiß, auch dieses Leid kommt von Gottes gütiger Vaterhand, die mir alles zum Besten lenkt. Hilf mir, auch jetzt den Vater zu preisen, geduldig zu leiden und so zu handeln, wie er es jetzt von mir erwartet. Dir vertraue ich, dass deine liebevolle Fürsorge um mich und deine machtvolle Fürsprache bei Gott mir alles zum Guten wendet. Amen.

Litanei-Novene zu den Engeln Gottes

Herr, erbarme dich unser
Christus, erbarme dich unser
Herr, erbarme dich unser, Christus, höre uns
Christus, erhöre uns
Gott Vater im Himmel – *erbarme dich unser*
Gott Sohn, Erlöser der Welt
Gott Heiliger Geist
Heiligste Dreifaltigkeit, ein einziger Gott
Ihr Engel Gottes – *bittet für uns*
Ihr Erstlinge nach dem Bilde Gottes
Ihr Diener und Knechte Gottes
Ihr Boten der Erbarmung und Fürsorge Gottes

Ihr mächtigen Helfer
Ihr Träger der Liebe, Gerechtigkeit, Weisheit
und Macht Gottes
Ihr Engel, die ihr immer vor dem Angesichte
Gottes steht
Ihr Engel, voll Gottesfurcht und Demut
Ihr Engel, zur Verherrlichung Gottes geschaffen
Ihr Engel, zum Dienste an der Schöpfung
gerufen
Unsere Schutzengel
Heiliger Michael – *bitte für uns*
Heiliger Gabriel
Heiliger Raphael
Maria, Königin der Engel

Lasset uns beten: Allmächtiger, ewiger Gott, verleihe uns die Hilfe deiner himmlischen Scharen, damit wir durch sie im Kampfe gestärkt und vor den bösen Mächten geschützt dir in Freude dienen.
Vater unser... Gegrüßt seist du, Maria... Ehre sei...

Sturmgebet durch neun Tage zu den heiligen Engeln

Allmächtiger, ewiger, dreieiniger Gott! Ehe wir deine Diener, die heiligen Engel, beschwören, fallen wir vor dir auf die Knie nieder und beten dich an, Vater, Sohn und Heiliger Geist. Du seist gelobt und gepriesen in Ewigkeit! Alles, was du geschaffen, möge dich anbeten und lieben und dir dienen, du heiliger, starker unsterblicher Gott!

Auch du, Maria, Königin aller Engel, nimm unser Flehen zu deinen Dienern gnädig an und leite es weiter, du Mittlerin der Gnaden, zum Thron des Allerhöchsten, auf dass wir Gnade, Rettung und Hilfe finden. Amen.

Ihr großen, heiligen Engel, ihr seid uns von Gott zu unserem Schutz und zu unserer Hilfe gegeben.

Wir beschwören euch im Namen des dreieinigen Gottes – *eilet, uns zu helfen!*

Wir beschwören euch im Namen des kostbaren Blutes unseres Herrn Jesus Christus

Wir beschwören euch im allvermögenden Namen Jesu

Wir beschwören euch durch alle Wunden unseres Herrn Jesus Christus

Wir beschwören euch durch alle Martern unseres Herrn Jesus Christus

Wir beschwören euch durch das heilige Wort Gottes

Wir beschwören euch durch das Herz unseres Herrn Jesus Christus

Wir beschwören euch im Namen der Liebe Gottes zu uns Armen

Wir beschwören euch im Namen der Treue
Gottes zu uns Armen
Wir beschwören euch im Namen der
Barmherzigkeit Gottes zu uns Armen
Wir beschwören euch im Namen Mariä,
der Königin des Himmels und der Erde
Wir beschwören euch im Namen Mariä,
eurer Königin und Herrin
Wir beschwören euch im Namen Mariä,
der Mutter Gottes und unserer Mutter
Wir beschwören euch bei eurer eigenen Seligkeit
Wir beschwören euch bei eurer eigenen Treue
Wir beschwören euch bei eurem Kämpfertum
für das Reich Gottes
Wir beschwören euch
deckt uns mit eurem Schilde
Wir beschwören euch
schützt uns mit eurem Schwerte
Wir beschwören euch
leuchtet uns mit eurem Lichte
Wir beschwören euch
rettet uns unter den Schutzmantel Mariens
Wir beschwören euch
bergt uns im Herzen Mariens
Wir beschwören euch
legt uns in die Hände Mariens
Wir beschwören euch
zeigt uns den Weg zum Tor des Lebens:
dem geöffneten Herzen unseres Herrn

Wir beschwören euch
geleitet uns sicher zum himmlischen Vaterhaus
All ihr neun Chöre der seligen Geister
eilet, uns zu helfen
Ihr Engel des Lebens
Ihr Engel der Kraft des Wortes Gottes
Ihr Engel der Liebe
Ihr unsere besonderen, uns von Gott gegebenen Begleiter

Heiliger Erzengel Michael, du Fürst der himmlischen Heerscharen, du Besieger des höllischen Drachen, du hast von Gott die Kraft und die Macht erhalten, durch die Demut den Hochmut der Mächte der Finsternis zu vernichten! Wir beschwören dich, verhilf uns zu einer wahren Demut des Herzens, zu einer unerschütterlichen Treue, den Willen Gottes immer zu erfüllen, zu Starkmut in Leid und Not. Hilf uns, zu bestehen vor dem Richterstuhle Gottes.

Heiliger Erzengel Gabriel, du Engel der Menschwerdung, du getreuer Bote Gottes, öffne unsere Ohren auch für die leisen Mahnungen und Lockrufe des liebenden Herzens unseres Herrn. Sei uns immer vor Augen, wir beschwören dich, dass wir das Wort Gottes recht verstehen, ihm nachgehen und gehorchen und das vollbringen, was Gott von uns will. Verhilf uns zu einer wachen

Bereitschaft, dass uns der Herr, wenn er kommt, nicht schlafend finde.

Heiliger Erzengel Raphael, du Liebespfeil und Arznei der Liebe Gottes! Verwunde, wir beschwören dich, unser Herz durch die brennende Liebe, und lasse diese Wunde nie heilen, damit wir auch im Alltag immer auf dem Weg der Liebe bleiben und durch die Liebe alles überwinden.

Helft uns, ihr großen heiligen Brüder, Mitknechte vor Gott. Schützt uns vor uns selbst, vor unserer eigenen Feigheit und Lauheit, vor unserer Ichsucht und Habsucht, vor unserem Neid und Mißtrauen und unserer Gier nach Sattwerden, Annehmlichkeiten und Anerkanntsein. Löst uns von den Fesseln der Sünde und Anhänglichkeit an Irdisches. Nehmt uns die Binde von den Augen, die wir uns selber umgetan haben, damit wir die Not um uns nicht zu sehen brauchen und geruhsam uns selber betrachten und bemitleiden können. Setzt uns den Stachel der heiligen Unruhe nach Gott in unser Herz, damit wir nicht aufhören, Gott zu suchen in Sehnsucht, Reue und Liebe.

Helft uns Gott erkennen und anbeten, lieben und ihm dienen.

Helft uns im Kampfe mit den Mächten der Finsternis, die uns heimlich umschleichen und bedrängen.

Helft uns, dass niemand von uns verlorengehe und wir einmal jubelnd in ewiger Seligkeit vereint seien. Amen.

In der Novene «Sturmgebet durch neun Tage» beten wir am Morgen das «Sturmgebet» und rufen untertags oft die heiligen Engel an:

Heiliger Michael, steh uns mit deinen Engeln bei, hilf uns und bitte für uns.

Heiliger Gabriel, steh uns mit deinen Engeln bei, hilf uns und bitte für uns.

Heiliger Raphael, steh uns mit deinen Engeln bei, hilf uns und bitte für uns.

«Studiere eifrig das Leben der Heiligen, so wirst du dich Gott mit Riesenschritten nähern.»

Papst Johannes XXIII.

Allerheiligen-Rosenkranz *

1. O ihr Heiligen insgemein,
   wollet bei Gott unsere Fürsprecher sein.
2. O ihre heiligen Freunde im Frieden,
   helft uns, Gott zu gefallen hienieden.
3. O ihr Heiligen, helft uns in Not,
   erbittet uns täglich das himmlische Brot.
4. O ihr Heiligen, opfert das göttliche Blut
   und macht unsere Schulden dadurch gut.
5. O ihr Heiligen an Gottes Thron,
   erbittet auch uns die ewige Kron'.

Ihr heiligen Gottes,

erlangt mir die Gnade, die ich durch das kostbare Blut Jesu Christi begehre, nämlich: immer den Willen Gottes zu tun, immer mit Gott vereint zu sein, nichts anderes zu denken, als nur an Gott, alles zu tun wegen Gott, in allem die Ehre Gottes zu suchen, mein Nichts vollständig zu erkennen, den Willen Gottes immer besser zu erkennen und die Geistessammlung zu wahren.

Allerheiligen-Litanei

Herr, erbarme dich unser
Christus, erbarme dich unser
Herr, erbarme dich unser, Christus, höre uns
Christus, erhöre uns
Gott Vater im Himmel – *erbarme dich unser*
Gott Sohn, Erlöser der Welt
Gott Heiliger Geist
Heilige Dreifaltigkeit, ein einziger Gott
Heilige Maria – *bitte für uns*
Heilige Mutter Gottes
Heilige Jungfrau über allen Jungfrauen
Heiliger Michael
Heiliger Gabriel
Heiliger Raphael
Alle heiligen Engel und Erzengel – *bittet für uns*
Alle heiligen Chöre der seligen Geister
Heiliger Johannes, der Täufer – *bitte für uns*

Heiliger Josef
Alle heiligen Patriarchen und Propheten
bittet für uns
Heiliger Petrus – *bitte für uns*
Heiliger Paulus
Heiliger Andreas
Heiliger Jakobus
Heiliger Johannes
Heiliger Thomas
Heiliger Jakobus
Heiliger Philippus
Heiliger Bartholomäus
Heiliger Matthäus
Heiliger Simon
Heiliger Thaddäus
Heiliger Matthias
Heiliger Barnabas
Heiliger Lukas
Heiliger Markus
Alle heiligen Apostel und Evangelisten
bittet für uns
Alle heiligen Jünger des Herrn
Alle heiligen Unschuldigen Kinder
Heiliger Stephanus – *bitte für uns*
Heiliger Laurentius
Heiliger Vinzentius
Heiliger Fabian und Sebastian – *bittet für uns*
Heiliger Johannes und Paulus
Heiliger Kosmas und Damian

Heiliger Gervasius und Protasius
Alle heiligen Märtyrer
Heiliger Silvester – *bitte für uns*
Heiliger Gregor
Heiliger Ambrosius
Heiliger Augustinus
Heiliger Hieronymus
Heiliger Martin
Heiliger Nikolaus
Alle heiligen Bischöfe und Bekenner
bittet für uns
Alle heiligen Lehrer der Kirche
Heiliger Antonius – *bitte für uns*
Heiliger Benedikt
Heiliger Bernhard
Heiliger Dominikus
Heiliger Franziskus
Alle heiligen Priester und Leviten
bittet für uns
Alle heiligen Einsiedler und Mönche
Heilige Maria Magdalena – *bitte für uns*
Heilige Agatha
Heilige Lucia
Heilige Agnes
Heilige Cäcilia
Heilige Katharina
Heilige Anastasia
Alle heiligen Jungfrauen und Witwen
bittet für uns

Alle Heiligen Gottes
Sei uns gnädig – *verschone uns, o Herr*
Sei uns gnädig – *erhöre uns, o Herr*
Von allem Übel – *erlöse uns, o Herr*
Von aller Sünde
Von deinem Zorne
Vor einem jähen und unvorhergesehenen Tode
Von den Nachstellungen des Teufels
Vor Zorn, Hass und allem bösen Willen
Von dem Geiste der Unlauterkeit
Von Blitz und Ungewitter
Von der Geißel des Erdbebens
Von Pest, Hunger und Krieg
Von dem ewigen Tode
Durch das Geheimnis deiner heiligen
Menschwerdung
Durch deine Ankunft
Durch deine Geburt
Durch deine Taufe und dein heiliges Fasten
Durch dein Kreuz und Leiden
Durch deinen Tod und dein Begräbnis
Durch deine heilige Auferstehung
Durch deine wunderbare Himmelfahrt
Durch die Ankunft des Heiligen Geistes,
des Trösters
Am Tage des Gerichtes
Wir armen Sünder – *wir bitten dich, erhöre uns*
Dass du uns verschonest
Dass du uns verzeihest

Dass du uns zur wahren Buße führen wollest
Dass du deine heilige Kirche regieren und erhalten wollest
Dass du den Apostolischen Oberhirten und alle Stände der Kirche in der heiligen Religion erhalten wollest
Dass du die Feinde der heiligen Kirche demütigen wollest
Dass du den christlichen Königen und Staatslenkern Frieden und wahre Eintracht schenken wollest
Dass du dem ganzen christlichen Volke Frieden und Eintracht verleihen wollest
Dass du alle Irrenden zur Einheit der Kirche zurückrufen und alle Ungläubigen zum Lichte des Evangeliums führen wollest
Dass du uns selbst in deinem heiligen Dienste stärken und erhalten wollest
Dass du unsere Herzen in Sehnsucht zum Himmel erheben wollest
Dass du alle unsere Wohltäter mit den ewigen Gütern belohnen wollest
Dass du unsere Seelen und die Seelen unserer Brüder, Verwandten und Wohltäter vor der ewigen Verdammnis bewahren wollest
Dass du die Früchte der Erde geben und erhalten wollest
Dass du allen verstorbenen Gläubigen die ewige Ruhe verleihen wollest

Dass du uns erhören wollest
Sohn Gottes – *wir bitten dich, erhöre uns*
Lamm Gottes, du nimmst hinweg die Sünden der Welt – *verschone uns, o Herr*
Lamm Gottes, du nimmst hinweg die Sünden der Welt – *erhöre uns, o Herr*
Lamm Gottes, du nimmst hinweg die Sünden der Welt – *erbarme dich unser*
Christus, höre uns – *Christus, erhöre uns*
Herr, erbarme dich unser
Christus, erbarme dich unser
Herr, erbarme dich unser – *Vater unser…*

Rosenkranz zur heiligen Mutter Anna und zum Vater Joachim *

1. Hochgepriesene heilige Anna, du Mutter der Himmelskönigin, bitte für uns und für die Familien der ganzen Welt.
2. Hochgepriesene heilige Anna, du große Fürbitterin, hilf der Jugend und den Müttern.
3. Hochgepriesene heilige Anna, durch Maria sei Gott ewig Lob und Dank für alle deine Gnaden.
4. Hochgepriesene heilige Anna, du mächtige Nothelferin, steh uns bei im Leben und im Sterben.

5. Hochgepriesener heiliger Joachim, du Vater der Unbefleckten Empfängnis, bitte für uns und für die ganze Menschheit.

Novene zur heiligen Mutter Anna

Der Schwester Anna Katharina Emmerich wurde geoffenbart, dass die heilige Mutter Anna eine besondere Patronin in hoffnungslosen Anliegen sei.

Der Dienstag ist der heiligen Mutter Anna geweiht.

Es ist sehr gnadenreich, zu Ehren der heiligen Anna Almosen zu spenden, da diese große, edle Frau sehr wohltätig war.

Ihren Verehrern wird Mutter Anna ein gutes Sterben erflehen, besonders jenen, die jeweils am Dienstag zu ihrer Ehre 3 Vaterunser und Ave Maria beten. Es freut sie auch, wenn man zu Ehren jener neun Monate, da sie Maria im Schoße getragen hat, neun Ave Maria verrichtet.

An allen neun Tagen einer Novene, oder jeweils am Dienstag, bete man folgende Lob- und Bittgebete:

Begrüßung der heiligen Mutter Anna

O heilige Mutter Anna, mit deiner liebsten Tochter Maria und ihrem göttlichen Sohne Jesus

Christus grüße ich dich. Ich bewundere die Größe, zu der Gott dich erhoben hat. Durch Maria danke ich dem Allerhöchsten für all die Gnaden, die er dir erwiesen hat. Dir empfehle ich mich sowie die Mütter und die Jugend, heute und alle Tage des Lebens. Steh mir bei in allen Versuchungen und Gefahren, besonders aber in der Stunde meines Todes. Amen.

Freu dich, o glückselige Mutter Anna, da du eine Tochter empfangen hast, welche die Mutter des Welterlösers wurde.

Ehre sei dem Vater und dem Sohn und dem Heiligen Geist – *wie im Anfang, so auch jetzt und allezeit und in Ewigkeit. Amen.*

Freu dich, o glückselige Mutter Anna, Mutter der Himmelskönigin, denn aus dir ging hervor der hellglänzende Meeresstern.

Ehre sei dem Vater und dem Sohn und dem Heiligen Geist – *wie im Anfang, so auch jetzt und allezeit und in Ewigkeit. Amen.*

Freu dich, o glückselige Mutter Anna, Mutter der allerseligsten Jungfrau Maria, die als immerwährende Jungfrau zugleich Mutter unseres Erlösers ist.

Ehre sei dem Vater und dem Sohn und dem Heiligen Geist – *wie im Anfang, so auch jetzt und allezeit und in Ewigkeit. Amen.*

Freu dich, o glückselige Mutter Anna, die du allein von Gott die Gnade empfangen hast, Mutter Mariens und Großmutter Jesu Christi zu sein.

Ehre sei dem Vater und dem Sohn und dem Heiligen Geist – *wie im Anfang, so auch jetzt und allezeit und in Ewigkeit. Amen.*

Freu dich, o glückselige Mutter Anna, frohlocke und freue dich ohne Ende, dass du von Gott so bevorzugt worden bist. Bitte aber und flehe für mich bei Maria, deiner reinsten Tochter, der hehren Himmelskönigin.

Ehre sei dem Vater und dem Sohn und dem Heiligen Geist – *wie im Anfang, so auch jetzt und allezeit und in Ewigkeit. Amen.*

Bitte für uns, o glückselige, heilige Mutter Anna – *damit wir würdig werden der Verheißungen Christi.*

O Gott, der du gewollt hast, dass die heilige Anna durch die Mutterschaft Mariens, der seligsten Jungfrau, Mitarbeiterin am Erlösungswerk deines eingeborenen Sohnes sei, verleihe uns, wir bitten dich, dass wir die Mutter deines Sohnes und ihre Mutter, die heilige Anna, auf Erden so verehren, dass wir in der Todesstunde uns ihrer Hilfe und ihres Beistandes erfreuen und dich im Himmel ewig loben und preisen können, durch Christus, unsern Herrn. Amen.

Bittgebet

Gedenke, o heilige Mutter Anna, dass noch nie gehört worden ist, dass jemand, der unter deinen Schutz geflohen, dich um Beistand angerufen und um deine Fürbitte angefleht hat, verlassen worden sei. Denn du bist eine überaus barmherzige Mutter und hilfst allen Notleidenden. Von diesem Vertrauen erfüllt, nehme ich meine Zuflucht zu dir und bitte dich:

O Mutter der Himmelskönigin und Großmutter Jesu Christi, des Welterlösers, komm mir mit deiner mächtigen Fürbitte zu Hilfe. Erflehe mir mit deiner glorreichen Tochter Maria von Gott die Gnade…

Zu Ehren der neun Monate, in denen du die allerseligste Jungfrau in deinem Schoße getragen und sie ohne Makel der Erbsünde geboren hast, will ich nun neun Ave Maria beten.

Gegrüßt seist du, Maria… mit Einfügung: Hochgepriesene heilige Anna, durch Maria sei Gott ewig Lob und Dank für alle deine Gnaden. *Heilige Maria…* *9 mal*

Litanei zur heiligen Mutter Anna

Herr, erbarme dich unser
Christus, erbarme dich unser
Herr, erbarme dich unser, Christus, höre uns
Christus, erhöre uns
Gott Vater im Himmel
erbarme dich unser
Gott Sohn, Erlöser der Welt
Gott Heiliger Geist
Heiligste Dreifaltigkeit, ein einziger Gott
Heilige Maria – *bitte für uns*
Heilige Anna
Du Mutter der auserwählten Tochter
des ewigen Vaters
Du Mutter der jungfräulichen Gebärerin
des eingeborenen Sohnes
Du Mutter der Braut des Heiligen Geistes
Du treue Gattin des frommen Joachim
Du leuchtendes Vorbild für Eheleute und Eltern
Du Zierde deines Geschlechtes
Du Zuflucht der Bedrängten
Du mächtige Fürsprecherin in jeder Not
Du starke Frau in allen Prüfungen
Du beharrliche Beterin
In Not und Versuchung
In Leid und Bedrängnis
In Krankheit und Trostlosigkeit
In der Todesstunde

Durch die Fürbitte der heiligen Mutter Anna
hilf uns, o Herr
Lamm Gottes, du nimmst hinweg die Sünden der Welt – *verschone uns, o Herr*
Lamm Gottes, du nimmst hinweg die Sünden der Welt – *erhöre uns, o Herr*
Lamm Gottes, du nimmst hinweg die Sünden der Welt – *erbarme dich unser*
Bitte für uns, o heilige Mutter Anna,
auf dass wir würdig werden der Verheißungen Christi.

Lasset uns beten: Allmächtiger Gott, himmlischer Vater, in deiner Güte hast du die heilige Anna hochbegnadigt und sie zur Mutter der reinsten Jungfrau und Gottesgebärerin erwählt. Somit wurde sie auch gewürdigt, Großmutter Jesu Christi zu werden. Lass uns ihre kräftige Fürbitte wunderbar erfahren.

Dir, dem Sohne und dem Heiligen Geiste sei Lobpreis und Dank gesagt für die heilige Anna in Ewigkeit. Amen.

Novene zum heiligen Joachim

Während neun Tage verrichte man folgendes Gebet:

Heiliger Joachim, du ruhmreicher Patriarch, ich freue mich, dass Gott dich zum Vater der unbefleckten Jungfrau und Gottesgebärerin erkoren hat. Du besitzest großen Einfluss bei Jesus und Maria. Voll Vertrauen bitte ich dich um deine wirksame Hilfe. Dir empfehle ich die leiblichen und geistigen Anliegen meiner Familie. Ganz besonders aber erhoffe ich deinen väterlichen Beistand und deine Hilfe in meiner jetzigen großen Sorge…

Du bist ein vollendetes Vorbild für das innere Leben. Erwirke mir den Geist der Sammlung, der Losschälung von den vergänglichen Gütern und eine lebendige und beständige Liebe zu Jesus und Maria. Bitte für mich, du tugendreicher Joachim, dass ich Glaube, Hoffnung und Liebe im Leben und im Sterben treu bewahre. Tritt ohne Unterlass für die streitende Kirche, die große Gottesfamilie auf Erden, vor Gott ein.

Vater unser… Gegrüßt seist du, Maria… Ehre sei…

Rosenkranz zum heiligen Nährvater Josef *

1. Heiliger Vater Josef, du großer Anwalt beim göttlichen Herzen Jesu, bitte für uns.
2. Heiliger Vater Josef, du Bewahrer großer göttlicher Geheimnisse, teile sie uns und den Priestern mit.
3. Heiliger Vater Josef, du Muster des Gehorsams und der Demut, ordne unser inneres und äußeres Leben.
4. Heiliger Vater Josef, du Schutzherr der Kirche, steh uns und den Priestern bei und rette uns aus allen Gefahren.
5. Heiliger Vater Josef, steh uns im Sterben bei und hilf uns aus aller Not und Bedrängnis.

Hingabe an den heiligen Josef

Nimm, heiliger Josef, meine Hingabe gütig an. Dir weihe ich mich. Sei mir Vater, Beschützer und Führer auf dem Weg zur ewigen Seligkeit. Erlange mir große Reinheit des Herzens, des Leibes und Geistes und innige Liebe zum geistlichen Leben. Hilf mir, in allem die Ehre Gottes zu suchen. Steh mir besonders bei in meiner Sterbestunde. Amen.

Bitt-Rosenkranz zum heiligen Josef

1. Glückseliger heiliger Josef, du Erbe des Glaubens aller Patriarchen, hilf uns, die kostbaren Tugenden: Glaube, Hoffnung und Liebe, die uns in der heiligen Taufe eingegossen wurden, treu und unverletzt zu bewahren. Denn ohne diese herrlichen Tugenden kann niemand Gott gefallen. Steh uns bei, damit wir die drei göttlichen Tugenden immer vollkommener üben. *1 mal*

   Gegrüßt seist du, heiliger Josef, Nährvater Christi und Bräutigam Mariens, reich an Gnade. Der Herr ist mit dir. Du bist gebenedeit unter den Männern der Erde und gebenedeit ist Jesus, der Sohn der allerreinsten Jungfrau. Heiliger Josef, mächtiger Helfer in allen Anliegen, Beschützer und Vorbild der Reinheit, bitte für uns Sünder, jetzt und in der Stunde unseres Todes. Amen. *10 mal*

   Ehre und Dank sei dem Vater und dem Sohn und dem Heiligen Geist für den glorreichen heiligen Josef und seine großen Gnaden jetzt und allezeit und in Ewigkeit. Amen. *1 mal*

2. Tugendreicher heiliger Josef, deiner treuen Obhut wurden Jesus und Maria anvertraut. Um dieser großen Ehre willen erlange uns in vollkommener Weise die Grundtugenden:

Klugheit, Gerechtigkeit, Mäßigung und Starkmut und vor allem die Tugenden der Reinheit, Demut und des Gehorsams. *1 mal*

Gegrüßt seist du, heiliger Josef, Nährvater Christi und Bräutigam Mariens, reich an Gnade. Der Herr ist mit dir. Du bist gebenedeit unter den Männern der Erde und gebenedeit ist Jesus, der Sohn der allerreinsten Jungfrau. Heiliger Josef, mächtiger Helfer in allen Anliegen, Beschützer und Vorbild der Reinheit, bitte für uns Sünder, jetzt und in der Stunde unseres Todes. Amen. *10 mal*

Ehre und Dank sei dem Vater und dem Sohn und dem Heiligen Geist für den glorreichen heiligen Josef und seine großen Gnaden jetzt und allezeit und in Ewigkeit. Amen. *1 mal*

3. Vortrefflicher heiliger Josef, du Patron der Arbeiter, erbitte uns die Gnade, dass wir unsere Arbeit im Geiste der Sühne und Buße verrichten. Hilf uns, unsere Pflichten gewissenhaft zu erfüllen und weder auf Anerkennung noch auf Lob zu achten, bescheiden zu sein in unseren Ansprüchen und die von Gott verliehenen Talente gut zu nutzen. Lass unsere Arbeit vereint mit den Werken der Heiligen Familie von Nazareth Gott wohlgefällig und durch dich aufgeopfert sein. *1 mal*

Gegrüßt seist du, heiliger Josef, Nährvater Christi und Bräutigam Mariens, reich an Gnade. Der Herr ist mit dir. Du bist gebenedeit unter den Männern der Erde und gebenedeit ist Jesus, der Sohn der allerreinsten Jungfrau. Heiliger Josef, mächtiger Helfer in allen Anliegen, Beschützer und Vorbild der Reinheit, bitte für uns Sünder, jetzt und in der Stunde unseres Todes. Amen. *10 mal*

Ehre und Dank sei dem Vater und dem Sohn und dem Heiligen Geist für den glorreichen heiligen Josef und seine großen Gnaden jetzt und allezeit und in Ewigkeit. Amen. *1 mal*

4. Ruhmreicher heiliger Josef, du Schirmherr der Kirche, lass nicht zu, dass die vielgeliebte «Braut Jesu Christi auf Erden» von inneren oder äußeren Feinden arg geschändet und gefährdet wird. Sieh auf den schweren Stand des Stellvertreters Gottes auf Erden und lege in rührender Weise für ihn bei Jesus Fürsprache ein. Ferner empfehlen wir deinem väterlichen Schutz den ganzen Klerus und das gesamte Gottesvolk. *1 mal*

   Gegrüßt seist du, heiliger Josef, Nährvater Christi und Bräutigam Mariens, reich an Gnade. Der Herr ist mit dir. Du bist gebenedeit unter den Männern der Erde und gebenedeit ist Jesus, der Sohn der allerreinsten Jungfrau.

Heiliger Josef, mächtiger Helfer in allen Anliegen, Beschützer und Vorbild der Reinheit, bitte für uns Sünder, jetzt und in der Stunde unseres Todes. Amen. *10 mal*

Ehre und Dank sei dem Vater und dem Sohn und dem Heiligen Geist für den glorreichen heiligen Josef und seine großen Gnaden jetzt und allezeit und in Ewigkeit. Amen. *1 mal*

5. Mächtiger heiliger Josef, du Schrecken der bösen Geister, du Beschützer der Notleidenden und Patron der Sterbenden, verjage den bösen Feind, damit er uns nicht anfechten und schaden kann. Beschütze jene, die mit der Verzweiflung ringen. Tröste die Trauernden, die Geknechteten, die Kranken und Leidbeladenen. Wir weihen dir unsere Todesstunde und empfehlen dir die Sterbenden der ganzen Welt. *1 mal*

Gegrüßt seist du, heiliger Josef, Nährvater Christi und Bräutigam Mariens, reich an Gnade. Der Herr ist mit dir. Du bist gebenedeit unter den Männern der Erde und gebenedeit ist Jesus, der Sohn der allerreinsten Jungfrau. Heiliger Josef, mächtiger Helfer in allen Anliegen, Beschützer und Vorbild der Reinheit, bitte für uns Sünder, jetzt und in der Stunde unseres Todes. Amen. *10 mal*

Ehre und Dank sei dem Vater und dem Sohn und dem Heiligen Geist für den glorreichen heiligen Josef und seine großen Gnaden jetzt und allezeit und in Ewigkeit. Amen *1 mal*

Heiliger Josef, hilf uns, die Ehre Gottes zu mehren, indem wir in Liebe dienen.

Novene zum heiligen Nährvater Josef

Der heilige Nährvater Josef zählt heute zu den beliebtesten Heiligen des Volkes. Franz von Sales und Theresia von Avila betonen in ihren Schriften nebst anderen die Schönheit seines Charakters, die Einmaligkeit seiner Sendung, die Macht seiner Fürbitte und den Segen seiner Verehrung.

«Wer einen Führer auf dem Weg zum inneren Gebet und innerlichen Leben braucht, soll den heiligen Josef als Führer nehmen, und er wird in ganz kurzer Zeit zum Ziel kommen.

Anderen Heiligen scheint der Herr die Gnade gegeben zu haben, nur in bestimmten Anliegen helfen zu können; diesen glorreichen Heiligen aber habe ich in allen Stücken als Nothelfer kennengelernt. Ich erinnere mich nicht, bis zum heutigen Tage, ihn je um etwas gebeten zu haben, das er mir nicht gewährt hätte.»

(Heilige Theresia von Avila, Kirchenlehrerin)

Der heilige Josef, der große Freund und Helfer, der Nährvater Jesu ist Schutzherr der ganzen Kirche, Schutzpatron vieler Ordensgemeinschaften und zahlreicher katholischer Heime, Beschirmer ganzer Länder (wie z. B. Kanada), Hüter der Familien, Vorbild der Arbeiter, Vater der Armen, Trost der Betrübten und Beistand der Sterbenden.

1. Tag: Ehre und Dank sei dem Vater und dem Sohn und dem Heiligen Geist für den glorreichen heiligen Josef und seine großen Gnaden jetzt und allezeit und in Ewigkeit. Amen.

O seligster Josef, wir grüßen und verehren dich durch die heiligsten Herzen Jesu und Mariens. Du bist der Schatzmeister der unvergänglichen Schätze des Himmels und der Erde. Heiliger Josef, du getreuer Bräutigam der seligsten Jungfrau, du wurdest auserwählt, der Nährvater Jesu zu sein. In unserer Not flehen wir zu dir. Du vermagst alles bei der Heiligsten Dreifaltigkeit. Höre gnädig unser Flehen. Erwirb uns von Jesus Hilfe und Trost. Erlange uns die Verzeihung unserer Sünden. Vermittle uns die Gnade, nach deinem Beispiel rein, demütig und gehorsam zu leben und einst mit dir der ewigen Freude und Seligkeit teilhaftig zu werden. Amen.

Litanei zum heiligen Josef

Herr, erbarme dich unser
Christus, erbarme dich unser
Herr, erbarme dich unser, Christus, höre uns
Christus, erhöre uns
Gott Vater im Himmel – *erbarme dich unser*
Gott Sohn, Erlöser der Welt
Gott Heiliger Geist
Heiligste Dreifaltigkeit, ein einziger Gott
Heilige Maria – *bitte für uns*
Heiliger Josef
Du erhabener Spross Davids
Du Leuchte unter den Patriarchen
Du Bräutigam der Mutter Gottes
Du keuscher Beschützer der Jungfrau
Du Nährvater des Sohnes Gottes
Du sorgsamer Verteidiger Christi
Du Haupt der heiligen Familie
Josef, ausgezeichnet durch Gerechtigkeit
Josef, leuchtend in heiliger Reinheit
Josef, Vorbild der Klugheit
Josef, Mann voll Starkmut
Josef, Beispiel des Gehorsams
Josef, Vorbild der Treue
Du Spiegel der Geduld
Du Freund der Armut
Du Vorbild der Arbeiter
Du Zierde des häuslichen Lebens

Du Beschützer der Jungfrauen
Du Stütze der Familien
Du Trost der Bedrängten
Du Hoffnung der Kranken
Du Patron der Sterbenden
Du Schrecken der bösen Geister
Du Schutzherr der heiligen Kirche
Lamm Gottes, du nimmst hinweg die Sünden der Welt – *verschone uns, o Herr*
Lamm Gottes, du nimmst hinweg die Sünden der Welt – *erhöre uns, o Herr*
Lamm Gottes, du nimmst hinweg die Sünden der Welt – *erbarme dich unser*
Er hat ihn zum Herrn seines Hauses bestellt
und zum Verwalter seines ganzen Besitzes.

Lasset uns beten: O Gott, in weiser Vorsehung gabst du den heiligen Josef der Mutter deines Sohnes zum Bräutigam. Wir bitten dich, lass ihn, den wir auf Erden als Schirmherrn verehren, unser Anwalt sein im Himmel; der du lebst und herrschest in Ewigkeit. Amen.

Schlussgebet für jeden Novenentag

Geliebter heiliger Josef, du wirst als Vater der großen Familie Gottes, der katholischen Kirche, verehrt. Gedenke, dass ein guter Vater sich besonders seiner hilfsbedüftigsten Kinder annimmt.

Erbarme dich der arg Versuchten und Gefährdeten, der Kranken und Leidenden, besonders aber der sterbenden Todsünder und der Armen Seelen im Fegefeuer.

Wir danken dir von Herzen für deine väterliche Hilfe, deinen Schutz und tröstlichen Beistand. Amen.

2. Tag: Ehre und Dank sei dem Vater und dem Sohn und dem Heiligen Geist für den glorreichen heiligen Josef und seine großen Gnaden jetzt und allezeit und in Ewigkeit. Amen.

O seligster Josef, wir grüßen und verehren dich durch die heiligsten Herzen Jesu und Mariens. Dich hat der himmlische Vater auserwählt, Ernährer seines vielgeliebten Sohnes zu sein. Du durftest während vieler Jahre in der unmittelbaren Nähe Christi weilen. Jesus wollte als Menschensohn in Demut und Liebe deinen Befehlen gehorchen. Da du uns helfen kannst, bitten wir dich inständig um deine Fürsprache bei Gott. Erwirke uns auch die Gnade der wahren Andacht und Hingabe unseres Willens an den göttlichen Willen, damit wir nur noch auf Gott ausgerichtet leben. Amen.

Litanei zum heiligen Josef

Schlussgebet (wie am 1. Tag)

3. Tag: Ehre und Dank sei dem Vater und dem Sohn und dem Heiligen Geist für den glorreichen heiligen Josef und seine großen Gnaden jetzt und allezeit und in Ewigkeit. Amen.

O seligster Josef, wir grüßen und verehren dich durch die heiligsten Herzen Jesu und Mariens. Wir danken Gott, dem Vater, dass er dich so sehr geehrt und mit großen Gnaden bereichert und auserwählt hat, Nährvater seines Sohnes und Beschützer der jungfräulichen Mutter zu werden. O liebevoller, heiliger Josef, wir rufen heute wiederum in unserem Anliegen zu dir. Denn die Heiligste Dreifaltigkeit wird dir keine Bitte abschlagen, da sie dich zum Oberhaupt der Heiligen Familie auf Erden bestimmt hat. Erlange uns Hilfe und Trost. Erbitte uns die Reinheit des Leibes und der Seele, damit wir Gott durch unseren Wandel gefallen und einst im Himmel mit dir die Heiligste Dreifaltigkeit loben und preisen dürfen. Amen.

Litanei zum heiligen Josef
Schlussgebet (wie am 1. Tag)

4. Tag: Ehre und Dank sei dem Vater und dem Sohn und dem Heiligen Geist für den glorreichen heiligen Josef und seine großen Gnaden jetzt und allezeit und in Ewigkeit. Amen.

O seligster Josef, wir grüßen und verehren dich durch die heiligsten Herzen Jesu und Mariens. Du hast denjenigen, den die Cherubim und

Seraphim im Himmel anbeten, in Menschengestalt auf Erden ernährt und behütet. Du bist mit ihm und seiner heiligsten Mutter nach Ägypten geflüchtet. Voll Vertrauen rufen wir heute erneut in unserem Anliegen zu dir, o guter, heiliger Josef. Trage unsere Bitten dem göttlichen Herzen Jesu vor. Erlange uns auch die Gnade, immer mehr zu erkennen, was Christus für unsere Erlösung gelitten hat. Hilf uns, ihm treu nachzufolgen. Amen.

Litanei zum heiligen Josef
Schlussgebet (wie am 1. Tag)

5. Tag: Ehre und Dank sei dem Vater und dem Sohn und dem Heiligen Geist für den glorreichen heiligen Josef und seine großen Gnaden jetzt und allezeit und in Ewigkeit. Amen.

O seligster Josef, wir grüßen und verehren dich durch die heiligsten Herzen Jesu und Mariens. Wir erinnern dich heute an die große Traurigkeit, welche dein liebendes Herz zu verkosten hatte, als du mit Maria, der seligsten Jungfrau, Jesus drei Tage lang suchtest. Wir freuen uns mit dir über die Wiederauffindung Jesu im Tempel. Heiliger Josef, wir bitten dich, stehe uns bei und hilf. Lass dir unser großes Anliegen innig empfohlen sein. Erflehe uns die Gnade der wahren Buße und die Beharrlichkeit im Guten bis zum letzten Atemzuge, damit wir einst mit dir in der Ewigkeit Jesus und Maria loben und preisen dürfen. Amen.

Litanei zum heiligen Josef
Schlussgebet (wie am 1. Tag)

6. Tag: Ehre und Dank sei dem Vater und dem Sohn und dem Heiligen Geist für den glorreichen heiligen Josef und seine großen Gnaden jetzt und allezeit und in Ewigkeit. Amen.

O seligster Josef, wir grüßen und verehren dich durch die heiligsten Herzen Jesu und Mariens. Wir betrachten, wie du mit der Arbeit deiner Hände den Lebensunterhalt der Heiligen Familie verdient hast. Fast dreißig Jahre lang hast du als Hausvater Jesus und Maria geholfen. Heiliger Josef, wir nehmen vertrauensvoll unsere Zuflucht zu dir. Trage unsere Anliegen dem gütigen Heiland vor. Erwirke uns aber auch die Gnade, nach deinem Beispiel allen Müßiggang zu fliehen und im Dienste Jesu und Mariens zu verharren. Erlange uns das große Glück, mit Maria und dir in Ewigkeit den dreieinigen Gott anzubeten, zu lieben und zu preisen. Amen.

Litanei zum heiligen Josef
Schlussgebet (wie am 1. Tag)

7. Tag: Ehre und Dank sei dem Vater und dem Sohn und dem Heiligen Geist für den glorreichen heiligen Josef und seine großen Gnaden jetzt und allezeit und in Ewigkeit. Amen.

O seligster Josef, wir grüßen und verehren dich durch die heiligsten Herzen Jesu und Mariens. Wir erinnern dich an dein trautes Zusammenwohnen mit Jesus und Maria im Haus zu Nazareth. Deine Leiden und Alltagssorgen wurden versüßt, weil der Pflegesohn dir bei der Arbeit half und seine heiligste Mutter liebevoll das Hauswesen besorgte. Heiliger Josef, empfiehl unsere Anliegen deinem geliebten Jesus. Stehe uns bei mit deiner mächtigen Fürbitte. Wir wollen unser Tun und Handeln mit Jesu, Mariens und deiner Arbeit vereinen und sie dem ewigen Vater aufopfern nach seiner Meinung und in der Liebe des Heiligen Geistes. Treuester Josef, wir danken dir für deinen liebevollen Beistand. Amen.

Litanei zum heiligen Josef
Schlussgebet (wie am 1. Tag)

8. Tag: Ehre und Dank sei dem Vater und dem Sohn und dem Heiligen Geist für den glorreichen heiligen Josef und seine großen Gnaden jetzt und allezeit und in Ewigkeit. Amen.

O seligster Josef, wir grüßen und verehren dich durch die heiligsten Herzen Jesu und Mariens. Wir betrachten deine letzte Krankheit, die du so geduldig ertragen hast. In Jesu und Mariens Gegenwart bist du glückselig gestorben und hast die Krone der Unsterblichkeit empfangen. Heiliger Josef, wir rufen dich heute wiederum voll

Vertrauen an und übergeben dir unsere Anliegen. Höre und erhöre uns. Lege unser Leben in Jesu und Mariens Hände. Durch deine vielvermögende Fürsprache erlange auch uns einen glückseligen Tod. Amen.

Litanei zum heiligen Josef

Schlussgebet (wie am 1. Tag)

9. Tag: Ehre und Dank sei dem Vater und dem Sohn und dem Heiligen Geist für den glorreichen heiligen Josef und seine großen Gnaden jetzt und allezeit und in Ewigkeit. Amen.

O seligster Josef, wir grüßen und verehren dich durch die heiligsten Herzen Jesu und Mariens. Wir erinnern dich an deine überaus große Glorie, mit der du im Himmel gekrönt worden bist. Wir freuen uns über das Glück, das du die ganze Ewigkeit hindurch genießen darfst. Du herrschest nun mit Jesus und seiner gebenedeiten Mutter Maria und erzeigst dich gegen jene, die dich auf Erden anrufen, als mächtigen und liebevollen Fürbitter am Throne Gottes. Wir übergeben dir nun endgültig unsere Anliegen; du wirst für alles besorgt sein. Vermittle uns die wahre Liebe zu Gott und dem Nächsten, tugendhaften Wandel, einen seligen Tod und das ewige Leben. Amen.

Litanei zum heiligen Josef

Schlussgebet (wie am 1. Tag)

Sieben-Tage-Andacht zu Ehren des heiligen Josef

Heiliger Josef, dessen Macht sich auf all unsere Nöte erstreckt, der du möglich zu machen weißt, was unmöglich zu sein scheint, schaue mit deinen väterlichen Augen auf die Anliegen deiner Kinder. Amen. (Heiliger Franz von Sales)

Bitten an den heiligen Josef

Heiliger Josef, du Schutzherr der Kirche, schütze den Papst, die Bischöfe und Priester und die ganze heilige Kirche, bewahre sie im rechten Glauben und in der Einheit.

Heiliger Josef, du väterlicher Beschützer unserer Familien, schenke uns gegenseitige Liebe und den häuslichen Frieden; hilf uns in allen unseren Ängsten, Nöten und Sorgen, vor allem bei der rechten Erziehung unserer Kinder.

Heiliger Josef, du Schrecken der bösen Geister, verwehre ihnen den Zugang zu unseren Familien und lass nicht zu, dass eine Seele unserer Angehörigen verloren gehe.

Heiliger Josef, du Vorbild und Beschützer der Arbeiter, rette sie und ihre Familien aus allen Gefahren und Bedrängnissen der Zeit; hilf ihnen und bitte für sie.

Heiliger Josef, du Beschützer der Jungfrauen, Witwen und Waisen, hilf ihnen in allen Anliegen des Leibes und der Seele.

Heiliger Josef, du Schutzpatron der Sterbenden, erflehe allen heute Sterbenden und einst auch uns eine glückliche Sterbestunde.

Heiliger Josef, du Fürsprecher der Armen Seelen, tröste sie in ihrer Betrübnis und führe sie zur baldigen Anschauung Gottes.

Heiliger Josef, wir bitten dich: Sei du unser Vater und Beschützer, Führer und Helfer, damit wir alle im gegenwärtigen Kampf gegen die drohende Macht des Bösen standhalten und zur himmlischen Heimat gelangen. Amen.

Man verrichte täglich obige Bitten und wähle eines der folgenden Gebete.

Die 7 Schmerzen und Freuden des heiligen Josef

Heiliger Josef, um deiner sieben Schmerzen und Freuden willen bitten und beschwören wir dich, eile uns zu Hilfe mit deiner großen Macht, die du im Himmel und auf Erden hast.

1. Heiliger Josef, schmerzlich bedrückte dich der Gedanke, deine reinste Braut verlassen zu müssen; unbeschreibliche Freude überkam dich daher, als dein Engel dir das große Geheimnis der Menschwerdung Gottes offenbarte.

Hilf auch uns, immer nach Gottes Willen zu entscheiden, um mit Jesus und Maria ein wahrhaft christliches Leben zu führen.

Vater unser… Gegrüßt seist du, Maria… Ehre sei…

2. Heiliger Josef, traurig sahst du auf die Armut, in der das *Jesuskind* geboren wurde; wie freute sich jedoch dein Herz an den Lobgesängen der Engel und am Lichtglanz der Heiligen Nacht.

Lass auch uns einst Gott in seiner Herrlichkeit mit dir lobpreisen.

Vater unser… Gegrüßt seist du, Maria… Ehre sei…

3. Heiliger Josef, groß war dein Schmerz über das vergossene Blut des göttlichen Kindes bei der Beschneidung; der Name Jesus aber erfüllte dich mit tiefer Freude.

Bewahre uns in deiner Macht und Güte vor jeder schweren Sünde und hilf uns, mit den heiligsten Namen Jesu und Mariens im Herzen freudig zu leben und selig zu sterben.

Vater unser… Gegrüßt seist du, Maria… Ehre sei…

4. Heiliger Josef, welch schweren Kummer verursachte dir die *Weissagung Simeons* von den Leiden Jesu und Mariens; das Heil und die Auferstehung vieler jedoch trösteten dich sehr.

Wir bitten dich, mache uns stark, damit auch wir in festem Glauben und treuer Liebe zur ewigen Freude gelangen.

Vater unser… Gegrüßt seist du, Maria… Ehre sei…

5. Heiliger Josef, gehorsam, aber voll Sorge nahmst du das Kind und seine Mutter, um nach *Ägypten zu fliehen;* doch groß war deine Freude, Gottes Sohn stets bei dir zu haben.

Lass uns mit deiner Hilfe jede gefährliche Gelegenheit meiden und so den höllischen Feind fernhalten, damit wir immer wie du mit Jesus und Maria vereint Gott lieben und Ihm dienen.

Vater unser… Gegrüßt seist du, Maria… Ehre sei…

6. Heiliger Josef, schmerzlich bedrückte dich die Furcht vor dem Nachfolger des Herodes bei der *Rückkehr aus Ägypten;* doch die Weisung deines Engels, wieder nach Nazareth zu ziehen, wandelte sie in Freude.

Wir bitten dich, halte auch unser Herz frei von schädlicher Furcht und bewahre uns die innere Ruhe im Vertrauen auf die weise Führung Gottes.

Vater unser… Gegrüßt seist du, Maria… Ehre sei…

7. Heiliger Josef, in quälender Sorge suchtest du mit Maria, deiner treuesten Braut, nach dem

verlorenen Jesus; welch tröstliche Freude erfüllte dich daher, ihn nach drei Tagen im Tempel wiederzufinden.

Lass uns, wir bitten dich flehentlich, in schwerer Sünde nicht eher Ruhe finden, bis wir reumütig im Sakrament der Buße den Frieden mit Gott wiedererlangt haben.
Vater unser… Gegrüßt seist du, Maria… Ehre sei…

Apostel-Rosenkranz *

1. All ihr heiligen Apostel und Jünger des Herrn, bittet für Papst, Kirche und Volk.
2. Durch die Verdienste und Leiden deiner Apostel und Jünger, o Jesus, rette die Priester und Ordensleute.
3. Durch Maria sei Gott ewig Lob und Dank für alle Gnaden seiner Apostel, Jünger und Priester.
4. Maria, Königin der Apostel, um der Wunden Jesu willen rette, erleuchte und heilige alle Priester und Priesterkandidaten.
5. Christus, du Meister der Apostel, um der Tränen Mariens willen, nimm die Priester auf ewig in dein verwundetes Herz und schenk ihnen die Gnade der Mitwirkung.

Novene vor einem Apostelfest

An allen neun Tagen bete man:
Ihr heiligen Apostelfürsten Petrus und Paulus
bittet für uns (Fest 29. Juni)
Heiliger Apostel Andreas
bitte für uns (Fest 30. November)
Heiliger Apostel Jakobus, der Ältere
bitte für uns (Fest 25. Juli)
Heiliger Apostel und Evangelist Johannes
bitte für uns (Fest 27. Dezember)
Heiliger Apostel Thomas
bitte für uns (Fest 3. Juli)
Heilige Apostel Philippus und Jakobus, der Jüngere
bittet für uns (Fest 3. Mai)
Heiliger Apostel Bartholomäus
bitte für uns (Fest 24. August)
Heiliger Apostel und Evangelist Matthäus
bitte für uns (Fest 21. September)
Heilige Apostel Simon und Judas Thaddäus
bittet für uns (Fest 28. Oktober)
Heiliger Apostel Matthias
bitte für uns (Fest 24. Februar)
Heiliger Apostel Barnabas
bitte für uns (Fest 11. Juni)
Heiliger Evangelist Lukas
bitte für uns (Fest 18. Oktober)
Heiliger Evangelist Markus

bitte für uns (Fest 25. April)

Alle heiligen Jünger des Herrn
bittet für uns

Die ihr alles verlassen habt und Christus nachgefolgt seid – *bittet für uns* (wird wiederholt!)

Die ihr Zeugen der Taten Christi geworden seid

Die ihr von ihm ausgesandt worden seid, das Reich Gottes zu predigen, böse Geister auszutreiben, Gebrechliche und Kranke zu heilen

Die ihr in die Geheimnisse der Erlösung eingeweiht worden seid

Die ihr den Heiligen Geist am Pfingstfest in Fülle empfangen habt

Die ihr mit der Kraft Gottes die Weisheit und Macht der Welt zuschanden gemacht habt

Die ihr Gott mehr als die Menschen gefürchtet habt

Die ihr euch gefreut habt, gewürdigt zu werden, für den Namen Jesu Schmach zu leiden

Die ihr mit großem Eifer Zeugnis von der Auferstehung Jesu gegeben habt

Die ihr allen alles geworden seid, um sie für Christus zu gewinnen.

Ihr heiligen Apostel, lasst uns teilhaftig werden an euren großen Verdiensten und verhelft uns durch eure Fürsprache zum ewigen Glück. Bittet ohne Unterlass für die heilige Kirche, besonders für den Stellvertreter Christi auf Erden, die Bischöfe und Priester.

Dir, o heiliger Apostel... (Name des Festheiligen) empfehlen wir im Besonderen unser jetziges, großes Anliegen...

Bleibe uns immer nahe mit deinem Schutz und segne uns.

Vater unser... Gegrüßt seist du, Maria...

Rosenkranz zum heiligen Apostel Judas Thaddäus

Man betet drei Zehner mit Einfügungen.
Nach jedem Ehre sei... folgt 1 mal:

Lob und Dank sei dir, Jesus Christus, für die Gnaden deines Apostels Thaddäus.

1. Judas Thaddäus, Christi Apostel und Zeuge, deine fürbittende Kraft und Hilfe uns zeige.
2. Judas Thaddäus, Blutsverwandter des Herrn, gedenke, Jesus erhöret dich gern.
3. Judas Thaddäus, «Helfer in auswegloser Not», erhelle uns Trübsal, Leiden und Tod.

Gebet zum heiligen Judas Thaddäus

Heiliger Judas Thaddäus, Verwandter Jesu Christi, du glorreicher Apostel und Märtyrer, herrlich an Tugenden und Wundern, ein getreuer und schneller Fürsprecher all jener, die dich ehren und auf dich vertrauen, du bist ein großer Patron und Helfer in schweren Anliegen. Deshalb komm uns zu Hilfe mit deiner mächtigen Fürsprache, denn du hast ja von Gott das Vorrecht erhalten, all denen mit augenscheinlicher Hilfe beizustehen, die fast an aller Hoffnung verzweifeln. Bewahre uns vor Unruhe, Kleinmut, Mißtrauen und Verzweiflung. Wir gehen nicht von dir, bis du uns in unserer großen Not... (Anliegen) erhört hast. Eile uns zu Hilfe! Wir werden dir unser Leben lang dankbar sein und dich als unseren besonderen Patron verehren. Wir wollen Gott für deine Gnaden danken und deine Verehrung nach Kräften fördern. Amen.

Novene zum heiligen Apostel Judas Thaddäus

Judas Thaddäus, der große Helfer in auswegloser Not war ein Bruder der Apostel Simon und Jakobus, des Jüngeren, und ein Verwandter Jesu Christi.

Tägliches Novenengebet

Glorreicher heiliger Judas Thaddäus, auf Erden wurdest du durch zwei hohe Vorzüge ausgezeichnet, nämlich durch deine Verwandtschaft mit dem Herrn und durch das Apostelamt. Nach mühevoller Arbeit im «Weinberg des Herrn» und dem ruhmreichen Martyrium krönte Gott dich mit der Krone der ewigen Herrlichkeit. Da der Schatten des Verräters Judas auch auf deinen Namen fiel, schenkte der Herr dir eine weitere Auszeichnung. Du wurdest Patron und Helfer jener, die sich in auswegloser Lebenslage befinden.

Heiliger Judas Thaddäus, mit bedrücktem Herzen und voll Kummer und Sorge komme ich zu dir. Da du noch keinen, der auf dich vertraute und zu dir rief, ungehört gelassen hast, wirst du auch mir helfen.

Ich bitte dich von Herzen, tritt vor den Thron der erhabenen Majestät Gottes und lege Fürsprache ein für mich und meine Anliegen...

Erwirke mir vom Geber alles Guten die Gnaden, die mir notwendig sind, um heilig und Gott wohlgefällig zu werden.

Litanei zu Ehren des heiligen Judas Thaddäus

Herr, erbarme dich unser
Christus, erbarme dich unser
Herr, erbarme dich unser, Christus, höre uns
Christus, erhöre uns
Gott Vater im Himmel – *erbarme dich unser*
Gott Sohn, Erlöser der Welt
Gott Heiliger Geist

Heiligste Dreifaltigkeit, ein einziger Gott
Heilige Maria – *bitte für uns*
Du Königin der Apostel
Heiliger Judas Thaddäus
Du begnadeter Verwandter Jesu, Mariens und Josefs
Du seeleneifriger Apostel
Du standhafter und glaubensmutiger Apostel
Du Verkünder der göttlichen Gerechtigkeit und Liebe
Du getreuer Nachfolger deines Meisters Jesus Christus
Du Freund und Liebhaber der heiligen Armut
Du Muster tiefer Demut
Du Vorbild der christlichen Geduld
Du eifriger Behüter der heiligen Reinheit
Du liebeglühender Jünger des Herrn
Du leuchtender Stern am Himmel der Heiligen
Du hochherziger Helfer in Kreuz und Leid
Du großer Wundertäter
Du Schrecken Satans und seines Anhanges
Du Säule der heiligen Kirche
Du Rettungsanker der Verzweifelnden
Du Hilfe und Trost der Leidgeprüften
Du mächtiger Fürsprecher bei Gott
Du besonderer Patron in hoffnungslosen Anliegen
Du liebreicher Helfer und Beschützer all deiner Verehrer

Herr Jesus Christus, du Meister der Apostel
erbarme dich unser

Durch die reichen Verdienste des heiligen Judas Thaddäus

Durch seine Treue und kindliche Anhänglichkeit an dich, seinen Lehrer und Meister

Durch die Glaubensbereitschaft, mit der er dein heiliges Evangelium annahm

Durch den Eifer, mit dem er alle deine Forderungen erfüllte

Durch die Unerschrockenheit, mit der er deine Auferstehung und deine Lehre verkündete

Durch die Liebe, mit der er Leid und Schmach um deines Namens willen freudig auf sich nahm

Durch seine tiefe Demut

Durch seinen willigen Gehorsam

Durch seine Geduld in allen Widerwärtigkeiten

Durch seinen großen Seeleneifer

Durch seine stete Hilfsbereitschaft gegen alle Bedrängten

Durch sein ruhmreiches Martyrium

Durch die ewige Freude und Herrlichkeit, die er bei dir genießt

Lamm Gottes, du nimmst hinweg die Sünden der Welt – *verschone uns, o Herr*

Lamm Gottes, du nimmst hinweg die Sünden der Welt – *erhöre uns, o Herr*

Lamm Gottes, du nimmst hinweg die Sünden der Welt – *erbarme dich unser, o Herr*

Bitte für uns, heiliger Judas Thaddäus,

auf dass wir würdig werden der Verheißungen Christi.

(Es ist sehr fruchtbringend, während der Novene täglich die heilige Messe zu Ehren des heiligen Judas Thaddäus aufzuopfern. Wenn dies nicht möglich ist, kann man es evtl. auch durch ein Messstipendium ersetzen.)

Ewiger Vater, ich opfere dir in und mit und durch Jesus und in seiner Liebe diese heilige Messe auf, zu deiner größten Ehre und Verherrlichung, als Danksagung für alle Gnaden, die du dem heiligen Apostel Judas Thaddäus verliehen hast und zur Vermehrung seiner Glorie im Himmel.

Um dieser wertvollsten Gabe willen gewähre mir durch den heiligen Judas Thaddäus Erhörung in meinem jetzigen schweren Anliegen…

Rosenkranz zum heiligen Benedikt *

1. Sankt Benedikt, Europas Schutzpatron, erbitt' uns Frieden und der Tugend Kron'.
2. Den Ordensgeist, das Christentum, Sankt Benedikt, form' zu Gottes Ruhm.
3. Vor Satans Wut, Sankt Benedikt, uns schon' durch dein hochgesegnet' Medaillon.

4. «Ora et labora» immerfort sei Sankt Benedikts und Europas Losungswort.
5. Gott! Herr! Dir sei ewig Dank, Lob und Preis für Sankt Benedikt und seines Ordens Heiligenkreis.

(«Ora et labora» = Bete und arbeite!)

Gebet zum heiligen Benedikt

Heiliger Vater Benedikt, würdiger Anführer eines großen Heeres von Streitern Christi, nämlich deiner Ordenssöhne und -töchter! Ich erinnere dich des schönen Todes, den der Herr dir gewährt hat. Aufrecht stehend und mit erhobenen Augen betend, gabst du dem Schöpfer deine Seele zurück. Stehe mir einst in meiner Sterbestunde bei. Behüte mich vor den Angriffen des bösen Feindes und führe mich zu den ewigen Freuden. Amen.

Sankt-Benedikt-Novene

Man betet an neun aufeinanderfolgenden Tagen:

9 Vaterunser, Ave Maria und Ehre sei dem Vater mit dem Zusatz:

Heiliger Vater Benedikt, bitte für uns, damit wir würdig werden der Verheißungen Christi.

Lasset uns beten: Heiliger Vater Benedikt, du großer Helfer und Fürbitter, du Schrecken der bösen Geister, voll Vertrauen flehen wir zu dir in unserer Not. Lege unablässig Fürsprache ein für uns am göttlichen Throne und vertreibe die bösen Geister mit all ihren schädlichen Einflüssen. Segne uns, wie du einst mit großer Kraft gesegnet hast. Wir bauen auf deine machtvolle Hilfe und danken Gott für deine Heiligkeit und Größe, die dir so wunderbare Fürbittkraft zukommen lässt.

Heiliger Abt Benedikt, Patron Europas, bleibe uns immer nahe, besonders in der Stunde des Todes. Amen.

(Der große belgische Wundertäter Pater Paul von Moll gab den notleidenden Bittstellern jeweils den Rat, nach obiger Weise eine neuntägige Andacht zu halten und während dieser Zeit die heiligen Sakramente der Buße und der Eucharistie zu empfangen. Er verlangte von den Bittenden großes Vertrauen und gab allen eine Sankt-Benediktus-Medaille.)

Litanei zum heiligen Benedikt, dem Patron Europas

Herr, erbarme dich unser
Christus, erbarme dich unser
Herr, erbarme dich unser, Christus, höre uns
Christus, erhöre uns
Gott Vater im Himmel – *erbarme dich unser*

Gott Sohn, Erlöser der Welt
Gott Heiliger Geist
Heiligste Dreifaltigkeit, ein einziger Gott
Heilige Maria – *bitte für uns*
Heilige Mutter Gottes
Mittlerin aller Gnaden
Königin der Mönche
Heiliger Benedikt
Heiliger Benedikt, Ruhm von Nursia
Heiliger Benedikt, dessen Name «Gesegneter» bedeutet
Heiliger Benedikt, reich begabt mit den Gaben des Heiligen Geistes
Heiliger Benedikt, Bote des Friedens Christi
Heiliger Benedikt, großer Liebhaber und Verehrer des heiligen Kreuzes Christi
Heiliger Benedikt, Abt und Vater der abendländischen Mönche
Heiliger Benedikt, erfüllt mit dem Geiste aller Gerechten
Heiliger Benedikt, Vater vieler Märtyrer, Kirchenlehrer, Bekenner und Jungfrauen
Heiliger Benedikt, Wunder von Opfergesinnung und Buße
Heiliger Benedikt, Wunder von Bescheidenheit und Kraft
Heiliger Benedikt, Beispiel klösterlicher Zucht
Heiliger Benedikt, Beispiel des Gehorsams, der Armut und Reinheit

Heiliger Benedikt, weiser Gesetzgeber, welcher unter der Führung des Heiligen Geistes die Ordensregel geschrieben hat

Heiliger Benedikt, Muster der klaren Erkenntnis des Seelenlebens

Heiliger Benedikt, Mann Gottes

Heiliger Benedikt, der du von früher Jugend an der Welt entflohen bist

Heiliger Benedikt, der du in der Einsamkeit zurückgezogen nur mit Gott und für Gott lebtest

Heiliger Benedikt, der du deinen Körper in Dornen gewälzt hast, um deine Reinheit unversehrt zu bewahren

Heiliger Benedikt, mit Gottes Wundermacht bekleidet

Heiliger Benedikt, der du Götzenbilder stürztest durch das Zeichen des heiligen Kreuzes

Heiliger Benedikt, der du die Versuchungen des Teufels vereiteltest durch das Zeichen des heiligen Kreuzes

Heiliger Benedikt, der du die Bosheit beschämt hast durch das Zeichen des heiligen Kreuzes

Heiliger Benedikt, der du Kranke geheilt, Tote auferweckt und Besessene erlöst hast durch dein vertrauensvolles Gebet

Heiliger Benedikt, der du unbesiegbar warst in deinem Glauben, unerschütterlich in deiner

Hoffnung und voller Hingabe in deiner Liebe zu Gott

Heiliger Benedikt, der du nach Christi Vorbild sanftmütig und demütig von Herzen warst

Heiliger Benedikt, der du die väterliche Güte mit einer weisen Strenge vereinigt hast

Heiliger Benedikt, der du für Leidgeprüfte eine liebevolle Stütze warst, voller Mitleid und Dienstfertigkeit

Heiliger Benedikt, der du treu in dir das Bild Christi gebildet hast

Heiliger Benedikt, der du am Altare stehend Gott deine Seele zurückgeschenkt hast

Heiliger Benedikt, Patron eines guten Todes

Heiliger Benedikt, mächtiger Fürsprecher bei Gott für alle, welche dich anrufen

Heiliger Benedikt, Patron Europas

Lamm Gottes, du nimmst hinweg die Sünden der Welt – *verschone uns, o Herr*

Lamm Gottes, du nimmst hinweg die Sünden der Welt – *erhöre uns, o Herr*

Lamm Gottes, du nimmst hinweg die Sünden der Welt – *erbarme dich unser, o Herr*

Bitte für uns, heiliger Benedikt

damit wir würdig werden der Verheißungen Christi.

Lasset uns beten: Erwecke in uns und deiner heiligen Kirche den Geist, nach dem der heilige Benedikt sein Leben ausgerichtet hat, auf dass wir vom selben Geiste durchdrungen, uns bemühen zu lieben, was er geliebt, und zu üben, was er vorgelebt hat, durch Christus, unsern Herrn. Amen.

Nothelfer-Novene

An allen neun Tagen bete man:

O ihr heiligen Nothelfer! Ich grüße euch und bewundere eure Tugenden, mit denen ihr Gott auf Erden gedient habt. Voll Staunen betrachte ich euren Mut, mit dem ihr freudig für Christus in den Tod gegangen seid. Ich freue mich mit euch ob der großen Seligkeit, die ihr nun bei Gott im Himmel auf ewig genießt.

Erfleht mir von Gott Tugend und Heiligkeit und Hilfe in meiner jetzigen Sorge.

Litanei zu den 14 heiligen Nothelfern

Herr, erbarme dich unser
Christus, erbarme dich unser
Herr, erbarme dich unser, Christus, höre uns
Christus, erhöre uns
Gott Vater im Himmel – *erbarme dich unser*
Gott Sohn, Erlöser der Welt
Gott Heiliger Geist
Heiligste Dreifaltigkeit, ein einziger Gott

Heilige Maria – *bitte für uns*
Ihr 14 heiligen Nothelfer
bittet für uns
Heiliger Georg, du Helfer in Glaubenszweifeln
bitte für uns
Heiliger Blasius, du Helfer bei Halsleiden
Heiliger Erasmus, du Patron der Witwen und Waisen
Heiliger Pantaleon, du Patron der Ärzte
Heiliger Vitus, du Patron der Jugend
Heiliger Christophorus, du Patron der Reisenden und Helfer gegen die Versuchungen der Hölle
Heiliger Dionysius, du Helfer in Gewissensängsten
Heiliger Zyriakus, du Helfer in ungewöhnlich heftigen Versuchungen
Heiliger Achatius, du Helfer in Todesängsten
Heiliger Eustachius, du Helfer in schweren Drangsalen
Heiliger Ägidius, du Helfer zum reumütigen Beichten
Heilige Margareta, du Patronin des Frauengeschlechtes
Heilige Barbara, du Patronin der Sterbenden
Heilige Katharina, du Wunder göttlicher Weisheit und Hilfe der armen Sünder
Lamm Gottes, du nimmst hinweg die Sünden der Welt – *verschone uns, o Herr*

Lamm Gottes, du nimmst hinweg die Sünden der Welt – *erhöre uns, o Herr*

Lamm Gottes, du nimmst hinweg die Sünden der Welt – *erbarme dich unser*

Bittet für uns, ihr heiligen Nothelfer
auf dass wir würdig werden der Verheißungen Christi.

Lasset uns beten: Allmächtiger, ewiger Gott, du hast die 14 heiligen Nothelfer mit besonderen Gnaden und Vorzügen geziert, so dass alle, die in ihren Nöten deren Hilfe vertrauensvoll anrufen, die Macht ihrer Fürbitte erfahren. Verzeihe uns, mildester Vater, unsere Sünden. Durch die Fürsprache der heiligen Nothelfer erhöre uns in allen Anliegen des Leibes und der Seele. Dies bitten wir durch Christus, unseren Herrn. Amen.

Die Festtage der 14 heiligen Nothelfer:

Sankt Georg (23. April)
Sankt Blasius (3. Februar)
Sankt Erasmus (2. Juni)
Sankt Pantaleon (27. Juli)
Sankt Vitus (15. Juni)
Sankt Christophorus (25. Juli)
Sankt Dionys (9. Oktober)
Sankt Zyriakus (8. August)
Sankt Achatius (8. Mai)

Sankt Eustachius (20. September)
Sankt Ägidius (1. September)
Sankt Margareta (20. Juli)
Sankt Barbara (4. Dezember)
Sankt Katharina (25. November)

Seraphischer Rosenkranz *

1. O Mutter, «Seraphische Königin»,
   führe uns alle zu Jesus hin.
2. Franziskus, du Seraph, erbitt uns hienied'
   viel Gottes- und Nächsten- und Kreuzeslieb'.
3. O Klara, du Heil'ge, führ uns zum Altar,
   dass liebend dort harren wir immerdar.
4. Antonius, du Großer, vom Jesulein lieb
   uns Weisheit und Demut und Frieden erwirb.
5. Seraphische Heilige, steht uns zur Seit'
   und gebet uns einst das Himmelsgeleit.

Gott, dem Allerhöchsten, sei in Ewigkeit Lob, Ehre und Dank für die vielen Heiligen aus den drei seraphischen Orden und für deren Gnaden, Tugenden und Verdienste.

Novene zu Ehren des heiligen Franziskus von Assisi

Während der Novene bete man täglich:

Litanei zum heiligen Vater Franziskus

Herr, erbarme dich unser
Christus, erbarme dich unser
Herr, erbarme dich unser, Christus, höre uns
Christus, erhöre uns
Gott Vater im Himmel – *erbarme dich unser*
Gott Sohn, Erlöser der Welt
Gott Heiliger Geist
Heiligste Dreifaltigkeit, ein einziger Gott
Heilige Maria – *bitte für uns*
Heilige Gottesgebärerin
Heilige Jungfrau über allen Jungfrauen
Heiliger Vater Franziskus
Du eifriger Nachfolger Christi
Du Stifter der drei Seraphischen Orden
Du feste Säule der katholischen Kirche
Du Lehrmeister des heiligen Gehorsams
Du Spiegel der Demut
Du Liebhaber der Armut
Du Lilie der Keuschheit
Du Beispiel der Sanftmut
Du Felsen der Geduld
Du glühender Liebhaber Gottes

Du Muster der Nächstenliebe
Du auserlesenes Vorbild der evangelischen Tugenden
Du Förderer des Friedens
Du Mann nach dem Herzen Gottes
Du Überwinder der bösen Geister
Du Ebenbild des gekreuzigten Heilandes
Freund Gottes, mit den fünf Wundmalen geziert
Du Seraph der Liebe
Du großer Gönner und Freund der Armen
Du wunderbarer Bekenner
Du Märtyrer der göttlichen Liebe
Du mächtiger Fürbitter bei Gott
Heiliger Vater Franziskus
Lamm Gottes, du nimmst hinweg die Sünden der Welt – *verschone uns, o Herr*
Lamm Gottes, du nimmst hinweg die Sünden der Welt – *erhöre uns, o Herr*
Lamm Gottes, du nimmst hinweg die Sünden der Welt – *erbarme dich unser, o Herr*

Gebet: Heiliger Franziskus, du hast Reichtum und Ehre gering geachtet und bist in vollkommener Weise Christus nachgefolgt. Deine Liebe zum Gekreuzigten belohnte der Herr und verlieh dir die Wundmale. Erbitte mir vollkommene Gottes-, Nächsten- und Kreuzesliebe. Hilf mir in meinem jetzigen schweren Anliegen…! Ich danke dir für deinen Beistand. Lass mich nun mit deinen Worten zu Gott beten:

Herr, mache aus mir ein Werkzeug deiner Liebe!
Wo Hass herrscht, lasse mich Liebe bringen,
wo Kränkung, die Vergebung,
wo Zwietracht, die Versöhnung,
wo Zweifel, die Hoffnung,
wo Finsternis, dein Licht,
wo Traurigkeit, die Freude.

Bitte an Maria

Maria, seraphische Königin, mit dir will ich Gott besonders loben und preisen und ihm danken für all die großen Gnaden und Gunsterweise, die er in unendlicher Güte dem heiligen Franziskus und seinen drei Orden gewährt hat. Segne die seraphischen Orden und behüte sie. Erflehe ihnen immerfort den Heiligen Geist, damit sie erglühen in Heiligkeit und Tugendgröße und weiterhin Stütze der heiligen Kirche bleiben.

Hehre Königin der Engel von Portiunkula, lasse den heiligen Franziskus meinen Fürbitter sein in meinem jetzigen Anliegen. Unterstütze seine Bitten für mich vor Gott in mütterlicher Weise. Ich freue mich mit dem heiligen Franziskus, dass du es nicht unterlassen wirst, alles zum Besten zu lenken für mich und den seraphischen Orden.

Vater unser… Gegrüßt seist du, Maria… Ehre sei…

Sonnengesang des heiligen Franziskus von Assisi

Höchster, allmächtiger, guter Herr, dein ist Ruhm und Verherrlichung und Ehre und jeglicher Lobpreis! Dir allein, Höchster, gebühren sie, und kein Mensch ist würdig, dich zu nennen.

Gepriesen seist du, mein Herr, mit allen deinen Geschöpfen, vornehmlich mit der edlen Frau, der Schwester Sonne, die uns herrlich leuchtet durch ihr Licht; und schön ist sie und strahlend in großem Glanz; von dir, Höchster, ist sie das Abbild.

Gepriesen seist du, mein Herr, für den Bruder Mond und die Sterne; am Himmel hast du sie geformt: klar und kostbar und schön.

Gepriesen seist du, mein Herr, für unsern Bruder, den Wind, und für die Luft und das Gewölk, und das Wetter, sei es heiter oder nicht, wodurch du deinen Geschöpfen Erhaltung gewährst.

Gepriesen seist du, mein Herr, für unsere Schwester, die Quelle; sie ist sehr nützlich und demütig, köstlich und keusch.

Gepriesen seist du, mein Herr, für unsern Bruder, das Feuer, durch den du erleuchtest die Nacht. Sein Sprühen ist kühn; heiter ist er, schön und gewaltig und stark.

Gepriesen seist du, mein Herr, für unsere Schwester, die Mutter Erde, die uns ernährt und pflegt, und mancherlei Früchte uns spendet und bunte Blumen und Kräuter.

Gepriesen seist du, mein Herr, für jene, die verzeihen aus Liebe zu dir und Elend tragen und Mühsal. Selig, die dulden im Frieden, denn du, o Höchster, wirst sie einst krönen.

Gepriesen seist du, mein Herr, für unsern Bruder, den leiblichen Tod, dem kein lebender Mensch entrinnen kann. – Wehe denen, die sterben in Todessünden! – Selig, die ruhen in deinem allerheiligsten Willen, denn ihnen tut der zweite Tod kein Übel.

Lobt und preist meinen Herrn und sagt ihm Dank, all ihr Geschöpfe, und dient ihm in großer Demut. Amen.

Die fünf Sonntage zu Ehren der Wundmale des heiligen Franziskus von Assisi

Diese Andacht wird vor oder nach dem Feste der Wundmale des heiligen Franziskus (17. September) gehalten. Es ist empfehlenswert, wenigstens an einem der fünf Franziskus-Sonntage die heiligen Sakramente zu empfangen.

1. Sonntag: In tiefer Demut beten wir dich an, o Herr und Heiland Jesus Christus, und opfern dir auf die schmerzliche Wunde, die du der rechten Hand deines geliebten Dieners Franziskus eingeprägt hast.

Durch diese Wunde und um der guten Werke willen, die er dir zuliebe vollbracht hat, bitten wir dich: Verleihe uns die Gnade, unermüdlich zu sein in guten Werken, damit wir verdienen, einst mit den Auserwählten zu deiner Rechten gestellt zu werden.

Vater unser… Gegrüßt seist du, Maria… Ehre sei…

Heiliger Franziskus von Assisi, bitte für uns.

2. Sonntag: In tiefer Demut beten wir dich an, o Herr und Heiland Jesus Christus, und opfern dir auf die schmerzliche Wunde, die du der linken Hand deines geliebten Dieners Franziskus eingeprägt hast.

Durch das Blut, das reichlich aus seinen Wunden geflossen ist, bitten wir dich: Verleihe uns die Gnade, so zu leben, dass wir nicht fürchten müssen, von dir, o Herr, am Gerichtstage mit den Verworfenen zu deiner Linken gestellt zu werden.

Vater unser… Gegrüßt seist du, Maria… Ehre sei…

Heiliger Franziskus von Assisi, bitte für uns.

3. Sonntag: In tiefer Demut beten wir dich an, o Herr und Heiland Jesus Christus, und opfern dir auf die schmerzliche Wunde, die du dem rechten Fuß deines geliebten Dieners Franziskus eingeprägt hast.

Durch diese Wunde und um der großen Geduld willen, mit der er alle Schmerzen bis ans Ende seines Lebens ertragen hat, bitten wir dich: Verleihe uns die Gnade, die Sünde zu verabscheuen und stets auf dem Pfade des Heiles zu wandeln.

Vater unser… Gegrüßt seist du, Maria… Ehre sei…

Heiliger Franziskus von Assisi, bitte für uns.

4. Sonntag: In tiefer Demut beten wir dich an, o Herr und Heiland Jesus Christus, und opfern dir auf die schmerzliche Wunde, die du dem linken Fuß deines geliebten Dieners Franziskus eingeprägt hast.

Um der großen Schmerzen willen, die er durch diese und alle Wunden empfunden hat, bitten wir dich: Verleihe uns die Gnade wahrer Buße, damit wir alle unsere Sünden, durch die wir vom Weg deiner Gebote so oft abgewichen sind, aus Liebe zu dir bereuen und gutzumachen versuchen.

Vater unser… Gegrüßt seist du, Maria… Ehre sei…

Heiliger Franziskus von Assisi, bitte für uns.

5. Sonntag: In tiefer Demut beten wir dich an, o Herr und Heiland Jesus Christus, und opfern dir auf die schmerzliche Wunde, die du dem Herzen deines geliebten Dieners Franziskus eingeprägt hast.

Durch diese Wunde und die seraphische Liebe, die in seinem Herzen gebrannt hat, bitten wir dich: Verleihe uns die Gnade, dich in diesem Leben so zu lieben und dir so zu dienen, dass wir würdig befunden werden, dich ewig im Himmel zu loben und zu preisen.

Vater unser… Gegrüßt seist du, Maria… Ehre sei…

Heiliger Franziskus von Assisi, bitte für uns.

Schlussgebet für den letzten Franziskus-Sonntag:

Göttlicher Heiland, um der Liebe willen, die dein Diener Franziskus zu dir und den unsterblichen Seelen in seinem Herzen getragen hat, bitten wir dich: Gewähre deine Hilfe und Gnade allen lebenden und verstorbenen Mitgliedern der drei franziskanischen Orden, unseren Wohltätern, Freunden und Feinden, den armen Sündern, den Leidenden und Sterbenden. Amen.

Der Segen des heiligen Vaters Franziskus

– Der Herr segne dich und behüte dich.
– Er zeige dir sein Angesicht und erbarme sich deiner.
– Er wende sein Antlitz dir zu und gebe dir den Frieden.

Der Herr segne dich.

Rosenkranz zum heiligen Antonius von Padua*

1. Heiliger Antonius, du Säule vor Gott, bitt für uns Arme in jeder Not.
2. Heiliger Antonius, du Lehrer der Kirche, sei Helfer dem Papst, dass gut er regiere.
3. Heiliger Antonius, du Vorbild des Schweigens, stärk uns auf jeglichem Weg des Leidens.
4. Heiliger Antonius, führ uns geschwind hin zu dem holden, göttlichen Kind.
5. Heiliger Antonius, Wundermann, helfend nimm dich unser an.

Gedenke, o heiliger Antonius, dass du noch nie einen ohne Trost und Hilfe gelassen, der in seiner Not dich angerufen hat. Von solchem Vertrauen beseelt, eilen wir zu dir, der du Gott so wohlgefällig und mit dem Jesuskind so vertraut bist. O du beredter Verkünder der unendlichen Erbarmungen Gottes, verschmähe unsere Bitten nicht. Tritt für uns ein am Throne Gottes. O wundertätiger, allvermögender heiliger Antonius, erhöre uns und gewähre uns Trost und Hilfe in unserer gegenwärtigen Not und Bedrängnis und steh uns bei, besonders in der Stunde unseres Todes.

Amen.

Novene zu Ehren des heiligen Antonius von Padua

Glorreicher heiliger Antonius, bevorzugter Gottesfreund und mildreicher Helfer in jeder Not, wir nehmen in unseren großen und schweren Anliegen… unsere Zuflucht zu dir. Bitte mit der seligsten Jungfrau und dem heiligen Vater Franziskus für uns, damit wir starkmütig und mit Gottes Gnade den Weg gehen, den er zu unserem ewigen Heile bestimmt hat.

1. Tag: Großer Diener Gottes, heiliger Antonius, unter dem Schutze Mariens geboren, hast du ihr schon mit fünf Jahren dein lilienreines Herz geweiht. Erwirke auch uns eine kindliche Andacht und ein unerschütterliches Vertrauen zu dieser unserer himmlischen Mutter, damit auch wir durch sie alle Nachstellungen der bösen Geister überwinden. Amen.

Vater unser… Gegrüßt seist du, Maria… Ehre sei…

Antonius-Litanei

Herr, erbarme dich unser
  Christus, erbarme dich unser
Herr, erbarme dich unser,
Christus, höre uns
  Christus, erhöre uns
Gott Vater im Himmel – *erbarme dich unser*

Gott Sohn, Erlöser der Welt
Gott Heiliger Geist
Heiligste Dreifaltigkeit, ein einziger Gott
Heilige Maria – *bitte für uns*
Heiliger Antonius von Padua
Heiliger Antonius, du treuer Diener des Allerhöchsten
Heiliger Antonius, du glühender Verehrer der allerseligsten Jungfrau
Heiliger Antonius, du großer Sohn des heiligen Franziskus
Heiliger Antonius, du Ruhm des seraphischen Ordens
Heiliger Antonius, du Liebhaber der Armut
Heiliger Antonius, du Lilie der Reinheit
Heiliger Antonius, du Vorbild des Gehorsams
Heiliger Antonius, du Verteidiger des Glaubens
Heiliger Antonius, du Lehrer der Wahrheit
Heiliger Antonius, du großer Verkünder des göttlichen Wortes
Heiliger Antonius, du Eiferer für das Heil der Seelen
Heiliger Antonius, du Freund der Armen
Heiliger Antonius, du Schutz der Schwachen
Heiliger Antonius, du Trost der Kranken
Heiliger Antonius, du Helfer der Notleidenden
Heiliger Antonius, voll Sehnsucht nach dem Martyrium

Heiliger Antonius, geschmückt mit den Tugenden der Bekenner

Heiliger Antonius, du Mann des Gebetes

Heiliger Antonius, groß in der Erfüllung des göttlichen Willens

Heiliger Antonius, du treuer Sohn der heiligen Kirche

Heiliger Antonius, voll Klugheit und Liebe

Heiliger Antonius, voll Demut

Heiliger Antonius, du Mann der Nächstenliebe

Heiliger Antonius, der du den Stummen die Sprache gegeben hast

Heiliger Antonius, der du die Toten auferweckt hast

Heiliger Antonius, du Wiederbringer verlorener Sachen

Heiliger Antonius, du großer Wundertäter

Durch die Verdienste des heiligen Antonius

erbarme dich unser, o Herr

Durch seine innige Liebe zum allerheiligsten Altarsakrament

Durch seine Mühen und Arbeiten

Durch sein Verlangen nach der Märtyrerkrone

Durch seine vollkommene Beobachtung der heiligen Ordensgelübde

Dass du uns die Fürbitte und den Schutz des heiligen Antonius gewähren wollest

wir bitten dich, erhöre uns

Dass du uns durch die Verdienste des heiligen Antonius tiefe Demut und vollkommene Verzeihung unserer Sünden verleihen wollest

Dass du uns durch den Beistand des heiligen Antonius über die Feinde unseres Heiles siegen lassen wollest

Dass du allen, die den heiligen Antonius in ihren Nöten um seine Fürbitte anrufen, helfen wollest

Lamm Gottes, du nimmst hinweg die Sünden der Welt – *verschone uns, o Herr*

Lamm Gottes, du nimmst hinweg die Sünden der Welt – *erhöre uns, o Herr*

Lamm Gottes, du nimmst hinweg die Sünden der Welt – *erbarme dich unser*

Bitte für uns, o heiliger Antonius,
dass wir würdig werden der Verheißungen Christi.

Lasset uns beten: Wir bitten dich, o Herr, lasse uns durch die Verdienste und die Fürbitte des heiligen Antonius, deines glorreichen Bekenners, in allen Anliegen und Nöten Trost und Hilfe zuteil werden. Verleihe uns, dass wir mit deiner Gnade seine heiligen Tugenden erlangen und dereinst mit ihm und all deinen Heiligen in der ewigen Herrlichkeit vereint werden. Amen.

2. Tag: Heiliger Antonius, von wahrer Gottesliebe erfüllt, hast du Reichtum, Adel der Geburt und alle Bequemlichkeit des Lebens verachtet und bist in den Augustinerorden eingetreten. Du wolltest allen Gefahren und Lockungen dieser Welt entgehen. Lehre auch uns, die Eitelkeiten dieser Welt gering zu achten und Gott über alles zu lieben. Amen.

Vater unser... Gegrüßt seist du, Maria... Ehre sei...
Antonius-Litanei

3. Tag: Heiliger Antonius, voll Verlangen nach dem Martyrium wolltest du als armer Franziskaner-Missionar an der Bekehrung der Irr- und Ungläubigen wirken. Erbitte auch uns den Geist der Buße, der Abtötung, der Opferbereitschaft und der Nächstenliebe. Amen.

Vater unser... Gegrüßt seist du, Maria... Ehre sei...
Antonius-Litanei

4. Tag: Heiliger Antonius, du herrliche Zierde der Auserwählten Gottes! Du hast dich in deiner tiefen Demut vor den Augen der Menschen verborgen, bis Gott dich als ein Wunder der Weisheit und der Heiligkeit vor allen kundgemacht hat. Erwirke auch uns wahre Demut und Bescheidenheit. Amen.

Vater unser… Gegrüßt seist du, Maria… Ehre sei… Antonius-Litanei

5. Tag: Heiliger Antonius, du treuer Diener des Allerhöchsten, du warst dazu bestimmt, Gottes Wort zu verkünden; du wurdest mit Wundermacht ausgestattet und durftest sogar das Jesuskind in deine Arme schließen. Hilf uns, dass wir stets eifrig das Wort Gottes hören und Gottes heiligen Willen immer und in allem erfüllen. Amen

Vater unser… Gegrüßt seist du, Maria… Ehre sei… Antonius-Litanei

6. Tag: Heiliger Antonius, als einst stolze und spöttische Menschen sich weigerten, das Wort Gottes aus deinem Munde zu hören, hast du die Fische des Meeres herbeigerufen und ihnen gepredigt. Erlange uns einen unerschütterlichen Glauben und vollkommene Ergebung in Gottes heiligen Willen. Amen.

Vater unser… Gegrüßt seist du, Maria… Ehre sei… Antonius-Litanei

7. Tag: Heiliger Antonius, du hast einst den Unglauben beschämt und ein unvernünftiges Tier dazu gebracht, Jesus Christus im Geheimnis des Altares anzubeten. Erbitte uns die Gnade, dass wir den göttlichen Heiland im heiligsten

Sakramente stets mit lebendigem Glauben anbeten und würdig in unser Herz aufnehmen. Amen.

Vater unser… Gegrüßt seist du, Maria… Ehre sei…
Antonius-Litanei

8. Tag: Heiliger Antonius, deiner Fürbitte verdanken zahllose Verehrer Erlösung aus Krankheiten, Nöten und Gefahren. Erwirke auch uns von Gott Befreiung von allen Übeln des Leibes und der Seele und Bewahrung vor dem ewigen Tode. Amen.

Vater unser… Gegrüßt seist du, Maria… Ehre sei…
Antonius-Litanei

9. Tag: Heiliger Antonius, du hast als echter Jünger Jesu Christi dein Leben für das Heil der Seelen verzehrt und darfst jetzt mit deinem Heiland die Herrlichkeit des Himmels teilen. Lehre uns dein Heiligkeitsstreben und führe uns so auf den Weg zum ewigen Glück. Amen.

Vater unser… Gegrüßt seist du, Maria… Ehre sei…
Antonius-Litanei

Sankt Antonius-drei-Tage-Andacht

Glorwürdiger, heiliger Antonius, groß ist deine Ehre, herrlich dein Name; dein Lob wird in der ganzen Christenheit verkündet. Denn alle, die dich in ihren Sorgen anrufen, empfangen durch deine mächtige Fürbitte Gnade und Trost. Darum nehme auch ich in meiner gegenwärtigen Not meine Zuflucht zu dir und bitte dich um deine Hilfe in meinen schweren Anliegen…

Heiliger Antonius, ich liebe dich.
Heiliger Antonius, ich lobe dich.
Heiliger Antonius, ich ehre dich.
Heiliger Antonius, ich hoffe auf dich.
Heiliger Antonius, erleuchte mich.
Heiliger Antonius, tröste mich.
Heiliger Antonius, dir empfehle ich mich.
An meinem End verlasse mich nicht.
Vor dem bösen Feind beschütze mich.
Zur ewigen Freude begleite mich.
Heiliger Antonius,
reine und liebliche Lilie der Jungfräulichkeit,
kostbarer Edelstein der Armut,
Spiegel der Mäßigkeit,
hellglänzender Stern der Heiligkeit,
Säule der heiligen Kirche,
Prediger der Wahrheit,
Feind aller Laster,

Tröster der Betrübten,
Schrecken der bösen Geister,
Freund des göttlichen Herzens Jesu,
ich vertraue dir!

Gebet, um verlorene Sachen wiederzufinden

Heiliger Antonius, übergroß und mächtig ist die Gnade und Kraft Gottes in dir. Gott hat dich in besonderer Weise als Patron und Helfer für jene bestimmt, die durch das Verlieren einer Sache in Verlegenheit und Not geraten sind.

Siehe, auch ich habe ein solches Anliegen und bitte dich demütig und vertrauensvoll, mir in meiner Bedrängnis zu helfen.

Das liebe Jesuskind, das du auf deinen Armen getragen hast, wird dir keine Bitte abschlagen. Ich danke dir für deine gütige Hilfe.

Die neun Antonius-Dienstage

1. Dienstag: Heiliger Antonius, der du mit wunderbarer Treue dem Rufe Gottes gefolgt bist und deine Jugend durch deine Tugenden geheiligt hast, hilf uns, durch deine Fürbitte die Leidenschaften zu beherrschen, den Leib in Zucht zu halten und mit starkem Willen allzeit Gott treu zu dienen.

Vater unser… Gegrüßt seist du, Maria… Ehre sei…

Litanei zum heiligen Antonius von Padua

Herr, erbarme dich unser
Christus, erbarme dich unser
Herr, erbarme dich unser, Christus, höre uns
Christus, erhöre uns
Gott Vater im Himmel – *erbarme dich unser*
Gott Sohn, Erlöser der Welt
Gott Heiliger Geist
Heiligste Dreifaltigkeit, ein einziger Gott
Heilige Maria – *bitte für uns*
Heiliger Antonius von Padua
Du treuer Diener des Allerhöchsten
Du Zierde deines Ordens
Du Säule der Kirche Gottes
Du Mann nach dem Herzen Gottes
Du Lilie unversehrter Reinheit
Du Liebhaber der Armut
Du Muster der Demut
Du Vorbild des Gehorsams
Du Spiegel der Geduld
Du Lehrer der Jugend
Du apostolischer Prediger
Du Besieger der Ungläubigen
Du Schrecken der bösen Geister
Du Tröster der Betrübten
Du Bote des Friedens
Du Erwecker der Toten
Du Helfer der Notleidenden

Du Erlöser der Gefangenen
Du Wiederbringer verlorener Dinge
Du mächtiger Fürbitter
Du großer Wundertäter
Du unser liebevoller Schutzpatron
Lamm Gottes, du nimmst hinweg die Sünden der Welt – *verschone uns, o Herr*
Lamm Gottes, du nimmst hinweg die Sünden der Welt – *erhöre uns, o Herr*
Lamm Gottes, du nimmst hinweg die Sünden der Welt – *erbarme dich unser*
Bitte für uns, o heiliger Antonius,
dass wir würdig werden der Verheißungen Christi.

Lasset uns beten: Wir bitten dich, o Herr, lass uns durch die Verdienste und Fürbitte des heiligen Antonius, deines glorreichen Bekenners, in allen Anliegen und Nöten Trost und Hilfe zuteil werden. Verleihe uns, dass wird mit deiner Gnade seine heiligen Tugenden erlangen und dereinst mit ihm und all deinen Heiligen in der ewigen Herrlichkeit vereint werden. Amen.

2. Dienstag: Heiliger Antonius, der du aus Liebe zu Christus ein armer Jünger des heiligen Franziskus geworden bist, um dein Leben für den Glauben zum Opfer zu bringen, lehre uns durch dein Beispiel und hilf uns durch deine Fürbitte, dass wir unseren Herrn und Heiland Jesus Christus

aus ganzem Herzen lieben und seinetwegen die täglichen Opfer gering achten.
Vater unser... Gegrüßt seist du, Maria... Ehre sei...
Litanei zum heiligen Antonius von Padua.

3. Dienstag: Heiliger Antonius, du Meister des Schweigens und der Betrachtung, erbitte uns die nötige Stille und Ruhe, um empfänglich werden zu können für den Anruf und die Stimme Gottes.
Vater unser... Gegrüßt seist du, Maria... Ehre sei...
Litanei zum heiligen Antonius von Padua.

4. Dienstag: Heiliger Antonius, durch dein Gebet und dein Beispiel entzünde unsere Liebe und entflamme unseren Mut, damit wir allezeit und überall die Ehre Gottes suchen und für die Ausbreitung des Reiches Gottes tätig sind.
Vater unser... Gegrüßt seist du, Maria... Ehre sei...
Litanei zum heiligen Antonius von Padua.

5. Dienstag: Heiliger Antonius! Der Herr hat dich zum Verkünder des göttlichen Wortes bestellt und dir die Gabe verliehen, durch die Kraft desselben die Guten zu stärken und die Sünder zu bekehren. Hilf uns, das Wort Gottes immer mit gutem Herzen aufzunehmen.
Vater unser... Gegrüßt seist du, Maria... Ehre sei...
Litanei zum heiligen Antonius von Padua.

6. Dienstag: Heiliger Antonius, deine Liebe zu den Mitbrüdern sei uns Beispiel und Mahnung, Segen zu bringen all denen, die Gott uns anvertraut und durch das Band der Liebe, des Berufes und der Pflicht mit uns verbunden hat.
Vater unser… Gegrüßt seist du, Maria… Ehre sei…
Litanei zum heiligen Antonius von Padua.

7. Dienstag: Heiliger Antonius, du hast durch dein vollkommenes Leben die besondere Liebe und Freundschaft Gottes erlangt. Sei unser ständiger Fürbitter beim göttlichen Kinde.
Vater unser… Gegrüßt seist du, Maria… Ehre sei…
Litanei zum heiligen Antonius von Padua.

8. Dienstag: Heiliger Antonius, der du nach einem Leben voll guter Werke im Sterben den Herrn sehen durftest, stehe uns allezeit bei, besonders in der Todesstunde. Erbitte uns, einst mit dir den Herrn im Himmel ewig schauen zu dürfen.
Vater unser… Gegrüßt seist du, Maria… Ehre sei…
Litanei zum heiligen Antonius von Padua.

9. Dienstag: Heiliger Antonius, du hast durch dein vollkommenes Leben die besondere Liebe und Freundschaft Gottes erlangt. Sei unser ständiger Fürbitter am Throne Gottes.
Vater unser… Gegrüßt seist du, Maria… Ehre sei…
Litanei zum heiligen Antonius von Padua.

Segen des heiligen Antonius

Seht das Kreuz des Herrn!
Flieht ihr feindlichen Mächte!
Gesiegt hat der Löwe aus Juda,
aus dem Stamme Davids.
Alleluja!

Novene zum heiligen Bruder Konrad von Parzham

Vorbereitungsgebet

Liebenswürdiger, heiliger Bruder Konrad, mit dir vereint bete ich die göttliche Majestät an und danke ihr für deine Gnaden und deine große Glückseligkeit. Erflehe mir vom Herrn das Geschenk, wie du, einst heilig zu werden. Ich weiß, dass Gott durch dich gerne die Bitten der Bedrängten annimmt. Deshalb wende ich mich in meinem jetzigen großen Anliegen an dich.

Wenn meine Bitte dem göttlichen Ratschlusse entgegenstehen sollte, erlange mir eine Gnade, die meiner Seele nützlicher ist. Du großer Freund der Armen und Leidbeladenen, hilf mir.

1. Tag: Konrad von Parzham weihte schon als Kind sein Leben dem Allerhöchsten. Das Gebet, der Verkehr mit dem himmlischen Vater, war seine liebste Jugendbeschäftigung. Er wurde der Lehrmeister des Gebetes für die Gefährten seiner Kindheit.

Gebet: Guter, heiliger Konrad, ich freue mich über deine eifrige Mitwirkung mit der Gnade Gottes und über deine Verdienste, womit du dem Herrn sehr wohlgefällig wurdest. Flehe du für mich, kraft deiner Verdienste, dass auch ich zu den Auserwählten Gottes gehören darf.

O Herr, lass mich wie Sankt Konrad ein Engel im Fleische werden.

Bruder-Konrad-Litanei

Herr, erbarme dich unser
Christus, erbarme dich unser
Herr, erbarme dich unser, Christus, höre uns
Christus, erhöre uns
Gott Vater im Himmel
erbarme dich unser
Gott Sohn, Erlöser der Welt
Gott Heiliger Geist
Heiligste Dreifaltigkeit, ein einziger Gott
Heilige Maria – *bitte für uns*
Du Königin des seraphischen Ordens
Heiliger Franziskus von Assisi
Heiliger Konrad von Parzham

Du treuer Diener der Kirche
Du Vorbild der bäuerlichen Jugend
und gotterfüllter Arbeit
Du strenger Hüter jungfräulicher Keuschheit
Du Spiegel der Geduld und Sanftmut
Du Muster des Gehorsams und der
vollkommenen Armut
Du Abgrund an Demut und Bescheidenheit
Du erhabenes Beispiel der Buße und
Selbstverleugnung
Du Meister der Gottesliebe und des
inneren Gebetes
Du glühender Cherub vor dem allerheiligsten
Sakrament.
Du inniger Verehrer der lieben Gottesmutter
Du eifriger Apostel an der Klosterpforte
zu Altötting
Du väterlicher Freund der Kinder
Du edler Wohltäter der Armen
Du geduldiger Tröster der Betrübten
Du barmherziger Fürsprecher für die Sünder
Du nimmermüder Helfer des Volkes
Du Zierde des seraphischen Ordens
Heiliger Konrad, du mächtiger Fürsprecher
am Throne Gottes
Lamm Gottes, du nimmst hinweg die Sünden
der Welt – *verschone uns, o Herr*
Lamm Gottes, du nimmst hinweg die Sünden
der Welt – *erhöre uns, o Herr*

Lamm Gottes, du nimmst hinweg die Sünden der Welt – *erbarme dich unser*

Vater unser… Gegrüßt seist du, Maria… mit Einfügung: Bruder Konrad, sei mein Fürbitter und Patron.

Heilige Maria… Ehre sei…

2. Tag: Konrad nahm zu an Alter, Weisheit und Gnade vor Gott und den Menschen. Die Lockungen der Welt, der Sinnlichkeit und des Reichtums konnten sein frommes Herz nicht umgarnen.

Gebet: Heiliger Konrad, hilf mir, im Gebete mit Gott verbunden und durch die heiligen Sakramente gestärkt, die Lustbarkeiten und sündhaften Vergnügen dieser Welt zu meiden.

O Herr, auf die Fürsprache des heiligen Konrad schenke mir die Gnade, nur das zu suchen, was dir gefällt: Die Welt zu verachten und die himmlischen Güter zu begehren.

Bruder-Konrad-Litanei

3. Tag: Gott behütete Konrad von Parzham und führte ihn schließlich ins Kloster zu Altötting. Als treuer Franziskussohn verzichtete er auf Haus und Hof, auf die Freuden eines trauten Familienlebens, um einzig und allein Gott anzuhangen.

Gebet: Heiliger Konrad, erflehe mir von Gott Rat und Klarsicht in meinem jetzigen Anliegen.

Lass mich in allen Entscheidungen des Lebens wie du nach dem Willen Gottes handeln.

O Herr, auf die Fürbitte deines treuen und willigen Dieners Konrad hilf den Jugendlichen, die vor der Berufs- und Standeswahl sind. Sprich zu den Herzen und mache sie glücklich durch deine liebevolle Führung.

Bruder-Konrad-Litanei

4. Tag: Es war ein seliger Tag für Bruder Konrad, als er im Kloster die heiligen Gelübde der Keuschheit, des Gehorsams und der Armut ablegen durfte. Freudig schenkte er sich Gott. Nie hat Bruder Konrad von seiner Hingabe an den Allerhöchsten auch nur das Geringste zurückgenommen.

Gebet: Heiliger Konrad, hilf mir, dass auch mein Leben ein ständiger Gottesdienst, ein unablässiges Gotteslob werde.

O Herr, lass mich wie Sankt Konrad die Herzensreinheit und die Genügsamkeit lieben und in treuem Gehorsam deine Gebote beachten.

Bruder-Konrad-Litanei

5. Tag: Bruder Konrad fand im Kloster auch manche Schwierigkeit. Sein Pförtnerberuf war nicht leicht. Es gab manches zu ertragen. Konrad fand die vorgeschriebenen Opfer aber noch zu leicht. Er nahm noch weitere, schwerere auf sich: Freiwilliges Fasten, lange Nachtwachen, harte Arbeit.

Gebet: Heiliger Bruder Konrad, trotz Bewahrung deiner Unschuld gingst du den Weg der Buße, der Abtötung und der Selbstverleugnung. Hilf mir, wenn Gott auch mich den Kreuzweg führt, damit ich nicht zurückschrecke, sondern wie du froh und still voranschreite, dem ewigen Glücke zu.

O Herr, schenke mir auf die Fürsprache des heiligen Bruders Konrad wahre Kreuzes- und Leidensliebe und eine stille, genügsame Zufriedenheit.

Bruder-Konrad-Litanei

6. Tag: Schon von Jugend auf pflegte Bruder Konrad eine große Verehrung für Maria, die reinste Jungfrau. Seine Liebe zur Gottesmutter wurde gefördert durch das Gebet, durch Wallfahrten und nach seinem Klostereintritt besonders durch sein häufiges Weilen am Gnadenaltar Unserer Lieben Frau von Altötting.

Gebet: Heiliger Konrad, lehre mich, wie du zu Maria beten und erflehe mir eine große Liebe zu ihr.

O Herr, lass die Menschen erkennen, dass Wallfahren an Gnadenstätten deiner Mutter eine besondere Hilfe ist, die Seele für deinen Anruf fähig zu machen.

Bruder-Konrad-Litanei

7. Tag: Die innige Marienliebe förderte in Konrad die Heilandsliebe. Bei Jesus im Sakrament weilte er gern. Zu ihm flehte er mit größter Herzensglut. Mit ihm opferte er sich in der hl. Messe. Die tägliche hl. Kommunion war die Sehnsucht und Wonne seiner Seele. Er, der die heiligen Engel durch einen besonderen Rosenkranz (Engel-Rosenkranz) verehrt hatte, muss mit den himmlischen Geistern gewetteifert haben vor dem Tabernakel in der Anbetung und Huldigung Gottes.

Gebet: Heiliger Konrad, bei Jesus im allerheiligsten Sakrament und vor dem Kreuz hast du dir die Gnade und die Kraft geholt, den täglichen Opferweg ohne Zögern und ohne Klage zu gehen. Hilf mir, dass auch ich meinen Blick nicht vom Tabernakel und vom Kreuze abwende und die heilige Messe immer mehr liebe.

O Herr, lass mich wie Sankt Konrad deine Schätze achten und sie fruchtbar anwenden.

Bruder-Konrad-Litanei

8. Tag: Bruder Konrad wäre nicht der treue Sohn des heiligen Franz von Assisi geworden, wenn er nicht das große Gebot der Gottes- und Nächstenliebe mit ganzer Seele erfasst und erfüllt hätte. Die Gottesliebe, die sich in der Nächstenliebe bewährt, war das letzte Geheimnis seiner Heiligkeit.

Gebet: Heiliger Bruder Konrad, du hörst gerne auf meine Bitten. Lass das Feuer der Gottesliebe in meiner Seele auf deine Fürsprache hin auflodern. Erflehe mir die Gnade, dass ich die Gottesliebe in echter Nächstenliebe ausdrücke.

O Herr, ich will dich im Nächsten sehen und dir in ihm dienen.

Bruder-Konrad-Litanei

9. Tag: Einundvierzig Jahre lang diente Bruder Konrad als Pförtner im Sankt Anna-Kloster zu Altötting. Er war treu bis ins Kleinste. Stündlich versuchte er, zu den erworbenen Verdiensten neue zu gewinnen. So reifte seine Seele heran, und Gott rief den treuen Knecht, während die Angelusglocke vom Turm erklang, zu sich in die ewige Freude.

Gebet: Heiliger Konrad, sei mir täglich ein treuer Fürbitter und Helfer, damit ich wie du meine Pflichten immer besser und vollkommener erfüllen kann. Bitte und flehe für mich bei Maria und durch sie die allerheiligste Dreifaltigkeit an, um die Gnade eines heiligen Todes.

O Herr, ich danke dir für deinen demütigen Diener Konrad, für seine Gnaden und Verdienste. Gewähre mir, so es deinem Willen entspricht, was ich in dieser Novene durch Sankt Konrad erflehe.

Gepriesen sei die unendliche Güte und Barmherzigkeit Gottes in Ewigkeit. Amen.

Bruder-Konrad-Litanei

Schlussgebet

O glorreicher, heiliger Konrad, an der Pforte von Sankt Anna hast du durch deinen vollkommenen Wandel und durch deine weisen Ratschläge viele Hilfesuchende erbaut. Ich erwähle dich zum «Pförtner» und Beschützer meiner Wohnstätte. Behüte die Meinen, damit sie den katholischen Glauben bewahren und in der christlichen Lebensführung verharren. Erflehe mir die Gnade, einst nach dem Tode ohne Fegefeuer durch die «Pforte des Himmels» in die ewige Freude eingehen zu dürfen. Amen.

Novene zur heiligen Theresia vom Kinde Jesu

An allen neun Tagen verrichte man folgende Gebete:

Heilige Theresia vom Kinde Jesu,
du Liebling der heiligen Kirche,

du mächtige und ruhmreiche Nothelferin,
du liebliche Rose des himmlischen Jerusalems,
sei gegrüßt!

Ich freue mich mit dir über deine große Glückseligkeit, die dir dein geliebter göttlicher Bräutigam nach einem so kurzen und opferreichen Leben verliehen hat.

Auf Erden bist du stets bestrebt gewesen, nur für Gott allein zu leben, seine Ehre zu fördern und unsterbliche Seelen für den Himmel zu retten. Um dieses zu erlangen, hast du es nicht gescheut, dein eigenes Ich überall zu verleugnen und dich sogar als Opfer der Liebe hinzugeben.

Heilige Theresia vom Kinde und Antlitz Jesu, du große Wundertäterin unserer Tage, du Helferin in allen Nöten, durch deine mächtige Fürbittskraft am Throne Gottes erhoffe ich, Hilfe und Erhörung zu erlangen in meinem jetzigen, schweren Anliegen... Denn du hast ja gesagt, dass dein Himmel darin bestehen werde, den Menschen Gutes zu tun auf Erden. Ich erinnere dich an dieses dein Versprechen und bitte dich inständig um Erhörung.

Hilf mir, den Lebenskampf siegreich zu meistern und heilig zu werden wie du. Stehe mir bei alle Tage meines Lebens und besonders in meiner Todesstunde.

Ich empfehle dir auch die heilige, katholische Kirche, den Heiligen Vater, die Kardinäle und

Bischöfe, die Priester und Ordensberufe und die Weltmission.

Ich danke Gott für alle deine Gnaden und dir für deine Hilfe.

Vater unser... Gegrüßt seist du, Maria... Ehre sei... Heilige Theresia, ich vertraue fest auf dich.

Litanei zur Heiligen Theresia vom Kinde Jesu

Herr, erbarme dich unser
Christus, erbarme dich unser
Herr, erbarme dich unser, Christus, höre uns
Christus, erhöre uns
Gott Vater im Himmel – *erbarme dich unser*
Gott Sohn, Erlöser der Welt
Gott Heiliger Geist
Heiligste Dreifaltigkeit, ein einziger Gott
Heilige Maria – *bitte für uns*
Heilige Theresia vom Kinde Jesu
Du frühvollendete Heilige
Du Glück deiner Eltern
Du Vorbild der Geschwisterliebe
Du kleine Braut Christi
Du bevorzugtes Kind Mariens
Du liebliche Blume in Gottes Garten
Du Ruhm und Zierde des Karmels

Du würdige Trägerin des heiligen Skapuliers
Du wahre Tochter der großen heiligen Mutter Theresia
Heilige Theresia, gehorsam wie das Jesuskind
Heilige Theresia, du reine Jüngerin des göttlichen Lammes
Heilige Theresia, arm wie Jesus während seines Erdenlebens
Heilige Theresia, sanft und demütig gleich dem Herzen Jesu
Du Lehrerin des Weges der geistigen Kindheit
Du Führerin der kleinen Seelen
Du Vorbild der gänzlichen Hingabe an Gott
Du Beispiel des kindlichen Gottvertrauens
Heilige Theresia, du Seraph der Gottesliebe
Heilige Theresia, du getreue Tochter der katholischen Kirche
Heilige Theresia, du stille Opferbringerin für die Priester
Heilige Theresia, du eifrige Beterin für die Missionen
Heilige Theresia, du Patronin und Liebling der katholischen Jugend und der Weltmission
Du Stütze der Kleinmütigen
Du Zuflucht der Bedrängten
Du Beschützerin der Kranken und Sterbenden
Du mächtige Fürbitterin für die Sünder
Du tätige Fürsprecherin am Throne Gottes
Du Helferin in allen Anliegen

Heilige Theresia, von Gott durch so viele und große Wunder verherrlicht

Heilige Theresia, erflehe allen Menschen die Gnade des wahren Glaubens

wir bitten dich, erhöre uns

Heilige Theresia, sorge, dass Christi Evangelium immer klar und unverfälscht verkündet werde.

Heilige Theresia, erwirke den Priestern und Laien unserer heiligen Kirche Standhaftigkeit im Glauben bis ans Ende

Heilige Theresia, erflehe uns Seelsorger nach dem Herzen Gottes

Heilige Theresia, lass deinen Rosenregen auf uns und alle Menschen guten Willens herabkommen

Lamm Gottes, du nimmst hinweg die Sünden der Welt – *verschone uns, o Herr*

Lamm Gottes, du nimmst hinweg die Sünden der Welt – *erhöre uns, o Herr*

Lamm Gottes, du nimmst hinweg die Sünden der Welt – *erbarme dich unser, o Herr*

Bitte für uns, o heilige Theresia vom Kinde Jesu, *auf dass wir würdig werden der Verheißungen Christi.*

Lasset uns beten: O Herr, du hast gesagt: «Wenn ihr nicht werdet wie die Kinder, so könnt ihr nicht in das Himmelreich eingehen!» Verleihe uns auf die Fürsprache der heiligen Theresia die

Gnade des Kindseins vor Gott und bereite auch uns eine ewige Wohnung in dem himmlischen Reiche, das du den Demütigen und Kleinen verheißen hast. Amen.

Gnaden-Novene zu Ehren des heiligen Franz Xaver vom 4. bis 12. März

Die Worte Jesu aus der Heiligen Schrift: «Was nützt es dem Menschen, wenn er die ganze Welt gewinnt, aber an seiner Seele Schaden leidet?» beschäftigten den Universitätsprofessor Franz Xaver so sehr, dass er seinen Lehrstuhl an der Hochschule zu Paris aufgab und Priester wurde. Er wollte sich ganz der Rettung unsterblicher Seelen widmen. Franz Xaver wurde Gefährte des heiligen Ignatius von Loyola. Dieser sandte ihn als Missionar nach Ostindien. Mit der Sprachengabe ausgestattet und durch viele Wunder bestätigt, wirkte er sehr segensreich. Seine Tätigkeit in der Heidenmission war begleitet von Gebet und Bußwerken. Am 3. Dezember 1552 starb er, einsam und verlassen, auf einer Insel vor China.

Ursprung der Gnaden-Novene

Der seeleneifrige Heilige erschien im 17. Jahrhundert dem Jesuitenpater Marzell Mastrillo zu

Neapel. Dieser hatte nach einem schweren Unfall das Gelübde gemacht, in die Mission nach Indien zu gehen, wenn der heilige Franz Xaver ihm die Heilung erwirke. In der Nacht erschien der Heilige dem Kranken und sprach zu ihm: «Sei guten Mutes! Ich bin gekommen, dich zu trösten. Was möchtest du vom Himmel haben? Wisse, dass ich dort etwas vermag!» Dann gab er ihm noch einige Ratschläge und die Versicherung, dass alle jene, die vom 4. bis 12. März eine Novene zu seiner Ehre halten, seine Fürbitte anrufen und während dieser Zeit würdig beichten und kommunizieren, die Gnade, welche sie wünschen, empfangen, vorausgesetzt, dass die Bitte mit dem göttlichen Willen übereinstimme. Und er fügte noch bei: «Steh auf, du bist gesund!» Franz Xaver verschwand, und Pater Mastrillo erhob sich zum Staunen aller in voller Gesundheit. Er löste sein Versprechen ein, wurde Missionar und starb als Blutzeuge.

Die Gnaden-Novene verbreitete sich bald über die ganze Welt.

Franz Xaver hilft heute noch auffallend in seelischen Anliegen. Auch in leiblichen, irdischen Nöten ist er ein mächtiger Helfer, besonders wenn man ihn anruft mit dem Versprechen, etwas für die Seelen (z. B. für die Weltmission) leisten zu wollen.

Bedingungen für die Gnaden-Novene

1. Vertrauen zum heiligen Franz Xaver
2. Verehrung dieses Heiligen durch neun Tage (Dies kann erfolgen durch 5 Vaterunser, Ave Maria und Ehre sei dem Vater… zu Ehren des Heiligen oder durch eines der folgenden Gebete und der Franz-Xaver-Litanei.)
3. Empfang der heiligen Sakramente der Buße und des Altares innerhalb der neuntägigen Andacht.

Tägliches Gebet während der Novene

Liebreicher, heiliger Franz Xaver, ich freue mich mit dir über die großen Gnaden und Gaben, welche Gott dir in diesem Leben geschenkt hat und über die Herrlichkeit, die du im Himmel genießest. Erlange mir durch deine mächtige Fürbitte die Gnade, ein heiliges Leben zu führen und einst heilig zu sterben. Erflehe mir ferner…, so es nicht gegen den Ratschluss Gottes ist.
Vater unser… Gegrüßt seist du, Maria… Ehre sei…

Herr, ich danke dir für die vielen großen Gnaden des heiligen Franz Xaver und für die Erhörung, die du mir auf seine Fürbitte hin gewährst.

Gebet zum heiligen Franz Xaver

Gedenke, glorreicher Apostel der Inder und Japaner, heiliger Franz Xaver, dass Gott dich nicht allein der Welt gegeben, um jene, die in der Finsternis wandelten, mit dem Glaubenslichte zu erleuchten und die Heiden zu Gott zu führen, sondern dass er dich auch gesandt hat, all jenen zu helfen, die ihre Zuflucht zu dir nehmen und in ihren Nöten dich mit Vertrauen anrufen.

Kaiser- und Königreiche verdanken deiner mächtigen Fürbitte viel. Durch dich erhielten zahlreiche Kranke die Gesundheit, Blinde das Augenlicht, Taube das Gehör, Lahme den Gebrauch ihrer Glieder. Unzähligen Betrübten verschafftest du Trost, so vielen Sündern den Geist der aufrichtigen Buße. Bedrängte jeder Art erfuhren wunderbar deinen Schutz.

Heiliger Franz Xaver, höre mich an und lege Fürsprache ein beim ewigen Vater und hilf mir durch das kostbare Blut Jesu und die Unbefleckte Empfängnis Mariens. Um dieser beiden Schätze willen, die du auf Erden so verehrt und geliebt hast, vermittle mir Erhörung in meinem Anliegen… und erflehe mir rasches Wachstum im Streben nach Vollkommenheit und einst die Heiligkeit zum ewigen Ruhme des Allerhöchsten.

Amen.

Franz-Xaver-Litanei

Herr, erbarme dich unser
  Christus, erbarme dich unser
Herr, erbarme dich unser, Christus, höre uns
  Christus, erhöre uns
Gott Vater im Himmel – *erbarme dich unser*
Gott Sohn, Erlöser der Welt
Gott Heiliger Geist
Heiligste Dreifaltigkeit, ein einziger Gott
Heilige Maria – *bitte für uns*
Heilige Gottesmutter
Heilige Jungfrau aller Jungfrauen
Heiliger Franz Xaver
Du Apostel der Inder und Japaner
Du Verkünder des Namens Jesu vor den Heiden
Du Künder des heiligen Evangeliums
Du Säule der Kirche
Du Verfechter des Glaubens
Du Bestreiter des Unglaubens
Du Prediger der Wahrheit
Du Freund der Kinder
Du Vater der Armen
Du Tröster der Betrübten
Du Beschützer der Verlassenen
Du Arzt der Kranken
Du Zuflucht der Elenden
Du Helfer der Notleidenden
Du Patron der Sterbenden

Du großer Wundertäter
In Widerwärtigkeiten
In Angst und Schwermut
In Armut und Verlassenheit
In aller Not
Im Leben und im Tode
Lamm Gottes, du nimmst hinweg die Sünden der Welt – *verschone uns, o Herr*
Lamm Gottes, du nimmst hinweg die Sünden der Welt – *erhöre uns, o Herr*
Lamm Gottes, du nimmst hinweg die Sünden der Welt – *erbarme dich unser, o Herr*
Christus, höre uns – *Christus, erhöre uns*
Herr, erbarme dich unser
Vater unser... Gegrüßt seist du, Maria...
Bitte für uns, o heiliger Franz Xaver,
auf dass wir würdig werden der Verheißungen Christi

Gebet: O Gott, der du diejenigen, welche dich ehren, auch ehrst und groß machst – der du in der Verehrung deiner Heiligen selbst verherrlicht wirst –, verleihe uns gnädig, da wir die glorreichen Verdienste des heiligen Franz Xaver verehren, dass wir seine mächtige Fürbitte erfahren dürfen. Dies bitten wir durch Christus, unsern Herrn. Amen.

Rita-Rosenkranz

Man betet 3 Gesätzchen mit einem Ehre sei... 1 Vaterunser und 7 Ave Maria und fügt folgende Bitten ein:

1. Der uns durch die Fürbitte der heiligen Rita alle Sünden verzeihen wolle.
2. Der uns durch die Fürbitte der heiligen Rita vor allen Übeln an Leib und Seele bewahren wolle.
3. Der uns durch die Fürbitte der heiligen Rita in allen Nöten und Anliegen helfen wolle.

Novene zur heiligen Rita von Cascia

1. Tag: Betrachtung

Die Eltern der heiligen Rita blieben jahrelang kinderlos. Sie flehten beharrlich und vertrauensvoll zu Gott, und der Herr belohnte ihre Ausdauer.

Er schenkte ihnen eine Tochter, die zu großer Heiligkeit gelangte. Schon am Tage nach Ritas Taufe geschah das erste Wunder, das Bienenwunder, das sich einige Male wiederholte und wodurch eine kranke Hand auffallend geheilt wurde. Die braven Eltern lehrten Rita sehr früh, im Gebet mit Gott zu sprechen. Mit Vorliebe betrachtete die Kleine den leidenden Heiland.

Gebet: Heilige Rita, du große Nothelferin in allen Bedrängnissen des Lebens, dir schlägt Gott keine Bitte ab, da du ihm auf Erden in allen drei Ständen so treu dientest. Dein Leben war voll Liebe, Gebet, treuer Pflichterfüllung, Opfer und Leid. Bitte für die katholischen Eheleute, damit sie ihre hohe Aufgabe recht erfassen und Gott in Heiligkeit dienen. Erlange, o heilige Rita, frommen Eltern reichen Kindersegen. Flehe beim göttlichen Kinderfreund für die Jugend, damit sie in Gehorsam, Sittenreinheit und Frömmigkeit heranwachse und das Himmlische lieben lerne. Du große heilige Rita, bitte für mich am Throne Gottes. Hilf mir in meinem jetzigen schweren Anliegen...! Ich danke dir. Du wirst mich nicht im Stiche lassen, sondern mir Erhörung von Gott erflehen.

Vater unser... Gegrüßt seist du, Maria... Ehre sei...

Litanei zur heiligen Rita

Herr, erbarme dich unser
Christus, erbarme dich unser
Herr, erbarme dich unser, Christus, höre uns
Christus, erhöre uns
Gott Vater im Himmel – *erbarme dich unser*
Gott Sohn, Erlöser der Welt
Gott Heiliger Geist
Heiligste Dreifaltigkeit, ein einziger Gott
Heilige Maria – *bitte für uns*

Heilige Gottesmutter
Heilige Jungfrau aller Jungfrauen
Heiliger Josef
Heiliger Vater Augustinus
Heilige Mutter Monika
Heilige Rita, du Helferin in anscheinend unmöglichen Dingen
Du Trost der Verzweifelnden
Du Schutz und Zuflucht der Verlassenen
Du getreue Fürbitterin in allen Nöten
Du Vorbild der Sanftmut und Demut
Du Muster des Gehorsams und der Entsagung
Du Spiegel der Geduld und Gottergebenheit
Du Zierde des Augustinerordens
Du Liebhaberin des gekreuzigten Jesus
Du Braut des leidenden Jesus
Heilige Rita, mit der Wunde an deiner Stirne geziert
Heilige Rita, voll Vertrauen auf die göttliche Vorsehung
Heilige Rita, ganz Gott geweiht
Heilige Rita, mächtige Fürsprecherin bei Jesus
Heilige Rita, durch Wunder von Gott verherrlicht
Heilige Rita, allzeit von Gott erhört
Dass wir unserer Eigenliebe entsagen
bitte für uns, o heilige Rita
Dass wir die Demut üben
Dass wir unser Kreuz geduldig tragen

Dass wir Gott über alles lieben
Dass wir seinen Willen allzeit erfüllen
Dass wir unseren Beleidigern gerne verzeihen
Dass wir den Nächsten wie uns selbst lieben
Dass wir dein Tugend-Beispiel nachahmen
In allen Versuchungen
In allen Gefahren
In allen Nöten und Anliegen
In jeder Betrübnis und Widerwärtigkeit
In Kreuz und Leiden
In der Stunde unseres Todes
Lamm Gottes, du nimmst hinweg die Sünden der Welt – *verschone uns, o Herr*
Lamm Gottes, du nimmst hinweg die Sünden der Welt – *erhöre uns, o Herr*
Lamm Gottes, du nimmst hinweg die Sünden der Welt – *erbarme dich unser*
Bitte für uns, o heilige Rita,
dass wir würdig werden der Verheißungen Christi.

Lasset uns beten: O Gott, du hast in deiner unendlichen Güte dich gewürdigt, das Gebet deiner treuen Dienerin Rita gnädig anzusehen und auf ihre Fürbitte hin das zu verleihen, was menschliches Vermögen nicht erlangen kann. Habe Mitleid mit unseren Nöten und Anliegen, damit alle erkennen, dass du der Lohn der Demütigen bist, der Verteidiger der Hilflosen und die Stärke derer, welche auf dich vertrauen. Amen.

2. Tag: Betrachtung

Mit 15 Jahren offenbarte Rita ihren Eltern, dass sie sehnlichst verlange, ins Kloster gehen zu dürfen. Die Eltern, die Rita sehr liebten und sie bereits einem Jungmann versprochen hatten, wollten die Erlaubnis nicht geben. Rita rang lange im Gebet um Klarheit, denn sie wollte in allem den Willen Gottes tun. Sie gab schließlich ihr Jawort für das Opferleben in der Ehe.

Gebet: Heilige Rita, deine Zustimmung für den Ehestand kann wohl nur im Lichte des Heiligen Geistes verstanden werden. Wie schwer ist es für viele Jugendliche, den rechten Beruf und den gottgewollten Lebensstand zu finden! Bitte und sorge du, o heilige Rita, für die Unschlüssigen, die Suchenden und für alle, die vor schweren Entscheidungen stehen. Du große heilige Nothelferin Rita, bitte auch für mich in meinem Anliegen.

Vater unser… Gegrüßt seist du, Maria… Ehre sei…
Litanei zur heiligen Rita

3. Tag: Betrachtung

Für Rita wurde die Ehe zum Martyrium. Schläge, Verdemütigungen und Enttäuschungen aller Art musste sie vom leidenschaftlichen Gatten ertragen. Aus Liebe zum Gekreuzigten harrte sie aus und litt ohne Klage. Während ihr

Mann mit Gesinnungsgenossen zechte, oblag sie dem Gebet und der Abtötung im Geiste der Sühne und Buße. Der Herr erhörte in seinem Erbarmen das Flehen ihres Herzens. Ritas Gatte bekehrte sich. Eine Zeit des Eheglückes brach an. Aber bald legte Gott ein neues Kreuz auf Ritas Schultern. Bei einem nächtlichen Ritt wurde ihr Gatte überfallen und ermordet.

Gebet: Tugendreiche heilige Rita, wenn große Not und Heimsuchung drücken, eile herbei und hilf! Vermittle mir und allen, die mitten im Kampfe des Lebens stehen, Klugheit, Gerechtigkeit, Mäßigung und Starkmut, große Gottes- und Nächstenliebe. Durch deine heroischen Leiden in der Ehe, die Freude über die Bekehrung des Gatten und den unsagbaren Schmerz über dessen Ermordung erlange mir von Gott Erhörung in meinem Anliegen.

Vater unser… Gegrüßt seist du, Maria… Ehre sei…
Litanei zur heiligen Rita

4. Tag: Betrachtung

Rita hatte schon längst den Mördern ihres Gatten aus Liebe zu Gott verziehen. Ihre Söhne Jakob und Paul, die sie sehr liebte, schworen den Mördern Blutrache. Das schmerzte die gute Mutter sehr. Sie bat Gott inständig, die Söhne lieber sterben zu lassen, als dass sie ihre Hände mit Blut befleckten. Und Gott rief die beiden zu sich, – durch Krankheit, Gebet und die Sakramente der Kirche wohl vorbereitet.

Gebet: Dir, o heilige Rita, empfehle ich Leben und Sterben all jener, die mir lieb und teuer sind und für die ich verpflichtet bin, besonders zu beten. Du machtvolle Fürsprecherin am Throne Gottes, bitte ohne Unterlass für die Eltern, die um ihre Kinder und deren Seelenheil bangen. Bitte und flehe auch für die Jugend, damit sie sich nicht in Leidenschaften verstricke, sondern beim Gekreuzigten in die Schule gehe und heilig werde. Dir empfehle ich auch heute wieder mein großes Anliegen.

Vater unser… Gegrüßt seist du, Maria… Ehre sei…
Litanei zur heiligen Rita

5. Tag: Betrachtung

Rita stand nun allein in der Welt und der einstige Wunsch, Gott im Kloster dienen zu dürfen, flammte wieder auf. Dreimal klopfte sie bei den Augustinerinnen zu Cascia an und wurde abgewiesen. Doch Gott erhörte das unablässige Bitten seiner treuen Rita. Während der Nacht erschienen ihr drei Heilige. Es waren Johannes, der Täufer, Nikolaus von Tolentino und Augustinus. Diese begleiteten Rita zum Kloster und führten sie durch die geschlossenen Türen in die Konventskirche. Allgemeine Verwunderung herrschte darob im Augustinerinnenkloster. Rita wurde die Magd der Mägde Gottes.

Gebet: Heilige Rita, wenn ungewöhnliche Schwierigkeiten im Leben der von Gott Berufenen auftreten, hilf mit deiner mächtigen Fürbitte. Stehe auch mir jetzt bei in meinem großen Leid.

Vater unser… Gegrüßt seist du, Maria… Ehre sei… Litanei zur heiligen Rita

6. Tag: Betrachtung

Gott hatte Wohlgefallen an Ritas klösterlichem Opferleben, an ihren Tugendübungen, Gebeten und Abtötungen. Wiederholt ließ der Herr ihre Heiligkeit durch auffallende Zeichen sichtbar werden.

Gebet: Bitte, o heilige Rita, für die Ordensleute, damit sie ihre wichtige Aufgabe nach dem Plane Gottes gut erfüllen. Denn das Wohl und Wehe von Kirche und Welt hängt wesentlich vom Wirken der Klöster, von ihrem Beten und Opfern ab. Stehe auch mir liebevoll bei und hilf mir jetzt in besonderer Weise. Lehre mich deinen Bußgeist und die wahre Abtötung.

Vater unser… Gegrüßt seist du, Maria… Ehre sei… Litanei zur heiligen Rita

7. Tag: Betrachtung

So groß war Ritas Liebe zum Gekreuzigten, dass der Herr sie mystisch teilnehmen ließ an seinem eigenen Leiden. Während sie vor einem Kreuze betete und das dornengekrönte Haupt des Erlösers betrachtete, verwundete sie auf geheimnisvolle Weise ein Dorn an der Stirne. Diese Wunde schmerzte Rita immerfort sehr und verbreitete einen so üblen Geruch, dass dies in der Klostergemeinschaft lästig empfunden wurde. Rita ging einsam mit Christus den Leidensweg.

Gebet: Heilige Rita, du Braut des dornengekrönten Herrn, bitte für die geistliche und weltliche Obrigkeit und stehe mir bei in meiner jetzigen Not und Sorge. Ich vertraue auf deine mächtige Fürsprache.

Vater unser… Gegrüßt seist du, Maria… Ehre sei…
Litanei zur heiligen Rita

8. Tag: Betrachtung

Das ganze Leben der heiligen Rita war ein eifriges Mitwirken mit der Gnade. Sie hatte alles geopfert, um den «Schatz im Acker» erwerben zu können. Der Herr versüßte ihre großen Leiden durch zarte Freuden. Vor ihrem Tode besuchte sie eine liebe Verwandte. Rita bat sie bescheiden um eine Rose aus dem eigenen Garten. Es war Winter und sehr kalt. Zwar war die Verwandte ob dieser Bitte verwundert, ging aber trotzdem hin und fand bei Frost und Eis eine blühende Rose. Diese Blume sollte Ritas Sterben versüßen.

Gebet: Heilige Rita, erbitte den Sterbenden die Gnadenrose einer guten Vorbereitung für den Schritt in die Ewigkeit. Sei mir eine gütige Helferin in meinem großen Anliegen.

Vater unser… Gegrüßt seist du, Maria… Ehre sei…
Litanei zur heiligen Rita

9. Tag: Betrachtung

Rita, die jedem christlichen Stande ein glänzendes Beispiel gegeben hatte, war nun heimgeholt worden in die ewige Glückseligkeit. Vom Himmel aus durfte sie Ungezählten bis auf den heutigen Tag durch Wunder aller Art helfen.

Gebet: Heilige Rita, streue vom Himmel aus mit Sankt Theresia vom Kinde Jesu weiterhin viele Rosen der Gnade und des Trostes über die Bedrängten und Hilfesuchenden in der ganzen Welt. Flehe für die christlichen Stände und erwirke allen die Erkenntnis, dass gottergebenes Leiden auf Erden einst ewig belohnt wird. Dir übergebe ich voll Vertrauen meine große Sorge. Ich weiß, dass Jesus, dem du treu nachgefolgt bist, durch meine Fürsprache mir das geben wird, was mir heilsam und nützlich ist. Ich danke Gott und dir für die gütige Hilfe.

Vater unser… Gegrüßt seist du, Maria… Ehre sei…
Litanei zur heiligen Rita

Gebet zu den Unschuldigen Kindern

O ihr heiligen Unschuldigen Kinder, treue und liebliche Begleiter des göttlichen Lammes, wir verehren eure heiligen Glieder und blutenden Wunden. Wir vereinigen unseren Dank mit eurer Lobpreisung vor dem Herrn, weil er so Großes an euch getan hat. Eifert dem Christkind zuliebe für die Kinder und die Jugend, damit ihre Unschuld nicht befleckt werde. Die Kleinen, die Hilflosen schützt vor grausamer Herodeshand. Bewahret die Kinder vor Ärgernis, Sünde und Seelentod. Begleitet die Kinder zum Eucharistischen Herrn, der bei den Kleinen weilet so gern. Amen.

Rosenkranz zu den Unschuldigen Kindern

Man betet drei Zehner mit Einfügungen:

1. O Unschuldige Kinder, ruhmreiche Blutzeugen vor Gott, eilt uns zu Hilfe in Angst und in Not.
2. O Unschuldige Kinder, durch Jesu und euer Blut tilget der Völker Hass, Mord und Sündenflut.
3. O Unschuldige Kinder, vom Ewigen Wort erflehet uns allen das «Kindsein» vor Gott.

Anna Katharina Emmerich: «Die Unschuldigen Kinder vermögen sehr viel bei Gott. Aber man ruft sie viel zu wenig an.»

Rosenkranz zur Feuerpatronin Agatha

Drei Zehner mit folgenden Einfügungen:

1. Jesus, durch die Fürbitte der heiligen Agatha bewahre uns vor allem Schadenfeuer und vor Naturkatastrophen.
2. Jesus, durch die Fürbitte der heiligen Agatha bewahre uns vor dem Feuer der Leidenschaften und vor dem ewigen Feuer.
3. Jesus, durch die Fürbitte der heiligen Agatha schenk uns glühende und treue Liebe zu dir und deiner Kirche.

Wertvolles Vaterunser für die Verstorbenen

(Als St. Mechthildis einst dieses Vaterunser für die Verstorbenen betete, sah sie, dass dadurch viele Arme Seelen aus dem Fegefeuer befreit wurden.)

«*Vater unser im Himmel!*» ich bitte dich, du wollest den Armen Seelen im Fegefeuer verzeihen, dass sie dich, ihren so anbetungswürdigen und geliebten Vater, der sie aus lauter Gnade als

Kinder angenommen, nicht geliebt und dir die schuldige Ehre nicht erwiesen, sondern dich von ihren Herzen, in denen du allezeit zu wohnen verlangt hast, so oft vertrieben haben. Zur Erstattung dieser ihrer Schuld opfere ich dir diejenige Liebe und Ehre, die dir dein geliebter Sohn auf Erden allezeit erwiesen, und die liebreiche Buße und Genugtuung, mit der er alle ihre Sünden bezahlt hat. Amen.

«*Geheiligt werde dein Name!*» Ich bitte dich, du wollest den Armen Seelen verzeihen, dass sie deinen Namen nicht würdig geehrt und so selten an denselben mit Andacht gedacht, sondern ihn sooft vergeblich genannt und durch ihr sündhaftes Leben sich des christlichen Namens unwürdig gemacht haben. Zur Genugtuung für diese Sünden opfere ich dir die vollkommenste Heiligkeit deines Sohnes, in der er deinen gebenedeiten Namen durch seine Worte und Lehren erhöht und durch alle Werke seiner Menschheit geehrt hat. Amen.

«*Dein Reich komme!*» Ich bitte dich, du wollest den Armen Seelen verzeihen, dass sie dich und dein Reich, in dem allein die wahre Ruhe und ewige Freude ist, nicht mit Inbrunst verlangt noch mit Eifer gesucht haben. Für diese ihre Trägheit, die sie zu allem Guten gehabt, opfere ich dir die heiligste Begierde deines geliebtesten

Sohnes, mit der er gewollt hat, dass sie Miterben seines Reiches sein sollen. Amen.

«*Dein Wille geschehe wie im Himmel, so auf Erden!*» Ich bitte dich, o gütigster Vater, du wollest den Armen Seelen im Fegefeuer, besonders den Seelen der Geistlichen, verzeihen, dass sie deinen Willen dem ihrigen nicht vorgezogen, sondern sooft nach ihrem Willen gelebt und gehandelt haben. Zur Verbesserung dieses ihres Ungehorsams opfere ich dir die Vereinigung des allersüßesten Herzens deines Sohnes mit deinem Willen wie auch seinen freudigen Gehorsam gegen dich bis zum Tode des Kreuzes. Amen.

«*Unser tägliches Brot gib uns heute!*» Ich bitte dich, du wollest den Armen Seelen verzeihen, dass sie das alleredelste Sakrament des Altars nicht mit ganzer Begierde, Andacht und Liebe empfangen, auch viele von ihnen sich dessen unwürdig gemacht und noch mehrere dasselbe selten oder gar nicht empfangen haben. Für diese ihre Sünden opfere ich dir die große Heiligkeit und Andacht Jesu Christi, deines Sohnes, auf. Amen.

«*Und vergib uns unsere Schuld, wie auch wir vergeben unsern Schuldigern!*» Ich bitte dich, du wollest den Armen Seelen alles verzeihen, was sie in den sieben Hauptsünden begangen haben, besonders aber, dass sie ihren Beleidigern nicht verzeihen wollten und ihre Feinde nicht geliebt haben. Für diese ihre Sünden opfere ich dir das liebreiche Gebet, das dein geliebtester Sohn am Kreuz für seine Feinde verrichtet hat. Amen.

«*Und führe uns nicht in Versuchung!*» Ich bitte dich, du wollest den Armen Seelen verzeihen, dass sie den Lastern und bösen Begierden nicht Widerstand geleistet, sondern oft in die Versuchungen des bösen Feindes und ihres Fleisches eingewilligt und viel Böses getan haben. Für diese vielfältigen Sünden opfere ich dir den glorwürdigen Sieg Jesu Christi, mit dem er die Welt und den Teufel überwunden hat, wie auch sein ganzes heiligstes Leben mit all seinen Mühen und Beschwerden und sein bitteres Leiden und Sterben. Amen.

«*Sondern erlöse uns von allem Übel*» und allen Strafen durch die Verdienste deines lieben Sohnes, und führe uns zu dem Reiche deiner ewigen Glorie, das du selbst bist. Amen.

Aufopferungs-Rosenkranz für die Armen Seelen

Sr. Maria Martha Chambon hörte Jesus sagen: «Opfere deine Leiden in Vereinigung mit meinem göttlichen Leiden für die Armen Seelen auf!» Sie tat es und sah, wie bei jeder Aufopferung eine Seele in den Himmel einging. Einst erschien ihr der himmlische Vater und wünschte die Aufopferung ihres Herzens, mit Jesu Herz vereint. Sie bemühte sich, das zu tun, und sooft sie es wiederholte, sah sie eine ganze Schar Seelen zum Himmel emporschweben. *(Aus: «Es lebe Jesus»)*

Bei den großen Perlen je 1 mal:

Jesus, durch dein Blut und deinen Schmerz nimm die Armen Seelen an dein Herz.

Bei den kleinen Perlen je 10 mal:

Ewiger Vater, ich opfere dir mein Herz mit Jesu Herz vereint, durch Maria immerfort für die Armen Seelen (Priesterseelen) auf.

Obiges einen Rosenkranz lang ohne Vaterunser und Ave Maria.

Rosenkranz zum Trost der Armen Seelen *

O Jesus, du Sohn des lebendigen Gottes, der du als Erlöser für das Heil der Menschen am Kreuz gestorben bist, nimm hin diesen Rosenkranz für die Armen Seelen und erbarme dich ihrer. Verleihe den büßenden Seelen des Fegefeuers durch die unendlichen Verdienste des bitteren Leidens und Sterbens Nachlass ihrer Strafen und führe sie ein in die ewige Glückseligkeit.

Ehre sei dem Vater…

1. O Jesus, durch dein heiliges Gebet und deinen blutigen Angstschweiß am Ölberg erlöse die Armen Seelen aus ihrer Qual.

   O Maria, du Mutter der Schmerzen, bitte für die leidenden Seelen des Fegefeuers, die so sehr nach der Anschauung Gottes verlangen.

   1 Vaterunser, 10 Gegrüßt seist du, Maria… Jesus, der für uns Blut geschwitzt hat.

   Heilige Maria…

   Ehre sei dem Vater…

2. O Jesus, durch deine schmerzliche Geißelung und dein vergossenes Blut erbarme dich der Armen Seelen und erlöse sie aus dem Fegefeuer.

   O Maria, du Mutter der Schmerzen, erbitte den Armen Seelen Abkürzung ihrer Leidenszeit.

   1 Vaterunser, 10 Gegrüßt seist du, Maria… Jesus, der für uns gegeißelt worden ist.

   Heilige Maria…

   Ehre sei dem Vater…

3. O Jesus, durch deine schmerzliche Dornenkrönung und dein vergossenes Blut erlass den Armen Seelen die noch abzubüßende Strafe und kröne sie mit der Krone ewiger Seligkeit.

   O Maria, du Mutter der Schmerzen, bitte für die Armen Seelen des Fegefeuers, die ihre einst begangene Schuld beweinen; hilf ihnen, bald in die ewigen Wohnungen des Himmels aufgenommen zu werden.

1 Vaterunser, 10 Gegrüßt seist du, Maria… Jesus, der für uns mit Dornen gekrönt worden ist.

Heilige Maria…

Ehre sei dem Vater…

4. O Jesus, gedenke deines Kreuzweges, deiner Mattigkeit und deines schmerzhaften Niederfallens unter der Kreuzeslast. Um dieser großen Leiden willen wende dein Angesicht zu den Seelen im Fegefeuer und tröste sie durch baldige Erlösung aus ihrer Pein.

   O Maria, du Mutter der Schmerzen, um Jesu und deiner Kreuzwegleiden willen habe Mitleid mit den Armen Seelen, die so sehr nach der Stunde ihrer Erlösung seufzen.

   1 Vaterunser, 10 Gegrüßt seist du, Maria… Jesus, der für uns das schwere Kreuz getragen hat.

   Heilige Maria…

   Ehre sei dem Vater…

5. Jesus, durch deine Kreuzesnot und deinen bitteren Tod schenk den Armen Seelen wie einst dem Schächer an deiner Rechten Vergebung

aller Schuld und Strafe. Nimm sie auf in die Freuden deines himmlischen Reiches.

O Maria, du Mutter der Schmerzen, lege Fürsprache ein für die Armen Seelen, damit sie bald mit dir sich freuen und Gott schauen dürfen.

1 Vaterunser, 10 Gegrüßt seist du, Maria… Jesus, der für uns gekreuzigt worden ist.

Heilige Maria…

Ehre sei dem Vater…

Litanei für die Verstorbenen

Herr, erbarme dich der Verstorbenen
Christus, erbarme dich ihrer
Herr, erbarme dich ihrer
Gott Vater im Himmel – *erbarme dich ihrer*
Gott Sohn, Erlöser der Welt
Gott Heiliger Geist
Heilige Dreifaltigkeit, ein einziger Gott
Heilige Maria – *bitte für sie*
Du Mutter der göttlichen Gnade
Du Mutter der Barmherzigkeit
Du Pforte des Himmels
Du Trösterin der Betrübten
Heiliger Michael
Heiliger Josef
Alle heiligen Patriarchen und Propheten
bitte für sie

Alle heiligen Apostel und Evangelisten
Alle heiligen Märtyrer
Alle heiligen Bischöfe und Bekenner
Alle heiligen Lehrer der Kirche
Alle heiligen Priester und Leviten
Alle heiligen Einsiedler und Mönche
Alle heiligen Jungfrauen und Frauen
Alle heiligen Auserwählten Gottes
Sei ihnen gnädig – *verschone sie, o Herr*
Sei ihnen gnädig – *erlöse sie, o Herr*
Von den Leiden des Fegefeuers
Von den qualvollen Vorwürfen des Gewissens
Von ihrer großen Betrübnis
Von der schmerzlichen Verlassenheit
Aus dem Orte der Verbannung
Durch den Reichtum deiner Liebe
Durch deine gnadenreiche Geburt
Durch deine Taufe und dein verdienstvolles Fasten
Durch deinen vollkommenen Gehorsam
Durch deine unendliche Liebe
Durch deine Angst und Not
Durch deinen blutigen Schweiß
Durch deine Gefangennahme
Durch deine grausame Geißelung
Durch deine schmachvolle Krönung
Durch deinen schmerzlichen Kreuzweg
Durch deine heiligen Wunden
Durch deinen bitteren Tod

Durch deine glorreiche Auferstehung
Durch deine wunderbare Himmelfahrt
Durch die Schmerzen deiner heiligen Mutter
Durch die Fürbitte aller Heiligen
Wir armen Sünder – *wir bitten dich, erhöre uns*
Dass du allen Verstorbenen die ewige Ruhe verleihen wollest
Dass du besonders der Seelen, deren niemand auf Erden gedenkt, dich erbarmen wollest
Dass du unsere Eltern, Verwandten und Freunde von den Strafen des Fegefeuers befreien wollest
Dass du unsere verstorbenen Seelsorger und Vorgesetzten in die Wohnungen des ewigen Lichtes einführen wollest
Dass du unsere verstorbenen Wohltäter mit den ewigen Gütern belohnen wollest
Dass du alle Verstorbenen unserer Gemeinde in deine selige Gemeinschaft aufnehmen wollest
Jesus, Sohn Gottes und König der ewigen Herrlichkeit
Lamm Gottes, du nimmst hinweg die Sünden der Welt – *gib ihnen die ewige Ruhe*
Lamm Gottes, du nimmst hinweg die Sünden der Welt – *gib ihnen die ewige Ruhe*
Lamm Gottes, du nimmst hinweg die Sünden der Welt – *gib ihnen die ewige Ruhe*

Lasset uns beten: Herr, wir bitten dich, erzeige deinen Dienern und Dienerinnen, die an dich geglaubt und auf dich gehofft haben, deine unendliche Barmherzigkeit und vergib ihnen Schuld und Strafe durch Christus, unsern Herrn. Amen.

Herr, gib ihnen die ewige Ruhe

und das ewige Licht leuchte ihnen.

Lass sie ruhen im Frieden. Amen.

Erfolgreiche 33tägige Andacht für die ärmste Priesterseele des Fegefeuers

Man wähle die Seele jenes Priesters, die im Fegefeuer am meisten leidet, damit sie uns von Gott die erwünschte Gnade oder Hilfe erbitte.

Zu diesem Zwecke opfert man 33 mal jeden Tag zum Andenken der 33 Lebensjahre unseres Herrn Jesus Christus das kostbare Blut auf.

Jeden Sonntag empfängt man die heilige Kommunion und opfert sie für die Seele des im Fegefeuer büßenden Priesters auf.

Man schließt die arme Priesterseele täglich in eine der heiligen Wunden Christi ein, und zwar:

Während der 1. Woche in die Wunde der rechten Hand;

während der 2. Woche in die Wunde der linken Hand;

während der 3. Woche in die Wunde des rechten Fußes;
während der 4. Woche in die Wunde des linken Fußes;
während der letzten 5 Tage in die heilige Seitenwunde.

Täglich betet man wie folgt:

O Jesus, ich verberge die ärmste Priesterseele des Fegefeuers in die Wunde deiner rechten Hand.

In der 2. Woche heißt es dann:

O Jesus, ich verberge die ärmste Priesterseele des Fegefeuers in die Wunde deiner linken Hand.

Je nach Woche wird dieser Text geändert. Siehe oben!

O Maria, Schmerzensmutter, ich stelle mich unter deinen Schutz. Durch deine reinsten Hände opfere ich nun dem ewigen Vater 33 mal das kostbare Blut Jesu auf für die ärmste und verlassenste Priesterseele des Fegefeuers, die am meisten leidet und für die niemand betet. Bitte und flehe mit der ärmsten Priesterseele für mich zu Gott, damit mir bald Hilfe in meinem jetzigen großen Anliegen… gewährt werde.

Nun betet man 33 mal:

Ewiger Vater, ich opfere dir das kostbare Blut Jesu für die Seele jenes Priesters auf, die im Fegefeuer am meisten zu leiden hat und am verlassensten ist.

Und du, büßende Priesterseele, erbitte mir, so es dem Willen Gottes entspricht, Erhörung in meinem Anliegen…

Am Schluss 12 mal:

Unsere Liebe Frau vom heiligsten Herzen, bitte für diese arme Priesterseele.

Novene für die Armen Seelen des Fegefeuers

1. Tag: Göttliches Herz Jesu, unbeflecktes Herz Mariens, erbarmt euch der leidenden Seelen des Fegefeuers. Habt Mitleid mit diesen Armen, die so sehr leiden und sich nach der Anschauung Gottes sehnen. Gewährt ihnen in eurer Güte Linderung ihrer Schmerzen, Abkürzung ihrer Pein und baldige Erlösung.

Die 7 Bitten an Jesus für die Armen Seelen

O Jesus, erquicke mit deinem kostbaren Blut, das du bei der Beschneidung vergossen hast, die Armen Seelen des Fegefeuers, die dir am liebsten sind. Nimm sie auf in das Reich deiner Glorie.

O Jesus, sende den Armen Seelen, besonders meinen Verwandten und Freunden, durch den Ölbergsengel deinen kostbaren Blutschweiß zu ihrem Troste und zu ihrer Erlösung.

O Jesus, erbarme dich besonders jener Seelen des Fegefeuers, für die ich zu beten am meisten verpflichtet bin. Lass die Ströme deines kostbaren Blutes der Geißelung ihnen Kühlung und Befreiung bringen.

O Jesus, neige dich voll Erbarmen über die Armen Seelen des Fegefeuers, die sich auf Erden durch Stolz und Hochmut verfehlt haben. Lösche aus ihre Schuld durch das kostbare Blut deiner Dornenkrone.

O Jesus, habe besonderes Mitleid mit den Seelen des Fegefeuers, die am längsten und qualvollsten sühnen müssen. Lindere ihre Pein durch dein Blut und Mariens Tränen.

O Jesus, durch deine reichliche Blutvergießung am Kreuze tröste jene Armen Seelen des Fegefeuers, die von allen Menschen verlassen sind. Erbarme dich besonders der ärmsten und verlassensten Priesterseelen.

O Jesus, ich opfere dir durch das unbefleckte Herz Mariens das Blut und Wasser deines liebreichsten Herzens auf für die Armen Seelen, die ihrer Erlösung am nächsten sind. Befreie sie von jedem Sündenmakel und schenke ihnen deinen ewigen Frieden.

2. Tag: Göttliches Herz Jesu, unbeflecktes Herz Mariens, erbarmt euch der leidenden Seelen des Fegefeuers. Gedenket, dass sie das Ebenbild Gottes an sich tragen und für die unaussprechliche Seligkeit und die ewigen Freuden des Himmels erschaffen sind. Gewährt ihnen in eurer Güte Linderung ihrer Schmerzen, Abkürzung ihrer Pein und baldige Erlösung.

Die 7 Bitten an Jesus für die Armen Seelen

3. Tag: Göttliches Herz Jesu, unbeflecktes Herz Mariens, erbarmt euch der leidenden Seelen des Fegefeuers. Vergesst nicht, dass das gnadenreiche Werk der Erlösung auch zu ihren Gunsten vollbracht und das kostbare Blut auch für sie vergossen wurde. Gewährt ihnen in eurer Güte Linderung ihrer Schmerzen, Abkürzung ihrer Pein und baldige Erlösung.

Die 7 Bitten an Jesus für die Armen Seelen

4. Tag: Göttliches Herz Jesu, unbeflecktes Herz Mariens, erbarmt euch der leidenden Seelen des Fegefeuers. Beachtet, dass sie sich nicht unter der Zahl der Verworfenen befinden, sondern in Gottes Gnade aus diesem Leben geschieden sind. Gewährt ihnen in eurer Güte Linderung ihrer Schmerzen, Abkürzung ihrer Pein und baldige Erlösung.

Die 7 Bitten an Jesus für die Armen Seelen

5. Tag: Göttliches Herz Jesu, unbeflecktes Herz Mariens, erbarmt euch der leidenden Seelen des Fegefeuers. Erinnert euch ihrer guten Werke auf Erden und löscht aus ihre ungesühnten Sündenmakel und Fehler. Gewährt ihnen in eurer Güte Linderung ihrer Schmerzen, Abkürzung ihrer Pein und baldige Erlösung.

Die 7 Bitten an Jesus für die Armen Seelen

6. Tag: Göttliches Herz Jesu, unbeflecktes Herz Mariens, erbarmt euch der leidenden Seelen des Fegefeuers. Seht hin auf die bitteren Reuetränen, welche sie über ihre einstigen Vergehen vergießen. In der Läuterung erachten sie nun die geringste freiwillige Sünde als das größte Übel. Gewährt ihnen in eurer Güte Linderung ihrer Schmerzen, Abkürzung ihrer Pein und baldige Erlösung.

Die 7 Bitten an Jesus für die Armen Seelen

7. Tag: Göttliches Herz Jesu, unbeflecktes Herz Mariens, erbarmt euch der leidenden Seelen des Fegefeuers. Ihr kennt ihr Elend und ihre Hilflosigkeit. Denn sie sind außerstande, das geringste und genugtuende Werk zur Erleichterung ihrer Pein oder zur Befreiung aus dem Orte ihrer Qualen zu verrichten. Sie können ja nur leiden und büßen. Gewährt ihnen in eurer Güte Linderung ihrer Schmerzen, Abkürzung ihrer Pein und baldige Erlösung.

Die 7 Bitten an Jesus für die Armen Seelen

8. Tag: Göttliches Herz Jesu, unbeflecktes Herz Mariens, erbarmt euch der leidenden Seelen des Fegefeuers. Ihr wisst ja, welch zarte Andacht viele dieser armen Seelen zu euch getragen und wie sie ungeachtet ihrer mannigfachen Mängel und Fehler nicht aufgehört haben, euch zu verehren und anzurufen. Gewährt ihnen in eurer Güte Linderung ihrer Schmerzen, Abkürzung ihrer Pein und baldige Erlösung.

Die 7 Bitten an Jesus für die Armen Seelen

9. Tag: Göttliches Herz Jesu, unbeflecktes Herz Mariens, erbarmt euch der leidenden Seelen des Fegefeuers. Gedenkt, welch glühendes Verlangen diese Seelen nach der Anschauung Gottes haben. Sie wünschen so sehr, auf ewig mit euren heiligsten Herzen vereint zu werden. Gewährt ihnen in eurer Güte Linderung ihrer Schmerzen, Abkürzung ihrer Pein und baldige Erlösung.

Die 7 Bitten an Jesu für die Armen Seelen

Novene zu den sieben Zufluchten

Die sieben Zufluchten sind:

1. Die Heiligste Dreifaltigkeit
2. Jesus, der Gekreuzigte
3. Jesus im Heiligsten Altarsakrament
4. Maria, die hochgebenedeite Jungfrau und Gottesmutter
5. Die neun Chöre der heiligen Engel
6. Die Heiligen und Seligen des Himmels
7. Die Armen Seelen des Fegefeuers.

An allen neun Tagen bete man:

Voll Vertrauen wende ich mich an euch, ihr sieben großen Zufluchten, mit der innigen Bitte um Hilfe in meinem gegenwärtigen, schweren Leid… Mein Flehen wird nicht ungehört bleiben; denn noch keiner ist ohne auffallenden Beistand geblieben, der sich euch, den einzig wahren Zufluchten, anvertraut hat. Ich danke der Hochheiligsten Dreifaltigkeit, Maria, den Engeln und Heiligen und auch den Armen Seelen für die liebevolle Hilfe.

Allerheiligste Dreifaltigkeit, um deiner unendlichen Liebe willen gewähre mir die Gnade, einst ewig bei dir weilen zu dürfen in immerwährender Lobpreisung und Danksagung.

Gekreuzigter Erlöser, um deiner bitteren Leiden willen sei mir einst gnädig im Gericht.

Im Heiligsten Sakrament verborgener Jesus, verleihe mir, dass ich die heilige Kommunion oft und mit großer Andacht und guter Vorbereitung empfangen darf. Erfülle mich durch dieses Heiligste Sakrament mit deiner Liebe und Gnade. Stärke meine Seele vor dem Tode mit deiner heiligen Wegzehrung.

Hochgepriesene Jungfrau und Gottesmutter Maria, erwirb mir zeitliches und ewiges Wohlergehen. Nach Gott setze ich all meine Hoffnung auf dich, denn du vermagst alles beim Herrn und zeigst dich mir als Mutter der Barmherzigkeit.

Ihr neun Chöre der Engel, erfleht mir von Gott das große Geschenk, mich einst in eurer Mitte freuen zu dürfen in alle Ewigkeit.

Ihr Heiligen und Seligen des Himmels, bittet unablässig für mich Sünder, damit ich einst in eure Gesellschaft aufgenommen werde.

Ihr Armen Seelen des Fegefeuers, bittet kraft eures Gnadenstandes bei Gott für mich. Erfleht mir das Erbarmen des Herrn, reiche Tugend und große Heiligkeit.

Litanei zu den sieben Zufluchten

Herr, erbarme dich unser
Christus, erbarme dich unser
Herr, erbarme dich unser, Christus, höre uns
Christus, erhöre uns
Gott Vater im Himmel – *erbarme dich unser*
Gott Sohn, Erlöser der Welt
Gott Heiliger Geist
Heiligste Dreifaltigkeit, unsere höchste Zuflucht
Jesus, du Sohn des lebendigen Gottes
Jesus, du Sohn Mariens
Gekreuzigter Jesus, du unsere gnadenvolle Zuflucht
Jesus, du Speise der Engel und Menschen
Jesus, du Wegzehrung der Sterbenden
Jesus, du immerwährendes Versöhnungsopfer der Lebenden und Toten
Jesus, verborgen im Heiligsten Sakrament, unsere liebevolle und hilfreiche Zuflucht
Heilige Maria, du auserwählte Tochter des himmlischen Vaters – *bitte für uns*
Heilige Maria, liebste Mutter des Sohnes Gottes
Heilige Maria, reinste Braut des Heiligen Geistes
Heilige Maria, Mittlerin, Fürsprecherin
Heilige Maria, unsere Mutter und wunderbare Zuflucht
Ihr heiligen Seraphim, Cherubim und Throne bittet für uns

Ihr heiligen Herrschaften, Gewalten und Fürsten
Ihr heiligen Mächte, Erzengel und Engel
Ihr heiligen Schutzengel
Ihr heiligen neun Engelchöre, unsere traute Zuflucht
Ihr heiligen Patriarchen und Propheten
Ihr heiligen Apostel und Märtyrer
Ihr heiligen Bekenner und Jungfrauen
Ihr Heiligen Gottes, unsere vielvermögende Zuflucht
Ihr Armen Priester- und Ordensseelen des Fegefeuers
Ihr büßenden Seelen aus allen christlichen Ständen
Ihr Armen Seelen des Fegefeuers, unsere fürbittende Zuflucht
Lamm Gottes, du nimmst hinweg die Sünden der Welt – *verschone uns, o Herr*
Lamm Gottes, du nimmst hinweg die Sünden der Welt – *erhöre uns, o Herr*
Lamm Gottes, du nimmst hinweg die Sünden der Welt – *erbarme dich unser, o Herr*
Vater unser… Gegrüßt seist du, Maria… Ehre sei…

Alphabetisches Inhaltsverzeichnis